JN118889

喜寿の青春賦

街道歩き4000km

鹿児島薩摩藩・鶴丸城址
～（江戸歴史街道）～
北海道松前藩・松前城

Travelling the Japanese Archipelago
Edo Historical Highway - a 77 years old Journeyman Walking
4162km Trail to Youth.

桐原 肇
Hajime Kirihara

澪標

初めての歩き旅へ

75歳の**幸**期**幸**齢者となったその日から、初めての歩き旅に出発した。

気温0℃の凛とした気の引き締まる朝。夜明けの日出を仰ぎつつ、大阪・箕面（みのお）の地から、新しい人生の黄金期へと旅立つ。思えば早くして結婚し、生活に子育てに仕事に恵まれ、あっという間に人生の黄昏期となった。いろいろあった人生だが精一杯生きてきた。

だが何か物足りなさから「青春時代のやり残し症候群」と知り、学生時代に夢に描いていた事を何一つできなかった後遺症からだと気づいた。かつて「何でも見てやろう」の青春期に世界一周を夢に見て、先ず日本縦断の歩き旅を計画していた。最南端の鹿児島・佐多岬から最北端の北海道・宗谷岬までだった。人生最後にその夢のかけらを少しでも実現してみたいと思い立った。それが今回の歩き旅の原点だが、不思議なものでそれを考えていると、それまでの濡れ落ち葉から一転、歳を忘れて舞上り、心身共に生き生きと活動し始める自分に驚いた。ただ歩くだけでなく、何をしたいのか自分の興味と生き甲斐からそれをまとめた。

＊江戸時代の参勤交代の**歴史街道を大坂から江戸まで一人**この足で歩いてみたい。

＊その街道周辺の**史跡**や好きな**城址**を訪ねてみたい。

＊もし江戸まで歩けたら千葉の孫夫婦を訪ね**「ひ孫訪ねて100万歩」**を実現したい。

これを息子たちに話したら反対するだろうなと思っていたが、逆に励まされ驚いた。

「お父さんが老後の毎日を生き生きと元気に生活してくれたらそれが何より嬉しいから」と。

オットット　転ぶなよ。一歩70㎝の短い足だが、果たして江戸まで歩きつけるのやら。

目次

装幀　森本良成

① 東海道・京街道57次 歩き旅

＊京街道は大阪・高麗橋―守口、枚方、淀、伏見の4次

＊東海道は京都・三条大橋（起点地）から江戸・日本橋までの53次

＊延べ38日間 928.4㎞　125.4万歩　旧宿場57

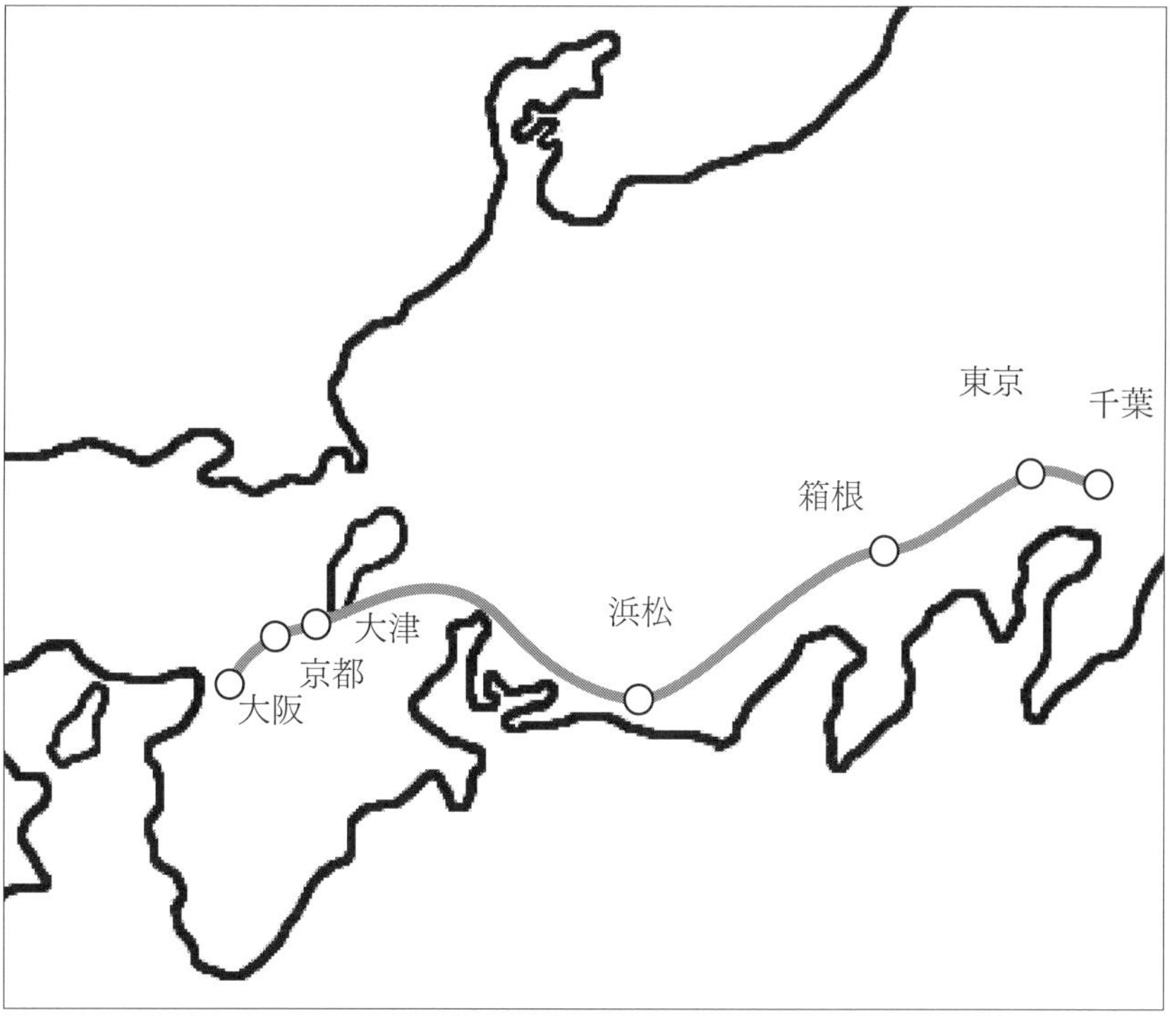

東京
千葉
箱根
浜松
大津
京都
大阪

目次

東海道・京街道

東海道・京街道プロローグ

「江戸東海道」は今から４００年以上前の江戸時代の歴史街道のこと。

徳川家康が関ヶ原の戦いに勝利した後、幕藩体制を確立するための諸政策にとりかかり、その一つが「伝馬制」だった。それは主要な街道に宿駅（宿場）を設けて、役人の往来や物資の輸送、情報の伝達の為に、人や馬を提供させる制度で、後に参勤交代が制度化され、江戸へ参上する大名行列が通る道としても益々重要視された。そして東海道の他に中山道、日光街道、奥州道中、甲州街道の五街道を制定し、これら幹線道路に道中奉行所を置き、江戸幕府が支配する事で整備された。

江戸東海道は歌川広重が描いた浮世絵木版画「東海道五十三次」の街道絵図や江戸文学の一つ十返舎一九（じゅっぺんしゃいっく）の書いた「東海道中膝栗毛（とうかいどうちゅうひざくりげ）」本の弥次・喜多コンビが繰り広げる滑稽本等で昔から庶民にも名の知れた街道でもあり、民衆の神社仏閣参りや物見遊山の流行で特に賑わったようだ。

お江戸日本橋から京都三条大橋までを東海道五十三次とし、後に大津、伏見から淀、枚方、守口宿を加え、大阪・高麗橋までを**京街道**とし五十七次とした。その逆コースで大阪からスタートすることにした。江戸街道は当時のまま残る所もあれば廃道または現在の国道県道と併道の所も多いと聞くが、歩く道は現地を見て臨機応変に判断することにした。

1日目　1月11日（晴）0―12℃（大阪府箕面市船場東）

大阪・箕面から大坂城へ

大阪箕面・船場東―千里中央―緑地公園―江坂―南方―淀川―梅田―中之島―淀屋橋―高麗橋―大坂城

いよいよ出発の朝が来た。夜明け前に大阪・箕面(みのお)船場に着いた。凛とした冷たさの中、靴の紐を締め直しその記念の第一歩を踏み出す。この大阪北摂の地で結婚し家庭を持ち、子供たちが成育し巣立っていった。更にサラリーマンから独立して会社を起業し、自分の夢を追い世界へ旅した想い出の人生原点地なので自分の新しい旅立に選んだ。その一歩は短い足でたったの70㎝だが、さて本当に歩けるのだろうか、体力は持つだろうか、足は大丈夫か、重いリュックサックを背負い果たして大丈夫なのか。

一瞬の心配や危惧をよそに元気に歩きだすと、もうすっかりとそんな不安を忘れてしまった。

箕面市の街から豊中市の千里中央、中央環状線をくぐり、桃山台、緑地公園、吹田市の江坂へと順調に歩き、車で何十年と走った馴染みの新御堂筋の側道を歩く。何か不思議な感覚で歩いていたが、これからこの道が江戸へ続いているかと思うと嬉しい。

やがて神崎川を渡り大阪市に入るが、大学ボート部のクルーが勢いよくオールを漕ぎ練習している光景が見えエールを送った。青春がんばれよ。オレも喜寿の青春だが頑張るぞ。

東三国から新幹線・新大阪駅のガード下を歩く。阪急電車の南方駅前を通りその先から淀川大橋を渡る。冷たい大阪湾の海風に襟を立てる。その冷たさの中、淀川の河川敷でホームレスのブルーテントがいくつか見えた。見ればこの寒いのに川で体を洗っている人、洗濯をしている人、ガード下で寝ている人がいたが、左方に目をやれば大都市の近代的高層ビルが林立し、密集した住宅地と人々の喧騒があり、現代のこの生活格差に愕然とする。

ＪＲ大阪駅ガード下から梅田の百貨店や繁華街を通り御堂筋を淀屋橋へ向かう。

大阪市庁舎、中之島公園を一巡りした後、高麗橋へ向かう。**高麗橋**は江戸・日本橋と同じく東海道五十七次（京街道）西の起点地だが、江戸幕府が管理する公儀橋の中でも格式が高く、常夜灯の付いた風格のある橋だ。高麗橋に着き周辺を見るが、見上げれば阪神高速道路の無粋な構造物が覆い、何とも情けない江戸街道の起点地だとの印象を受けた。ここにはかつて江戸時代の高札場があったが、今は西国諸国への里程元標がありその石碑も立っていた。

一休みした後に高麗橋を経て大坂城へ向かう。オットット　また小さな路上の段差でケ躓くが、オットットばかりで大丈夫か。これから長い道のり転ばぬようにせねばならぬ。

夕暮れの**大坂城**に無事到着し初日の行程を終える。初日から張り切り過ぎて足が悲鳴をあげる。何とかなだめながら一日を歩き終えホッとする。

＊（1日目）27・2㎞　3・7万歩

＊（歩数距離計測は以降apple watchとiPhoneの専用機能を活用する）

2日目　1月14日（晴）4—12℃（大阪市中央区大阪城）

大坂城を出発　京街道を守口宿へ向かう

高麗橋—天満—八軒屋船着き場跡—大坂城—豊国神社—京橋—野江—関目—今市—文禄堤—守口宿

さあ2日目だ。昨夜は少し興奮して寝付かれなかった。

初日から悲鳴をあげた足膝腰肩体をしっかりと労わりながら、歩き終えた**高麗橋**から2日目をスタートする。さあ元気に歩こう。先ず天満橋へ歩き、江戸時代に大坂と京都を結ぶ淀川の往来船の発着場だった八軒屋船着き場跡をみる。今日も大きな淀川に船が行き交うが、当時は動力も無くどんな船が行き交っていたのかとその様子を想像する。

天満から大坂城へ向かう。**大坂城**を仰ぎ見れば青春時代の思い出が走馬灯のように巡る。恋もしたが失恋もした舞台で懐かしい。大坂城の東門前にある豊国神社内・**豊臣秀吉像**の前で「江戸へ歩いてきます」と挨拶。いよいよ出発の時を迎え胸が高鳴る。**幸**期**幸**齢者となり、何といってもこの感謝と幸せの日に大坂城を出発できることが嬉しい。

今日は高麗橋、大坂城から**京街道**を上り、江戸から57宿目の**守口宿**を目指す。大坂城の梅林前を通ると、まだ蕾は固いが少し花咲く木もありしばし早春を眺める。

近代的高層ビルが林立する大阪ビジネスパークから京橋、野江、関目高殿、今市と地図を確認しつつ京街道を順調に歩く。大阪の街は知っているようでいつも車なのでいざ歩くとなると全く分からず、キョロキョロしながら歩く自分が滑稽だ。

やがて**守口宿**に到着するが、予定よりかなり早く着いた。守口宿は豊臣秀吉が文禄年代に築いた文禄堤の上に造った細長い宿場だ。昔のものなのだろうか、古い橋の袂に京街道「陸路官道第一の驛守口」と書かれたプレートが埋め込まれていた。辻に立つ復元された立派な**「高札場跡」**をみる。幕府や奉行所の「定」板に書かれたお達しを見ることができる。

キョロキョロして歩いていると自転車に何度かぶつかりそうになったが、ギョロっとした目を吊り上げて睨まれるとついスイマセンと謝るが、後でここは歩道だぞと小さく呟く（笑）

古い当時を想わせる家並みも多くみられ連子格子、虫籠窓、卯建てのある家が残っていて宿場跡の情緒を楽しめ随所に史跡を見る。守口にこんな所が残っているとは知らなかった。

予約したホテルに入る。先ず熱い風呂に入り両足を摩りながら、よく歩いたなと声を掛けながら労わるが、まだ新しい靴が慣れずに痛いので庇って歩くせいか、足も体も疲れてバタンキューでベッドに入る。短い距離でゆっくり歩くも、やはり慣れない街の中を緊張しながら歩いたようで疲れた。事前の訓練もせず、突然歩き出したのでしばらくは足も体調も様子見のお試し期間だからと割り切る。

＊（2日目）18・9㎞　2・62万歩

3日目　1月15日（曇晴）2―10℃（大阪府守口市京阪本通）

京街道・守口宿から枚方宿へ

守口宿―大日―淀川堤防―一里塚―茨田樋之碑―茨田堤碑―枚方本陣跡―枚方宿鍵屋資料館―枚方宿

二日目の朝を迎える。5時に起床、曇り空でどんよりしているが体調は万全だ。

やはり新しい靴がまだ馴染まず、ゆっくりペースで歩きだす。**守口宿**から淀川堤防へでる。「おはよう」とジョギングをしている人たちから声をかけられる。私もおはようございます、と元気に応えるが、朝から気持ちのいいスタートだ。

歩き始めると雲が消えて東の空から太陽が顔をだした。きれいだなとしばし見とれる。その朝日に照らされて自分の長い影ができ、堤防を越えて河川敷へ影がつづく。いつもは街のウインドウに映る自分の短足胴長にダックスフンドかと自笑するのだが、今日はその足長胴長爺の影を写真に収める。密かにどうだと言わんばかりに笑う。淀川の冷たい風が頬を射し思わずネックをあげる。青空が広がり淀川の広大な河川敷が遠方まで見渡せる。

しばらくして枚方の代表的な船宿で後の「枚方宿鍵屋資料館」を訪ねた。表は京街道に接し、裏は淀川に接していて早くも今日の目的地・**枚方宿**に入る。

枚方宿の宿場町風景はよく保存されているようで、随所に江戸時代の風情を感じさせる。昔風の家や道標に石碑、それにかつて江戸時代の枚方宿の庄屋で問屋役人を務めたという枚方宿本陣跡には大きな案内板があり詳細な説明でその概要がつかめた。ここは京都と大阪の中間にあって、淀川の京都伏見と大阪の八軒屋浜とを結ぶ三十石舟の寄港地であった。

今日は枚方駅前に新しくできたモダンスタイルの人気ホテルを予約した。二段ベッドが10数台並ぶユースホステルタイプで風呂、トイレ、洗面は共用だが超モダンスタイルで清潔で明るく、気持ちがよくて旅人に人気と聞く。しかし疲れてシャワーを浴びてすぐにベッドインだったが、人の動きや声が朝までありよく眠れずに疲れた。以降はこのドミトリーハウスタイプの宿は便利で安いがやめた。やはり若い頃と違い歳を感じる宿だった。トホホ

＊（3日目）17・1㎞　2・37万歩

4日目 1月16日（晴）3―9℃（大阪府枚方市岡東町）

枚方宿から淀宿　伏見宿と京街道を経て京都・三条大橋へ

枚方宿―鵲橋―楠葉―橋本―宇治川―御幸橋―淀競馬場―淀城跡―淀宿―伏見宿―京都三条大橋

少し眠い目をこすりながら、夜が明けたばかりの**枚方宿**を出発。

冬の朝はやっと7時頃から明るくなってくる。天の川の鵲橋（かささぎ）を渡るが、この川の名前はあの七夕伝説に依るらしい。御殿山、牧野を経て樟葉の街で一休み。今朝のホテルに朝食がなく、マクド（東京ではマック）で珈琲とハンバーグで朝食をとり乍ら足を休める。

今回東海道を歩くにあたり迷ったのは靴の問題だった。足が偏平足なのか外側ばかり減るし、歩くのも特別な訓練など全くせず急に歩きだしたので足もビックリだろうが、どんな靴がいいのか分からなかった。今まで近くの箕面の山や森を歩くときはいわゆる山靴だったから歩き旅には向かない。そこで梅田のウォーキングシューズ専門店を訪ね相談し、選んでくれたのがオーダーのインソール（中敷き）で履く靴だった。今までの靴と違い足を専用機器で細かく計測し、ぴったりの中敷きを作って貰った。問題は靴が足に慣れるまで一か月ほど歩いてみてくださいとのことだったが、それを待っていたら歩き旅の行程が崩れるので直に履いて出かけたのだがそれが無茶だった。案の定じわじわと足が痛くなる。さてこれから歩けるのかなと心配になる。マクドで珈琲を飲み終えると靴を履き直して出発。

江戸時代の表示**「旧京街道」**の石碑があったので道は間違いなさそうだ。淀川堤防を歩くと北側にサントリーの山崎工場が見えてきた。山崎まで来たのだと感慨深いが、まだ歩き始めたばかりだ。やがてその昔遊郭だったたという町を通る。江戸時代には橋本から対岸の山崎を結ぶ渡し舟があり交通の要所で賑わったとか。その賑わいから遊郭ができ、一時芸者が４００人もいたというからかなりの繁盛ぶりだったようだ。

男山とその一角にある**石清水八幡宮**を経て、宇治川の大きな御幸橋を渡ると桜の名所、背割堤にでる。その昔一日観光バスの旅で立ち寄り桜見物をしたことがあるが、宇治川と木津川を分ける堤防１・４ｋｍに渡ってソメイヨシノの並木が続きその姿は圧巻だった。今はまだ芽は固く、この歩き旅を終える頃には満開になるかもしれない。

木津川を経て国道から競馬場を過ぎて淀の街に入る。淀城公園の淀城址に着き**淀宿**を確認する。ここは徳川秀忠が伏見城廃城に伴い、水陸の要所の淀の地に築城させた城で、豊臣秀吉が淀君の為に造った淀城とは違い「新淀城」と言うらしい。

淀宿を経て次の伏見宿へ向かう。**伏見宿**は大坂へ向かう54番目の宿場町で**伏見城**の城下町、更に淀川の水運の中継地でもあった。江戸時代は幕府の直轄地で伏見奉行が支配する大きな町であったようだ。大津宿は後にして途中から京街道を終え、鴨川沿いから京都の街に入る。東山、祇園を経て**三条大橋**に着いたのは夜の8時だった。

今日は12時間以上江戸時代の旅人の跡をただひたすら歩いた。正直スタートから足の痛い慣れない歩き旅だが、江戸時代の旅人を想うと、スマホもコンビニも音楽もなく、道路事情も悪い暑さ寒さの中を歩く苦労を知った。

今回初めて持つ最新のスマートフォンだが、それまでかなり古いガラケーしか知らなかったのでその機能にビックリ。早速操作を近くに住む息子に急遽一から特訓で教えてもらった。

音楽も聴けるようにとセットしてくれたので早速試してみる。歩きながら初めて聞く記念すべき曲が「それでも生きていく」という曲。盲目の天才ピアニスト・辻井伸行の曲とピアノにATSUSHIが歌うが、自分の一時期の心境と重なり思わずその歌詞に涙した。更に続けてEXILEの曲を多く聴いたが、今までその存在すら知らなかったがすっかりファンになった。特にアップテンポの曲はリズムよく足に軽く、歌詞は青春時代を想いながら歩いたが、音楽の力はすごいなとビックリだった。音楽と言えば学生時代に衝撃的に聴いたブルーグラスが好きだが、当時はジャズキチの友とジャズ喫茶に浸ったこともあった。時が経って黄昏時と言われる年齢になるともっぱらクラシックを静かに聴くのが好きになった。今は手軽に音楽が楽しめ、昔のように貯金してやっと一枚のレコードを買い蓄音機にドーナツ版を置いて……なんて優雅な時代が懐かしい。

今日は5万歩近くよく歩いたが音楽の力かもしれない。だがイヤフォンをして音楽に夢中になると歩き旅は予想外に危険だと気づき、以降歩いている間は音楽を自粛した。

疲れ切り脚の感覚がなくなり、暗闇の**三条大橋**の袂にあった弥次・喜多像の前で座り込みしばし動けなかった。だが弥次・喜多の滑稽な顔を見ていると不思議とまだ始まったばかりなのに江戸まで歩けそうな微かな自信を持てて嬉しかった。明日から動けなくなるといけないのでゆっくりと熱い風呂で足腰を揉みフォローした。体は疲れても精神的にはこんなに楽しい時間はなかったとこの幸せを喜ぶ。

＊（4日目）36・1㎞　4・98万歩

5日目　1月20日（晴）2―8℃（京都市東山区大橋町）

東海道五十三次・京都三条大橋から滋賀大津宿へ

三条大橋―弥次喜多像前―豊臣秀次公墓―平安神宮―蹴上船留―日の岡峠―山科―古関峠―逢坂の関碑―猿丸神社―露国皇太子遭難地の碑―大津本陣跡―大津宿―琵琶湖畔―近江大橋―瀬田大橋―瀬田

さあ**東海道五三次へ出発**だ。朝陽がまぶしい**三条大橋**から東の空を望み、橋の袂の「弥次・喜多像」の前で、自分もあの弥次さん喜多さんのようにいろいろあっても楽しい歩き旅にしたいと願う。江戸時代に書かれた十辺舎一九作の弥次・喜多道中記「東海道中膝栗毛」で今も多くのファンを魅了するが、「当時と違い現代人が歩くとなるとそりゃ大変だわ」と聞く。

橋の向こう側には御所を遥拝する大きな高山彦九郎像がみえる。これまで4日間歩き少し慣れてきた靴の紐を締め直す。

朝の冷たくもすがすがしい空気を胸いっぱいに吸い込みながら一歩一歩と進む。蹴上船留から南禅寺船留平安神宮に着くが、その昔に子供の七五三の時に来た時以来で懐かしい。蹴上船留から南禅寺船留までの落差を上るという珍しい昔の船跡を見る。昔の人々の知恵はすごい。やがて煉瓦造りの趣のある建物が見えてきたが、日本初の水力発電が行われた蹴上の浄水場だ。ここから急坂の上りとなり、休み休みしながら日ノ岡峠を越える。山科に下るが息が乱れる。

山越えし天智天皇陵を経て京都・山科の街に入る。「右三条通、左ハ五条橋」との五条別れ道標を経てしばし歩いた後、いよいよ最初の難所、京と大津の山越えで峠道を上る。四宮、普門前から琵琶湖疎水を辿りつつ山道へ入る。だが早々に道を間違えたのか細い山道を登ることになり、山の中で訪ねる人もなく不安になった。鬱蒼とした藪道で倒木に腰かけて一休み。道が分からないと不安になるものだが、これから何度あることか。やがて前方に大きな道と合流した時はホッとする。この辺りは「琵琶湖国定公園」との表示があった。峠道を進み「北国街道」と書かれた峠の地蔵前から小関峠をぬり逢坂の関跡を経て猿丸神社に着く。

大津宿に入る。大津宿は歴史が古く、江戸時代は東海道、中山道、北陸道の宿場と重なり、三井寺の門前町として栄えたようだ。「大津事件」など昔の史跡など見て、滋賀県庁前から琵琶湖畔にでる。

琵琶湖まで歩いてきたかと少し感無量になるがまだ旅は始まったばかりだ。

人の気配のない冬の湖を眺めながら、丁度開いていたイタリアンカフェで美味しいパスタを食べ、熱い珈琲で寒い体を温め足も休ませた。食べ終わり外へ出ると小雪が舞う。

そんな中、犬の散歩をしている人がいた。何を思ったか急に子犬がリードを外し一直線に走ってきて足にじゃれ付いてきたのでビックリ。慌てて走ってきた同年配の女性が謝りつつ、しばし犬の話しや自分の歩き旅の事などでお喋りを楽しんだ。この間子犬は足の周りを嬉しそうにじゃれ付いていたが、どうやら特別に好かれたようだな。歳と共に誰からも好かれることが無くなってきたのでこのワンちゃんが愛おしく別れ難かった。

近江大橋を渡る。橋の上で急に横殴りの吹雪となり、琵琶湖の冷たい風に震える。帽子が吹き飛ばされそうになり慌てる。寒暖を直に感じる薄頭が身に染みる。体を温めるようにバタバタと手足を動かしながら進む。橋の中央に「右大津・左草津」の表示板があった。

瀬田の街に入り、今日はここ迄として予約した宿へ入る。寒い一日だったが、京都府から**滋賀県**に入り少しずつ前に進んでいることを実感して嬉しい。予約したホテルの熱い風呂に入り、手足と体を温め摩りながら一日の無事な旅に感謝する。

＊（5日目）24・9㎞　3・45万歩

6日目 1月21日（曇雨）0—7℃（滋賀県大津市松原町）

瀬田から草津宿・石部宿へ

瀬田—草津宿本陣—太田酒造—牛馬養生所跡—一里塚跡—稲荷神社—小島本陣跡—石部宿—甲西

瀬田の朝は寒く薄氷が張る。昨夜はよく眠れたので朝はスッキリだ。靴も徐々に履きなれてきたのか痛みも治まってきた。元気に草津へ向かう。

草津宿は東海道と中山道との合流地点で多くの旅人が往来すると共に、それが故に情報地でもあった。将軍・徳川家綱は「隠し目付」を置いて各地の情報収集にあたり、その機密活動をする宿場としたが、東海道で他にはなかった。隠密、間者、忍びの物が活動したようだ。

朝は晴れていたのにやがて雨となる。今日は草津宿から石部宿へ向かう。

橋の名前は忘れたが、欄干の古い木に「旧東海道」と書かれていたので歩く道に間違いはない。本降りとなった雨の草津宿・本陣跡に着く。草津と石部の中間にある間の宿・六地蔵に着き石部宿へ入り小島本陣跡へ着く。この**石部宿**は江戸幕府直轄の宿場で、伊勢参宮街道との分岐点として多くの旅人で賑わったようだ。近くに金山採掘跡があり、堅実な人のたとえで呼ぶ「石部金吉」とはここから出たとか。野洲川沿いの堤防に出ると雨上がりのきれいな虹をみた。しかしそれもつかの間、しばらくして再び激しい雨風となり参った。

今日は近くで泊まる宿を探すのに時間をとられてしまった。予約すると素泊まりならあるとのことでやっと探したものの、夕食と朝食を用意せねばならない。田畑が広がり全く周辺に店もなく困ったが、国道へ出てやっとコンビニを見つけて買い、それを持って宿に入ったが足元を見られたのか素泊りにしては高いし、部屋は場末の畳部屋で寒く参った。だが歩き疲れ、雨で体が冷えてしまい風呂に入るとすぐに布団をひいて寝た。これ以降はコロナ禍でもあり、せめてビジネスホテルのベッドで朝食付きを探すことにした。

＊（6日目）24・6㎞　3・36万歩

7日目　**1月22日（雨晴）2―8℃（滋賀県湖南市平松）**

石部宿から水口宿へ

甲西―石部宿―北島酒造―夏見一里塚―弘法杉―三雲―天保義民碑―日吉神社―水口宿―水口城跡

朝は雨だったが徐々に回復して青空も見えてきた。何とか疲れた体を励ましつつ出発する。

石部宿から甲西の北島酒造（創業文化年代の老舗）前を通ったが、周辺には昔から鈴鹿山系の伏流水を使った酒蔵が多くあるようだ。今学ぶシニア自然大学校（自然学校）のアシスタントでお世話になっている藤村さんのご実家の隣町とLineで情報を頂いたが、事前にもっと詳しく聞いておけばよかった。また同じ自然学校の友達・栗田さんから、別荘があるという滋賀・高島の地酒を頂いたことがあるが実に美味しく感謝だった。滋賀は酒造りに最適な清水が随所にあり良環境のようだ。

夏見の里から三雲を経てしばらく古い町を歩いていくと、前方に大きな弘法杉が見え弘法大師錫杖跡の石碑があった。その横の所から土手を上り、大沙川の堤上にある樹齢７５０年の弘法杉を見上げる。樹高26ｍ、周囲６ｍと大きい二本杉だ。猿飛佐助のふるさと**三雲城址**の旗が見える。大沙川の隧道を抜け、やがて農民一揆のあった「天保義民之碑」のある小高い丘の上で一休みする。大きな石碑には当時の農民一揆の悲しい様子が詳細に記載されていた。横田の渡し跡から日吉神社、泉福寺を経て昔の松並木跡から武家屋敷跡や長屋門を見ながら水口城址へ向かう。穏やかな早春の風景を楽しみながら街道を歩くが、道端には水仙やアブラナなどの花や野草花が咲き、小さなお地蔵さんや一面の畑を眺め乍ら気持ちのいい街道を進む。やがて「東海道五三次水口宿」と書かれた街道蔵に着くが、この辺りも酒蔵が多いようだ。こじんまりした美しい**水口城址**の中に入り足を休める。水口宿は都から伊勢に通じる街道上の要地で東海道の宿場となった。徳川家光の上洛時の宿館として築かれたのが水口城で、水口藩は甲賀地域の中心地として栄えたようだ。今日の宿は街道沿いの国道にある大手ビジネスホテルチェーン系のホテルを予約した。お陰できれいで快適な宿で、一階にあった居酒屋で久しぶりに旨い地酒と食事にありつけた。

＊（7日目）21・7㎞　2・93万歩

8日目 6月10日（曇雨）15―26℃（滋賀県甲賀市水口）

水口宿から土山宿へ

＊（1月23日 暴風雨の為に乗ったバス区間を本日歩く）

水口宿東見附―今郷―東海道反野畷碑―垂水頓宮御殿跡―野洲川制帽―江戸松並木―松尾川の渡し―大黒屋本陣跡―土山一里塚―井筒屋跡―成道学校跡―東海道傳馬館―江戸屋跡―田村神社―土山宿

今日の降水確率は80％との事でまた雨を覚悟しなければいけない。

水口宿東見附から**水口宿**の表柱のある小公園を経て新城の街に入る。岩上橋を過ぎて今郷の集落に入る。水口宿本陣跡から野洲川堤防を歩く。大きな旧東海道・水口宿の看板を見る。幾多の水害による経緯を記した看板があり、その大日川堀割の東海道反野畷碑の前で一休み。

垂水頓宮御殿跡に着き、休む間もなく土山宿本陣跡に着く。ここは甲賀武士・土山鹿之助の末裔、土山喜左衛門が初代を務め、現在でもその宿泊した上段の間や庭園が当時のまま維持管理され文化財として残され保存されている。次いで森鴎外の祖父白仙終焉の地、井筒屋跡の石柱を見る。なぜここで、と見れば森鴎外の森家は代々津和野藩亀井家の典医で、白仙は江戸参勤交代の折りここで亡くなり、鴎外がその墓参りに訪れ泊まった平野屋が現存する。

土山一里塚跡の石柱を見て**土山宿**の町並みに入り旧街道の雰囲気が残る道を歩く。

「東海道五十三次土山宿」の大きな看板がかかる。その下に問屋場、成道学校跡の石碑をみる。当時の建物を利用したのか情緒ある「うかい屋」という民芸茶房があった。東海道伝馬館や扇屋伝承文化館などをみる。旅籠江戸屋跡、大槌屋跡など当時の旅籠跡の石碑が随所にあり、連子格子の町屋が保存されていて見応えがある。大きな境内を持つ**田村神社**に着く。

（前回1月23日午前、台風並みの暴風雨で危険な為、地域のコミュニティバスを紹介してもらい、それに乗りその間を歩き飛ばした区間、水口宿—田村神社の間を変則的だが今日歩き終え繋いだ）

＊（8日目）27・1㎞　3・73万歩

9日目　1月23日（雨）1—5℃（滋賀県甲賀市土山町）

土山宿から坂下宿—関宿へ（鈴鹿峠越え）

土山宿—田村神社—蟹が坂—鈴鹿峠馬子唄碑—大原道標—東海自然歩道—山中—万人講常夜灯—鈴鹿峠—霧の鈴鹿トンネルへ—松屋本陣跡—坂下宿—沓掛の集落—観音院—関宿—関宿場町—福蔵寺

朝から台風並みの冬の嵐に躊躇したが昼から収まるとの予報で、水口宿から土山宿まではホテルの紹介で地域のコミュニティバスに乗せて貰った。山麓の**田村神社**に到着し、今日はここから出発する。

（＊このバス区間だけ後日に歩き、8日目に記載した）

土山宿の田村神社に着いたが、まだ雨風の嵐の中で傘やカッパが全く役に立たず神社境内で雨宿りしつつ広い境内を見る。このままの悪天候では険しい峠越えは危険で迷う。

昼前、予報通り少し雨の勢いが収まってきたので出発する。今日は東海道で箱根峠に次いで難所と言われている**鈴鹿峠越え**をするのでプレッシャーがかかる。雨風は強弱を繰り返す。

「蟹が坂」を越えて長く続く国道沿いを歩くが、横を大型トラックが頻繁に通り、その都度その風圧によろけ、溜水をはねられて服はもうずぶ濡れとなり最悪の峠越えだが、文句を歌に変えて自分を励ます。やがて鈴鹿馬子唄之碑、土山町山中の大原道標などみて、途中から山道に入る。大阪・箕面から東京・高尾山へ続く東海自然歩道に入る。箕面の山歩きをしている時は少し歩いたので東海自然歩道の文字が懐かしい。雨の峠の山道を慎重に上る。

重いリュックサックがリスクだが必要なものばかりなので仕方ない。それに山越えには勿論コンビニなどもなく、飲食用に水も余分に持つので更に重くなる。時々立ち止まり足を休めようと腰を下ろすが座る所もなく、雨の中でゆっくりもしておれず再び腰を上げ登る。

やがて巨大な石積みの常夜灯「**万人講常夜灯**」に着く。江戸時代に金毘羅宮参りの講中が旅の安全を記念して建てたもの。高さ5・4m、重さ38トンあるというが壮観だ。

茶畑を過ぎて峠道を森の中に入って行くと急に霧が出てきてあっという間に雲海の中を歩く状態に

なり前の道が見えなくなった。距離がつかめないが、鈴鹿峠頂上か滋賀の「近江の国」と三重「伊勢の国」の境界石がみえるはずだが、初めての山道で視界がきかず道も全く分からずしばしその場で待機する。後方の歩いてきた道さえも霧で分からなくなってきた。

ここまで人一人とて出会うこともなく、こんな時は引き返すのが一番だが、先ほど見えた茶畑さえ見えないし徐々に森の中が暗くなってくるので判断を迷った。だがここは知らない前方よりも歩いてきて知る後方の道を選択し足元を確認しつつ手探り状態で一歩一歩と戻る。寒さ冷たさも忘れ緊張の連続で足元を確認しつつ後退し、やがて遠くにあの万人常夜灯が見えた時は心底ホッとした。

ここより更にゆっくりと下り車道の鈴鹿トンネルをみて、ここを通り抜けることにした。江戸時代にこのトンネルはなく不本意だが、車道の側道を通りトンネルを抜ける。まだ一面の霧の中。峠を見上げれば全く霧で見えないのでこの選択でよかった。途中、急に霧の中から老婆が一人出てきて前の道を横切って行った。全く家も何もない山中なのに予期せぬものをみた思いでゾーとする。ひとり不気味さを払拭しようと、EXILEの曲をボリュームいっぱいにあげ、大きな声で何やら歌いながら霧の中を進む。

やがて小さな集落に入り**坂下宿**に着くが、集落は寂れていて人ひとり見ないが雨のせいなのか。途中罠の檻があり、中にタヌキ一匹がかかっていた。見ればしきりに顔を上下して懇願するしぐさをする。可哀そうだから放してやりたいが、仕掛けた人からすれば悪さをする憎き狸だからタヌキ汁にでもして成敗せねばと思っているかもしれず、後ろ髪引かれる思いで立ち去る。後で化かされないかと逆に心配だ。坂下宿の松屋本陣跡、大竹本陣跡、梅屋本陣跡の石碑が雨の中に建っているだけで特に見るものはなかったが、その昔は鈴鹿峠を越える旅人で賑わったようだ。冷たい雨のなか人ひとり見ない村を歩くのも不気味だった。

沓掛の集落に入るがここも寂れていて人影がない。鈴鹿川にかかるいちせ橋を渡りやがて**関宿**に入る。関宿の守り仏で嵯峨天皇時代に開創されたという「観音院」に着く。

ここより関宿の賑やかで江戸時代に逆戻りしたかのような風景の町並みが続くはずだ。しかしここも不思議で町並みの様相は素晴らしいが人が一人とて見当たらない。空は暗くなり店の灯りがあるが人が見えないのだ。どうなっているのだろうか、キツネに化かされたような不思議な感覚の中を歩く。あの先ほどのタヌキが頭をかすめたが、長く続く関宿場町を歩きながら別世界にいるような雰囲気だった。

だが福蔵寺境内で親子か二人連れの女性参拝者を初めて見かけてホッとした。どうやらこの寒さと雨のせいかと納得したが、この関宿の時代町並みは素晴らしかった。

この**関宿**は重要伝統的建造物群保存地区に指定されていて、昔のままの道幅の両側にずらりと古い町屋が並び、電柱もなく宿内の両側にはその旧家が並びインスタ映えがするような光景が並び見事だ。だが人ひとりいないのは不気味だった。晴れた日に機会があればゆっくりと訪れたい宿場町だ。

今日はここまでとして予約した宿に入る。結局終日雨の中を歩いてかなり疲れたが、鈴鹿峠越えの為、距離は短くとも難所を通り越せて安堵する。ずぶ濡れになったズボンや上着に雨水が入り、ビショビショとなった冷たい靴と共に乾かしながら、熱い風呂につかり一日を振り返る。あの鈴鹿峠の霧の中を思い、またあのタヌキや人のいない宿場を振り返りながら無事に歩き着き安堵した。

考えてみればこんな日は無理せずホテルで休めばいいのにと反省。時々自分の歳を忘れるので困ったものだ。トホホ

＊（9日目）23・5㎞　3・27万歩

10日目　1月24日（曇）5―12℃（三重県亀山市関町）

関宿から亀山宿へ

関宿―皇館太神社―野村一里塚―大岡寺畷―京口門跡―大手門跡―江戸口門跡―亀山城址―亀山宿

今日は昨日の雨が上がり寒い曇天だが、昨日よりは歩きやすそうだ。

関宿は古代からの交通の要所で、奈良時代に「鈴鹿の関」が置かれその名に由来する。

皇館太神社前から野尻を経て野村一里塚に着けば、樹齢400年以上という巨木があった。

亀山宿へ入る。古い当時を想わせる旧家が並ぶ街道筋を歩く。豊臣秀吉が亀山城攻撃の時の「羽柴秀吉亀山城攻め本陣跡」があり周辺を眺めた。旅人の宿・亀山そば、名物伊勢うどん店をみるが、どこも当時の面影を残していて昔の光景が広がる。

梅巌寺の門前脇には京口門跡があった。ここはかつて番所を構え通行人を監視した所だという。東海道亀山宿の石標を見ながら亀山城へ向かう。坂を上がり「亀山城関見櫓跡」を通り、「史跡**亀山城址**」にたどり着く。その美しい遺構にしばし時を忘れて過ごした。「亀山城本丸東南隅石垣と多門櫓」をみる。城址周辺には桜の木が沢山あり、春の満開の時期になれば多くの人で賑わう事だろう。今日は体調を考えて半日としここまでとした。

＊（10日目）9・6㎞　1・32万歩（半日）

11日目 1月27日（曇）2―9℃（三重県亀山市本丸町）

亀山宿から庄野宿へ

亀山宿―亀山城下町―亀山宿鍋町きりや跡―かみかわや跡―巡見道―ローソク工場―題目塔―刑場供養塔―能褒野御墓―露心庵跡―川俣神社―女人堤防塚―庄野本陣跡―高札場―庄野宿資料館―庄野宿

朝から亀山城下町を歩く。**亀山宿**街道には当時の旅籠や店、職業の屋号看板などがあちこちの軒先にありその風情が味わえる。例えば「東海道亀山宿鍋町きりや跡」と「かみかわや跡」などと書かれた占い看板だ。亀山の大きなローソク工場をみるが国内有数の産地との事。和田の道標から井田川へ向かう。

古墳の前方後円墳、能褒野御墓を見るが宮内庁管理で立ち入りはできない。近くに陪塚を多く見る。この辺りは江戸時代安楽川と鈴鹿川の合流地点で亀山藩と神戸藩の境で水害に相当苦労した所だとか。村人は堤防の築造を願うも許されず、夜間に女たちだけで堤防を築いたとの伝説が残る女人堤防碑だとか。なぜか多くの石碑がみられたがその犠牲者なのかな。庄野本陣跡に着き高札場跡をみて**庄野宿**に着く。ここは東海道で最後に設置された宿場のようでかなり小さく、江戸時代の旅人は休憩だけの通り客が多かったようだ。

今日は凍える寒さでここまでとし、予約した鈴鹿市内のホテルへ向かう。

＊（11日目）17・1㎞　2・31万歩（半日）

12日目　1月28日（雨曇）0—8℃（三重県鈴鹿市庄野町）

庄野宿—石薬師宿—四日市宿へ

HONDA—鈴鹿川堤防—庄野宿—定五郎橋—一里塚—石薬師宿—佐々木信綱生家跡—小沢本陣跡—四日市—内部橋—観音寺—日永の追分—日永神社—丹波文雄生跡—諏訪神社—筒井屋—四日市宿

今日も氷の張る寒い朝だ。外は雨、どんよりとしたお天気だが徐々に雨も止んできたので出発。とにかく寒いので、あるだけの服を着こみダルマ状態だがこれが一番。鈴鹿と言えばHONDAと浮かぶ。ホンダの大きな工場前を歩きながら、昨日歩き終えた庄野宿へ戻りスタートする。鈴鹿川に架かる庄野橋を渡り河川堤を進む。やがて**庄野宿**から定五郎橋を渡り、石薬師へ向かう。河川堤の伝説の蒲桜を見るが蕾は固い。畑道を淡々と歩き、一里塚を経て**石薬師宿**に入る。雨は降り続き、座る所もないので進むしかない。

石薬師小学校の前にある歌人で国文学者でもあった佐々木信綱の生家と資料館を見る。その前には卯の花が植えられ、唱歌「卯～の花匂う垣根の……夏は来ぬ」に由来すると。「佐々木信綱ロード」を歩くと、宿内の至る所に信綱の歌碑やかるた道とかがあった。

近くに**小沢本陣址**を見るが立派な小沢家の旧家があり、貴重な文献が残り元禄の宿帳には赤穂の城主・浅野内匠頭の名もあるとか。宿外れに「東海道石薬師宿」の石標を確認する。

石薬師宿は石薬師寺の門前町として栄え宿場に指定されたようだ。

四日市宿へ向かう。国道と並走する街道なので頻繁に通る大型車も多く、喉が痛くなってきたのでマスクをしてノド飴をなめる。峠を越えて前方に四日市の街が見えてくると、その林立した煙突と白い煙、化学工場などの工場群が見え、今までにない光景に戸惑う。

内部橋を渡り、観音寺を経て**日永の追分**で一休みする。ここは東海道と伊勢神宮への分かれ道で大きく立派な道標がある。ここに追分鳥居の水場があったが手を洗うだけにした。

「東海道名残の一本松」を見つつ日永神社に着く。ここには東海道最古の道標があった。

東海道沿いの古い家並みを進み、作家・丹羽文雄生誕地石碑前から四日市の諏訪神社に着く。

四日市宿に入る。ここは古くから商業の盛んな港町、宿場町として、また伊勢参りの旅人で賑わったようだ。室町時代から四のつく日に市が立ち、この地方の一大中心地であった。

今日はここまでとしたが、雨の中無事に予定を歩けホッとする。久しぶりに都市ホテルに宿をとりゆっくりと体を休めた。最近はよく雨が降るが雨男なのかな。自分じゃわからないが、今日も濡れネズミ状態でホテルのフロントに立ったようで「外は相当な嵐ですか」と聞かれたが、歩き旅をここでも説明した。横の鏡を見てアチャー、自分がホテルマンだったらずぶ濡れのえらい客が来たものだなと拒否するような姿だった。トホホ

＊（12日目）22・4㎞　3・01万歩

13日目 1月29日（晴）3—9℃（三重県四日市市北町）

四日市宿から桑名宿へ

四日市—三ツ谷一里塚—米洗川—霞ケ浦—富田一里塚—多賀神社—浄泉坊—縄生の一里塚—矢田立場—京町見付跡—九華公園—桑名城跡—春日神社—しるべ石—七里の渡し跡—大塚本陣跡—桑名宿

今朝は久しぶりに快晴で気持ちのいい朝だ。**四日市宿**をスタートする。昨日の雨男を知るフロントマンは大きな声で「どうぞお元気で　頑張って東京まで完歩して下さい」とエールを送ってくれた。うれしいね。両足とも靴に馴染んできたようで順調に歩けて嬉しい。だが国道に出ると沢山の煙突から白い煙が上り、かつての四日市公害訴訟を思いだす。昔の印象は中々ぬぐえないものだ。三ツ谷の一里塚跡石碑を確認し、国道と合流して地蔵堂、米洗川を越えて常夜灯を見る。富田町に入ると連子格子をもつ古い家並みがあり歴史を感じる。

朝明川を渡り、多賀大社の常夜灯前を経て浄泉坊にでる。このお寺は徳川家に縁のある桑名藩の奥方の菩提寺であったため、山門や瓦に徳川家の定紋・三つ葉葵の紋が入っていて、参勤交代でここを通る大名は門前で駕籠から降り一礼したとの事。これも大変なことだ。

次いで江戸時代に活躍した国学者・橘守部誕生地遺跡を通り、縄生の一里塚の碑へ向かう。矢田立場を経て「左東海道　渡船場道」「右西京　伊勢道」と刻まれた道標を確認。

本多忠勝が城の建設のため広瀬氏を招き、ここへ広瀬鋳物工場を作ったという表示をみる。吉津屋見附跡の案内板をみて、京町見附跡を経て桑名の城下町へ入る。

桑名城址は九華公園にあり、入り口には江戸時代の初代城主・本多忠勝の立派な銅像が立つ。桑名は鋳物が盛んで春日神社の青銅鳥居、堂々たる楼門がある。鳥居の横には「しるべ石」が立ち、江戸時代に迷子を捜すための張り紙を貼る掲示板のような石標があった。

「東海道五十三次 桑名宿」の大きな看板に郷土の宝として詳しい宿場の案内があった。

桑名宿の「七里の渡し場跡」に着き、久しぶりに見る広い海と対岸の**宮宿**を思い、昔の旅人の舟渡りをしのぶが今その渡し舟はない。ここから江戸時代の旅人は小さな舟で対岸の宮宿まで約27㎞の海を渡った。「伊勢国一の鳥居　七里の渡し」と書かれた大きな看板を見る。桑名宿は対岸の宮宿からのお伊勢参りの玄関口で、その旅人らで大いに賑わった。徳川四天王の本多家ほか徳川有力の大名が君臨した桑名藩の城下町だった。

今日はここまでとして桑名市内に宿をとる。ここしばらく山間部を歩いてきたので、伊勢湾の大海原を見ると心が一気に癒された。山は好きだが、海もいいなー　自然界は素晴らしいなと改めて日本の四季を愛でる思いがした。ホテルの近くで夕食のラーメンを食べていると暇そうな店主が話しかけてきた。しばし旅の話をしていたが、しきりに羨ましいですわと言うので調子に乗って話しているとラーメンが伸びてしまった。

＊（13日目）23・7㎞　3・30万歩

14日目　1月30日（晴）3―10℃（三重県桑名市東船馬町）

桑名宿から宮宿へ陸路を歩く

桑名宿―揖斐川―長良川―木曽川・尾張大橋―大小の橋18カ所渡る―南無観音菩薩―宮宿―宮の渡し公園―熱田湊常夜灯―熱田蔵福寺―旅籠丹波屋―都々逸発祥記念碑―信長壁―熱田神宮

江戸時代の桑名宿―宮宿の間の舟便は今ないので東海道を離れ、遠回りをしながらひたすら陸路を宮宿へ向かう。川や橋が多くありビックリだ。**桑名宿**を出発すると、大きな川から小さな川までその数は18もあった。川越を人足に頼っていた江戸時代はこの間、舟が重宝したのだろう。木曽川、揖斐川、長良川にかかる大橋は幅広く見事で、冷たい海風が吹くもののお天気も良くなり、気持ちのいい歩き旅を満喫する。

歩きだして最初の川は、**揖斐川・長良川**だ。海が近いから当然大きな河口だが、風が心地いいと思ったら突然の強風に帽子が飛ばされた。慌てて追いかけ何とか拾ったが、もう少しで橋から川へ落ちるところだった。帽子が無くなったら薄い頭は怒るだろうな。

長い長良川の伊勢大橋をやっと渡り終える。ここは海抜0mとの表示板があり思わず周辺を見たが、余り高い建物がなく今津波が来たら駄目だなと速足になる。

次は**木曽川**に架かる尾張大橋を渡るが長い。渡り終えると東海道と彫られた古い石碑あったが、これは橋ができた後の事だろう。渡り切った道脇に「酒」の文字が見える。その昔なら旅人が必ず立ち寄りそうな居酒屋があった。閉まっていたので残念だが、その古びた佇まいに情緒を感じる。

いくつかの南無観世音菩薩の旗が立ち並ぶ所で一休みしていたら、同年配の方が声を掛けてきた。「歩き旅ですか」はいそうです。「楽しそうですね」と。それから30分ほど旅の話に花が咲いたが、最後に「今の時代、**究極の贅沢旅**をされていて羨ましいです」と言われたが、そう言われて意識すると「喜寿の青春譜」と銘打ち、放浪の歩き旅ができるなんて確かに究極の贅沢だなと再認識した。有難いことだ。

前方に大きなロケットのような模型が見えてきたが、近づくと「ようこそ名古屋へ」との表示があった。そうかもう名古屋なのかと感慨深い。

やがて**宮宿**に入った。宮宿は熱田神宮を省略した呼称だとか。ここは熱田神宮の門前町として脇街道も佐屋街道、美濃路など舟で桑名宿へ渡る重要な港として発展したようだ。宿場町としては東海道最大だったとか。宮の渡し公園に着く。昨日見た桑名宿の「七里の渡し跡」の対岸の舟着き場跡だ。ここから旅人は海上七里を舟で渡り桑名へ出たが、なぜ海上だったかと言えば、この間の陸路には木曽川、揖斐川、長良川と言う三大河川が流れ込み、当時の未熟な技術ではこの川渡しが難しかった為だったという。

立派な熱田湊常夜灯を見る。更に大きな「時の鐘」があり、これは尾張藩主光友の命により熱田蔵福寺に設置されたもので、住民や旅人に重要な役割を果たしたとか。本陣格の旅籠屋・丹波屋やほうろく地蔵、「都々逸発祥記念碑」、東海道と佐屋路との分岐道標などをみる。

夕暮れに**熱田神宮**に着く。暗くなった神宮の杜を歩く。境内を歩くと立派なお社に大きな楠木をみる。織田信長が桶狭間出陣の時、この神宮に必勝祈願をし、みごと大勝したのでそのお礼と奉納した信長塀があった。今日はここまでとし、近くに宿をとり疲れた体と足を休める。今日もよく歩いたが、まだ旅程の三分の一程度だ。だがここまで徒歩320㎞を越え、45万歩近く歩いてきた。改めて風呂に浸りながら感謝と幸せに涙する。

＊（14日目）33・5㎞　4・52万歩

15日目　**1月31日（晴雨）5―13℃（愛知県名古屋市熱田区神宮）**

宮宿から鳴海宿へ

熱田神宮（宮宿）―熱田橋―熊野三社―富部神社（東海道制定四百年記念碑）―笠覆寺―一里塚―鉾ノ木貝塚―天白川―成海神社―鳴海宿本陣跡―高札場跡―問屋場跡―鳴海宿―鳴海城跡公園―瑞泉寺

今日も気持ちのいい朝だ。昨夜はよく歩き、風呂に浸かりながら至福のひと時を味わいつつついい眠ってしまい溺れそうになって慌てて風呂から上がり布団に入った。

宮宿から熱田橋を渡り熊野三社へ。道に迷いながらも富部神社前に「東海道制定四百年記念碑」をみる。東海道笠寺の大きな一里塚と榎木をみる。ここも冬枯れで葉は一枚もないが、もうすぐ春になれば芽吹き緑豊かな景観になるだろうなと想像した。周辺の旧家に見猿、聞猿、言猿の置物を見る。やがて縄文時代の鉾ノ木貝塚をみる。天白川を越え230年程昔に建てられたという丹下町の常夜灯をみながら鳴海宿へ入る。

鳴海宿は有松とともに絞りで知られた。成海とも書き、鳴海潟の名に由来するとか。鎌倉時代は鎌倉街道が通り、戦国時代は織田、今川両勢力の接触地点で鳴海城が築かれた。江戸時代から始まった木綿の鳴海絞りは江戸東海道の名産品として人気をはくしたようだ。鳴海宿本陣跡に着き鳴海宿を確認。立派な鳴海宿高札場跡が再現されていて魅入った。当時を想わせる古い民家もあり改めて街道歩きは時代を遡り面白い。

鳴海城跡公園に着く。ここには織田信長攻略の碑があった。「桶狭間の戦い、人生大逆転街道」との事で、清州城から桶狭間に至る三街道のことだそうだ。鳴海城跡に当時の痕跡は見当たらなかったが、今川勢の重要拠点だったとか。瑞泉寺に着き今日はここまでとした。

ここまで飛ばして歩いてきたので少し体を休ませねばならない。それに溜まった洗濯物でいっぱいなのでホテルのコインランドリーを使い洗濯して明日までに乾かさねばならぬ。

＊（15日目）13・8㎞　1・87万歩　（半日）

16日目 2月19日（晴）5―11℃（愛知県名古屋市緑区）

鳴海宿から知立宿（池鯉鮒宿）へ

鳴海宿―河野一里塚―境川―有松一里塚―絞り会館―町家建築―桶狭間古戦場跡―逢妻大橋―総持寺―知立城跡―池鯉鮒宿―遍照院―多宝塔―芭蕉句碑―知立宿―松並木―馬市―慈眼寺―新安城

よく晴れた気持ちのいい冬の空を仰ぎながら**鳴海宿**を出発。徳川家康が東海道を開いて植えた松並木の名残りをみつつ河野一里塚へ。この先より尾張国と三河国の境の境川を渡る。橋の真ん中で国が分かれて造りが違うという変な橋だった。

長坂道から東海道を進み、有松一里塚で一休みする。この地域は有松絞りで有名だが、有松絞りの問屋、格子窓に塗籠壁の小塚家や有松絞りの考案者竹田庄九郎子孫の武田家、寛政時代の服部家など町屋建築を代表する建物を見ると江戸時代を感じる事ができる。今も昔ながらの商家が並ぶ。やがて史跡公園に着き一休みするが、ここは桶狭間の戦いで信長が今川義元を破った古戦場跡で義元の墓や本陣跡碑を見る。（ここで初の**ケガ**をする　後述）

一号線に出てしばらく歩くと逢妻大橋（池鯉鮒大橋）を経て総持寺に着く。入り口の掲示板には「心配するな　なんとかなる」の大きな文字があり、自分のケセラセラ精神と合致して安心する。

知立宿（池鯉鮒宿）に入る。古い家屋が多くあり、こんにゃく店、ところてん等の大きな看板がかかったかなり古い店を見るがみんな閉まっていた。知立神社を訪ねる。社殿は柿葺きで重厚な建物で境内には芭蕉の句碑などを見る。西町公園に**知立城跡**、御殿址をみるが標柱と一部の石垣がある程度だった。「池鯉鮒宿問屋場之跡」の石碑を見た後、「大根干買入所」「天笠豆買います」との珍しい看板があったが、天笠豆とは初めて聞く名前だ。

きれいな松並木が見えてきた。表示板には江戸時代に宿場が開けたので馬市が盛んだったようだ。広重の絵にある知立の馬市、その桜馬場であったとか。知立宿は江戸時代に近くに鯉や鮒の池が多く点在したので**池鯉鮒宿**と呼ばれていたようだ。昔から馬市や木綿市が開かれ、中世の鎌倉街道の要衝として栄え、江戸時代は東海道の宿場として賑わったという。

今日はケガをしたので遠かったが新安城に宿をとった。もしケガが急変した時の為に田舎から街中に宿を変更したので長い田舎道を歩く。広い田畑の中を歩きながら時折吹きすさぶ寒風に震えた。宿の風呂には歩いた足だけを入れて温まった。ケガの傷を医者に診てもらうことも考えたが疲れてすぐにベッドに転がり込んだ。まあこんな日もあるさ トホホ。

＊（16日目）25・15㎞　3・49万歩

＊（初の自傷事故）

今日はこの歩き旅で初めて転びケガをした。車道脇の道路縁石に足を引っかけて転んだのだが、それがあっという間で手を付く間もなく顔から地面にダイブ。脳震盪を起こしたのか、何が何だか分からない。思い切り顔を地面にぶつけ、何が起こったのか分からなかったのだが心は大混乱。痛い！

すると突然腕のapple watchに事前息子がセットしてくれた緊急警報音がけたたましく鳴り響く。そのままにしていたら自動的に119番通報となると聞いていたので、とにかく先に電源を切る。次いでハンカチで顔を押さえると真っ赤な血でいっぱい。地面にもしたたり落ちている。危ない！

サングラスがどこかに飛んで見当たらない。救急車を呼ばないといけないのか　慌てたが今自分の顔はどうなっているのかと、スマホの電源を入れ、カメラを自分に向けてみた。真っ赤でおでこと鼻は擦りむいているが、目は大丈夫のようだ。帽子とサングラスがカバーしたようで思ったより軽症で安堵する。

血は間もなく止まり、頭痛も治まってきた。落ち着け落ち着けと言い聞かせ、持っていた外傷薬と絆創膏を取り出してつける。大事をとってそこで小一時間休む。しばらくして心身を整え、マスクと帽子を深く被り、壊れたメガネを探して再び出発する。どうやらバランスを崩すと、背負う重いリュックが加重となり倒れを加速するようだから、いつもの転びでは収まらない事を知った。**道路の縁石は要注意だ。**まだ旅は始まったばかりなのに、心配するからこのことは誰にも黙っておこう。自分では見えないから、どうでもいい顔なのだが、やはりこれじゃさすがに男前の自撮り写真は撮れないな。トホホ（笑）

これと関係はないのだが、世界はまさかと思うようなことが毎日起こり目にする。あの9・11テロの一年前にニューヨークの自由の女神から世界貿易センタービルを眺めていた。次いで船で渡りそのビルの前に立ち腰をいっぱいに反ってその威容を眺めロビーにも入った。まさかそんな巨大な高層ビルが一瞬にして崩れ落ちるなんて想像もしなかった。まさかのまさか。完璧な巨大な城郭も崩れ落ちる。人間の造形物はいずれ朽ち崩れ滅びる。歴史街道を歩きながら栄枯盛衰を実感する。世界も日本も強者どもの夢の跡となるのか。

17日目　2月20日（曇）0―10℃（愛知県知立市中町）

知立宿から岡崎宿―藤川宿へ

新安城―知立宿―矢作川―日吉丸出合之像―八丁村―岡崎城下東海道二十七曲り跡―徳川家康銅像―岡崎城―岡崎宿―大岡越前森陣屋跡―水神社―吉良道標―本陣跡―藤川宿資料館―藤川宿

朝起きてすぐに顔を確かめる。おでこや鼻は赤く腫れあがっているが、血を流した割には大したことはなさそうで心底ホッとする。朝は少しゆっくりホテルで過ごし、体調を確認したが大丈夫のようなので出発とする。それにしても変形した男前の顔が益々カバの顔になりそうで心配だが、これ以上悪くはならないからと納得。それにカバに失礼だ（笑）

外は寒く朝は0℃で氷が張る。新安城から昨日歩き終えた**知立宿**（ちりゅう）へ戻りスタートする。途中、「ようこそ　家康公と三河武士のふるさと岡崎へ」との大きな立て看板を見て**岡崎市**に入ったことを知る。矢作川にかかる**矢作橋**を渡る。橋の西岸には豊臣秀吉の幼名、日吉丸と盗賊・蜂須火加小六の出会いにちなんだ「出合之像」があった。江戸時代当時の橋は長さ373ｍの木橋で東海道随一の規模だったとか。

昔の八丁村に着くが、ここから岡崎城まで八丁（約870ｍ）離れているからこの地名になったとか。矢作川を渡ると八丁味噌の蔵元に出て一休みしながら見学する。

いよいよ楽しみだった**岡崎城**に向かう。ここは徳川家康の誕生地だ。場内に入ると大きな家康の銅像が建つ。入り口には「岡崎城下東海道二十七曲り」の石碑をみる。

岡崎城は立派な造りだ。しばらく城内を見て回りながら浸り歩きを楽しむ。次いで城下町周辺を散策する。**岡崎宿**の中心である伝馬通りには多くの幕末建築が現存し、江戸時代の説明板が街道沿いに多くあり見とれた。「東海道岡崎宿西本陣跡碑」をみるが、随所に史跡案内や表示柱が立ち案内してくれて嬉しい。後日ゆっくりと散策してみたい街並みだ。名残惜しさを胸に街道へ戻り更に進む。あの忠臣蔵で有名な「吉良上野介」の領地だった「吉良の道標」をみる。大岡越前森陣屋跡は質素な屋敷だった。見事な藤川松並木を歩き、昔も旅人の癒し道だったことだろうと想像する。

水神社を経て**藤川宿**に着く。脇本陣跡にある藤川宿資料館で一休みする

江戸まで七十八里、京まで四十八里との東海道藤川宿の石碑があった。藤川宿は東海道37番目の宿場として定められたが、岡崎宿と赤坂宿に挟まれた小さな宿場だったようだ。今日も寒い一日だった。昨日の事故の事もあり慎重に歩き、早めに予約したホテルに入る。

サポートしてくれる下の息子からLINEで「お父さんが途中棄権したり動けなくなったらいつでも助けに行けるようにと準備していたが、もう大丈夫のようだから江戸まで頑張って歩いて」とエールを貰う。知らなかったが息子の心遣いに嬉しくて有難くて涙が零れた。ありがとう。

＊（17日目）27・02㎞　3・71万歩

18日目　2月21日（曇）1―9℃（愛知県岡崎市藤川町）

藤川宿から赤坂宿―御油宿から吉田宿へ

藤川宿―東棒鼻―陣屋屋敷―本宿本陣跡―法蔵寺―長沢城跡―長沢一里塚―赤坂宿―関川神社―本陣跡―赤坂宿高札場跡―御関札掛立場―御油宿―東林寺―御油宿本陣跡―ベルツ花子実家跡―本坂越え追分―子宝橋碑―瓜郷遺跡―伊那村立場―聖眼寺―吉田神社―吉田宿城跡―豊橋公園

朝一番に顔の傷の確認と頭など体調の確認をするが診てもらわなくても大丈夫のようだ。誰にも言わなくてよかった。今日は先ず藤川宿から赤坂宿へ向かう。藤川宿と赤坂宿は16町しか離れていないので、宿場の御朱印状には「赤坂・五位」と併記され、当初は赤坂、御油宿とし一宿で扱われていた。**藤川宿から**赤坂宿の間にある「間の宿」の**本宿**を経る。東棒鼻から山中八幡、山中立場を経て、旧道から陣屋屋敷、本宿本陣跡へ。

法蔵寺に入ると近藤勇の首塚があったが、江戸板橋で処刑された後、京都鴨川に晒されていたのを同志が盗みここに埋めたとされるが、何とも生々しい話だ。

穏やかな春の日差しを受け、足も軽やかに歩く。当時を想わせる古い家屋にしばし魅入る。途中、**長沢城跡**、御殿橋をみるが橋は崩れかかっていた。畑の端に一里塚の古い標識を見る。ここも街道筋には古い町並みがあり旧家が並び、その保存も大変だろうなと思う。

岡崎市と豊川市の境を越え**赤坂宿**へ入る。この宿は当時飯盛り女が多くいて遊興の宿として賑わったようだが、徐々に衰退したとか。赤坂宿付近は、江戸時代には幕府直轄の天領で三河代官の出張陣屋があった。立派に再現された赤坂宿高札場跡をみる。赤坂宿脇本陣跡の石碑を見る。「大橋屋」「尾崎屋」など旧旅籠らしき家並みは見事に保存されていて趣があった。「御油ノ松並木」は天然記念物に指定されているようでその並木道は見事だ。

東海道35番宿・**御油宿**に入る。御油宿にも多くの飯盛り女がいて赤坂宿と共に賑わったようだが、五人の飯盛り女が池に飛び込んで自殺したという悲しい事件もあったようで東林寺にその墓があると聞いた。御油宿本陣跡碑を見て周辺の旅籠跡の雰囲気をみる。御油宿から白鳥、小板井を経て弥生時代の爪郷遺跡をみる。その後旧道を進み、伊奈一里塚跡、伊奈村立場　茶屋本陣跡碑、やがて船町と高札場跡を経て吉田神社で一休みする。ここは手筒花火発祥の地で、その歴史や方法などを知る。緑豊かな豊橋公園に入る。公園内の**吉田城址**の石垣をみる。夕暮れの吉田宿本陣跡碑をみるが、**吉田宿**は吉田藩の城下町で、東海道設定時からの宿場だったが、戦争による大空襲の為に当時の面影は残っていない。後に**豊橋**と呼ばれた。

公園を出るともう真っ暗だったが、街の灯りは明るく、それに何台かのデザインの違う路面電車が走る大きな街だ。今日は都市ホテルを予約し、疲れた足と体をゆっくり癒した。

＊（18日目）30・61㎞　3・97万歩

19日目　2月22日（暴風雨）3―10℃（愛知県豊橋市札木町）

吉田宿―二川宿―白須賀宿―新居宿（荒井）へ

豊橋―吉田宿―岩屋観音―聖観音像―大岩神明社―寿泉禅寺―飯村一里塚―二川宿本陣跡―馬場家本陣跡―三河国から遠州国―庚申堂―白須賀宿陣・脇本陣跡―蔵法寺―浜名旧街道―棒鼻跡―新居宿

台風並みの嵐で朝から土砂降りの雨だが、準備をして出発する。冷たい雨にホッカイロをいくつか体に入れるがやはり寒い。額の傷も徐々に回復期にあり男前が戻ってきたかな？

路面電車の走る札木街に「問屋場跡」碑が残る。江戸時代の吉田宿本陣跡や脇本陣跡を見て後、当時多くの飯盛り女がいて、客引きをしていたという旧道と古い家並みを見つつ二川宿へと向かう。街中に三重塔の寿泉禅寺をみて飯村の一里塚へ。

二川宿に着く。二川宿の成立は二川村と大岩村と合わせて宿場として発展したとか。今も旧道の両側には古い家並みが残る。二川資料館から馬場家本陣跡や旅籠をみる。二川宿から元白須賀宿へ向かうが、激しい春の嵐に見舞われどうしようかと迷うが、避難場所もなく進むしかない。境川という小さな川を見るが、ここが三河国と遠州国の境目らしい。いよいよ遠州・**静岡県**に入る。「見ざる、聞かざる、言わざる」の三匹の猿の像がある庚申堂で一休みするが雨宿りする所もなくゆっくりできない。

急坂の下から雨の中、傘もささずに制服を着た女子高校生が自転車を押しながらフーフー言いながら上ってきた。思わず後ろから押してあげようかと思ったが、その前に「こんにちわ」と大きな声で挨拶された。大丈夫ですか？「ハイ大丈夫です　いつもの事ですから　失礼します」と元気に上って行ったが、その後ろ姿をつい父親の気持ちで見送った。

やがて**白須賀宿**に入り、問屋場跡、脇本陣跡碑、白須賀本陣跡へ。町は連子窓を備えた家が多く残り、旅籠屋跡や商家跡には屋号を書いた看板が随所に見られ、当時の情景を垣間見る。「おんやど白須賀」に着き無人の休憩所でやっと一休みするが壁はなく、この台風並みの雨風を防ぐことはできない。風雨がますます激しくなり、撮っていた当日の写真データが後で見るとどうなったのか全て消えていた。どうやら激しい風雨の中で操作していて間違え、何かのボタンを押して消してしまったようだ（＊後日復元を試みたが駄目で、この日の写真やデータは一枚もなく残念だ）

蔵法寺から神明神社を経て**元白須賀**の街へ入る。どこかで一休みしながらこの嵐を避けたいが、どこを見てもそんな所はなく、容赦なく暴風雨が吹き荒れる。余りの激しさに家の軒先に身を寄せたがそれでも風が巻き上がりダメだ。こんな台風並みの荒れる天候の中を歩くなんて余りにも無謀だと思うが、避難する所もバスやタクシーもなく前に歩くしかなかった。

ようやく**新居宿**に着くと少し雨風も落ち着いてきた。終日強風と冷たい雨の中を歩いて靴の中も雨水で足の感覚もなくなり危ないので今日はここまでとして宿を探して飛び込む。

とにかくこの旅で最悪のコンディションだった。ホテルフロントの対応はこのずぶ濡れのドブネズミ状態の客を顔色一つ変えず淡々と手続きをして鍵を渡してくれたがこれがプロだ。それともロボットかな。

＊（19日目）31・2㎞　4・33万歩（概算）

20日目　2月23日（晴）3―11℃（静岡県湖西市新居町）

新居宿―荒井宿―舞阪宿―浜松宿へ

新居宿―史跡新居関跡―旅籠紀伊国屋―弁天島―浜名湖―舞阪渡船場跡―西町常夜灯―本陣跡―舞阪宿―舞阪松並木―鎧塚跡―春日神社―稲荷神社―音羽の松―五社神社―本陣跡―浜松城―浜松宿

昨日の嵐が過ぎ、台風一過のように朝から快晴のお天気だ。昨日のあの嵐がまるで嘘のようで穏やかな日和にホッとする。朝は少しゆっくりして体調を見る。

幸い風邪もひかず元気に出発するがやはり外の風は冷たい。あのボトボトに濡れた衣服や靴が風呂場の乾燥でまだ半乾きだが仕方なく、歩きながら太陽で乾かすしかない。

昨日歩き残した新居宿からスタートする。新居の史跡**新居関址**（今切関所）は見事に復元保存されていて見応えがあった。門構えと言い、高札場跡といい見事だった。**新居宿**（湖西市飯田武兵衛本陣跡）を見る。ここは江戸・日本橋から数えて31番宿で、舞阪宿より今切の渡しへ来ると新居の関所内へ着岸しなければならなかった。西浜名湖橋、弁天橋を渡り弁天島へ　浜風が冷たくも気持ちよかった。浜名湖を見ると感慨深い。弁天島へ渡る。

ここは日本列島の丁度どまん中になるらしく、大きな「日本ど真ん中」の石柱があった。

舞阪宿に入る。当時ここで東海道の陸路は一度途切れ、新居宿まで海上一里半を舟で渡ったそうだ。１４９８年の大地震で浜名湖と遠州灘がつながり、その後は舞阪宿から舟で渡ったそうだが、当時の交通政策上は重要な宿場であったようだ。

宿場内にはさすが浜名湖だけあって魚屋、うなぎ屋が多くある。江戸日本橋から67里との舞阪一里塚跡碑をみる。宿場の「見付け石垣」が残されていた。舞阪の松並木も見事に整備されていた。当時の旅人の日よけもかねて植えられたというが、江戸時代から続くという全長７００ｍに大小４００本の松が保存されていて見事で気持ちいい。

舞阪の松並木道を抜けて春日神社から篠原立場本陣跡へ。やがて一里塚跡から鎧塚跡の碑を経て五社神社で一休みするが大きい神社で諏訪神社を合祀するとか。

浜松城に入る。当時の面影を残す野面積みの石垣の先に浜松城があったようだ。お堀の外にあの京都・三条大橋を出発するときに挨拶した「弥次さん喜多さんの像」があり一緒に自撮りしてみた。

浜松城は家康亡き後も水野忠邦はじめ江戸老中など出世者を多く出して出世城と言われたそうだ。

浜松宿は徳川家康が築城した浜松城の城下町で東海道最大規模の宿場として栄え、本陣だけでも6ヶ所あったようだが戦災で焼失したようで、伝馬町の梅屋本陣跡碑だけを見た。

冬の夕暮れは早くもう少しゆっくりしたかったが、早めに予約した宿へ入り体を休めた。

一日歩いて昨日の服も靴も何とか乾いたが、風邪を引きそうなので汗をかいた下着だけ変えてすぐにベッドへ入った。

＊（20日目）24・1㎞　3・24万歩

21日目　2月24日（晴）5―14℃（静岡県浜松市中区）

浜松宿から見付宿―袋井宿へ

浜松宿―馬込の一里塚―六所神社―木橋渡し舟場跡―天竜川―若宮八幡宮―遠江国府跡―府八幡宮―姫街道口―見附宿―遠州鈴が森刑場跡―須賀神社―木原こね神社―家康腰掛石―本陣跡―袋井宿

今朝も元気に出発。一歩外へ出ると快晴の青空　気持ちも心も足も軽やかになる。

浜松宿から馬込の一里塚跡を経て姫街道の本坂を越え六所神社で一休み。堤防を上ると広大な天竜川が開け、思いっきり深呼吸をしてみる。現在はダムの影響で水量は少ないが、江戸時代の旅人の難所であったに違いない。川の流れは早く水深もあり、大井川のように人夫による川越ができず渡船に頼ったがそれも難儀なようだったという。

長い**天竜橋**を渡り長森立場を見るが、当時川越えする人々で賑わった立場だったようだ。

遠江国府跡に向かう。遠江国分寺跡から府八幡宮をみるが歴史的にも古い神社だ。西坂町から日本最古の現存木造洋風校舎の見付小学校を見る。お天気が良くて白い校舎の壁面が更に白く、その洋風と合わせ異国の雰囲気だった。

札場跡、常夜燈をみつつ、東見付跡から**見付宿**内に入る。見付宿は遠江国の国府が置かれ、鎌倉期には国衛と守護所が置かれて中世には東海道屈指の規模を持つ宿場町だったという。

見付宿から急坂を上り下りし、遠州鈴ヶ森の刑場跡にでる。日本座衛門の首が晒された所でもあり、ここで処刑された人々の霊を慰め供養する為の供養塔があった。太田川の三ヶ野橋を渡り須賀神社へ。樹齢500年と言う楠木の横で一休みする。

やがて「東海道どまん中袋井西小学校」にでた。面白い名前だが、同じく東小学校もあり、ここが東海道の丁度真ん中のようでそのまま標語にしていて面白い。袋井宿場公園に着き**袋井宿**に入る。夕暮れとなり今日はここまでとした。

＊（21日目）28・82㎞　3・90万歩

22日目　2月25日（晴雨）6—12℃（静岡県袋井市袋井）

袋井宿から掛川宿へ

袋井宿—田代本陣跡—久津部一里塚—富士浅間宮赤鳥居—仲道寺—将軍鬼塚—掛川宿—掛川城

今朝も快調で、足も元気に歩けそうで感謝だ。鏡を見れば顔の傷も治りつつありよかった。男前が戻ったぞ 男前なんて人生で誰からも言われた事もないが、自分で言って檄を飛ばす。東海道を半分歩いた実感はないが、**袋井宿**の田代本陣跡を経て「茶店・東海道どまん中」を訪ねた。原野谷川に架かる静橋を渡るが、橋の袂の四つの電灯にお洒落な時代を想う。

江戸から丁度60里という「東海度久津部一里塚跡碑」の大きな表示板を見る。一面の畑道を歩くが、所々に早咲きの桜が旅心を癒してくれる。

やがて朱塗りの大きな鳥居が見えてきたが「富士浅間宮赤鳥居」という大きな表示板をみる。遠州三山とは掛川から袋井にかけて存在する寺の総称だそうだ。

再び原野谷川を越えて間の宿・**原川**に入る。東海道松並木で一休みするも、やがて本降りの雨となった。善光寺などを経て古い旧家が立ち並ぶ掛川・大池一里塚跡に着く。

掛川に入り仲町に着くと乗馬姿の山内一豊と妻・千代の壁画があった。地元の清水銀行は和風建築で趣がある。やがて川沿いを歩いて行くと遠くに掛川城が見えてきた。

掛川城に着き、さっそく場内を散策する。掛川城の立派な大手門を見る。今日は寒く雨で城内の人出は少なかったが、こじんまりした城内はよく手入れされていてきれいだった。掛川城を中心に「掛川桜」の詳しい案内板があり桜の名前を覚えたが、桜の蕾はまだ硬い。

掛川宿の中心だった宿場通りを経て、七曲りと呼ばれる城下町特有の桝形に曲がる道を少し歩いた。掛川宿は山内一豊が治めた掛川城の城下町だ。規律が厳しく「飯盛り女や遊女がいない宿場」で、旅人も堅い宿を嫌い通り過ぎたような宿場だったとか。いいのか悪いのか知らないが、歩き疲れた旅人が更に元気に女遊びをするとは元気だなと呆れた。

今日は寒い一日だったが、体調を整えるためにもここまでとして早めに宿をとった。

＊（22日目）17・45㎞　2・30万歩（半日）

23日目　2月26日（雨）5―9℃（静岡県掛川市中宿）

掛川宿―日坂宿（新坂）―金谷宿―島田宿へ

掛川城―馬喰橋―伊達方一里塚―事任八幡宮―日坂宿本陣跡―沓掛―夜泣き石跡―鎧塚―菊川坂石畳道―峠の茶屋―一里塚―金谷宿本跡―朝顔の松―諏訪原城跡―大井川―川会所跡―島田宿本陣跡

今朝はまた本降りの雨で寒い朝だ。体調は万全ではないが、昨日は早めに宿に入り体を癒したので大丈夫のようだ。雨の支度をして出発する。

日坂宿に入ると大きな秋葉常夜燈が迎えてくれた。大井川の川止めなどあれば小さな宿場であったが一時は賑わったようだ。だが西に掛川宿、東に金谷宿と言う大きな宿場に挟まれ、東海道の宿場としては鈴鹿の坂下宿、由比宿に次いで三番目に小さな宿場であったようだが、静かな町並みでよく保全されている。

小夜の中山登りの急坂に入る。途中滑りながらも休み休み一歩一歩と足元を見つめながら進む。江戸時代後期の石畳と言う菊川坂石畳を上るが、石畳は凸凹で丸みがあり滑り、更に雨のため余計に歩きにくい。だが、この石畳は最近その存在が確認されたもので、旧東海道では箱根に次いで数例目だとかで現存する所を歩けるのはラッキーなのかもしれない。

諏訪原城跡に着くがその印を確認するに留めた。雨は更に激しくなるが、雨宿りをするところもなくただ歩くしかなかった。見れば雨霧のなかこの周囲も一面に茶畑が広がっている。やがて**東海道金谷坂**は石畳みの下りでより危なく、滑らないように神経を使いながら歩く。

雨降る薄暗い森の中を六角堂に下ってくると、下から赤い傘を差した一人の女性が登ってきたがこんな所でなぜか不気味だ。だが近くで見れば高校生のようで声を掛けてみれば、何でもここに滑らない神様がいるのだとか。みれば「長寿・すべらず地蔵尊」とあり、受験生の願い事が叶うというようなことが書いてある。今まさに滑ってばかりの足元を見て心の中で皮肉かと苦笑したが、「それはご苦労さまです　頑張ってね」と励まして別れた。

やがて「鶏頭塚」を見るが、その奥の庚申堂は江戸時代の大盗賊「日本左衛門」が夜働きする為に着替え場所として使っていたというから面白い。山里に下り**金谷宿**に入る。

金谷宿は東に越すに越されぬ大井川、西に金谷坂と小夜の中山峠を控えた宿場で、島田宿と同じで大井川の川留めになると大いに潤った宿場だと言う。金谷町新町の一里塚跡を経て金谷宿川越し場跡にでる。いよいよ**大井川**に着いた。

大井川橋を渡るが、見れば雨の霧の中でもその川幅の凄さが分かり、江戸時代の旅人が東海道随一の難所と言うのも実感として分かった。現在はその川に掛けられた橋を渡るのだから有難い事だが、当時の川幅は十二町（1・3 km）だった。時折吹く強い風に体が持っていかれそうになるが、長い橋を確かめるようにしっかり歩き渡り終えたが感無量だ。

島田宿に入る。大井川の麓には沢山の史跡を見ることができる。「せぎ跡」や「史跡川会所」をみるが、川会所は大井川川越の全体的な管理をしていた役所だ。また川越に使用された様々な道具を見る。島田宿はまた芭蕉との関わりも深く、街道筋を歩くと多くの芭蕉の句碑が見られた。当時「箱根八里は馬でも越すが、越すに越されぬ大井川」と馬子唄にもある**大井川は東海道最大の難所**だった。江戸幕府は防衛上大井川に橋を架けるのを許さなかったので、増水するとすぐに川留めになり、島田宿や金谷宿はその宿泊客で潤ったようだ。

今日も寒く、更に雨の中を終日歩いてきたので体が芯から冷えたようで震える。近くに宿をとり、熱い風呂に入って体を温めた。昔の東海道難所・大井川を渡り終えてホッとする。

＊（23日目）28・14㎞　3・88万

24日目　2月27日（晴）7—11℃（静岡県島田市川原）

島田宿—藤枝宿—岡部宿へ

島田宿—甘露の井戸水—上青島一里塚跡—千貫堤—染飯の茶屋跡—東海道追分—藤枝宿—瀬戸川—正定寺—蓮華寺—藤枝成田山—須賀神社—朝日奈川—岡部宿の松並木—岡部宿本陣跡—大旅籠柏屋

昨日、**島田宿**に着いたが、雨の中で余り周辺を見ることができなかった。今朝は気持ちよく晴れたので島田宿本陣跡を中心に雰囲気のある街並みを歩く。島田宿からすぐに「甘露の井戸水」があり、ご自由にどうぞとの表示に飲んでみるが美味しかった。井戸水と言えば母の実家が信州松本の清水町にあり、井戸から正に清水がコンコンと湧き出て夏場などその井戸にスイカ、キュウリ、トマトなどが浮かび冷えたスイカなど美味しかった思い出が甦る。

「江戸時代の島田宿」の表示板をみるが、徳川家康により東海道の伝馬駅として認定された云々と詳細が書いてある。瀬戸の石塔群がある東海道追分を過ぎ、鏡池堂を経て藤枝宿に入る。更に志田の一里塚を経て瀬戸川を渡る。江戸時代は徒歩渡しが行われていて川会所もあったとの事。広重の行書版では旅人を背負い徒歩で渡る渡しの絵がある。

藤枝宿は宿場と同時に、歴代の城主が江戸幕府の要職を勤めた**田中城**の城下町として栄えた。徳川家康がその田中城で鯛の天ぷらを食べ、それが原因で死んだと伝えられている。

藤枝は塩の産地で塩街道への分岐点として、最盛期には旅籠が37軒と記録されている。

余談だが、藤枝と言えば高校時代のこと。当時流行だった文通を藤枝の女子高生としていた。お互いに会ったこともないのに手紙のやり取りで憧れ盛り上がった。半年ほどして彼女から写真が何枚か同封されてきたが、活発で笑顔いっぱいのきれいな子ですぐ好きになった。自分もつられて何枚か写真を送った。しかしその直後からパタリと手紙が来なくなった。ショック！　あれ以来、このダックスフンドの短い足とカバの顔に劣等感をもったものだ（笑）　あの子も同じ77歳、きっといいお婆ちゃんをしていることだろう……な〜んてふっと60年前の苦い青春を想いだした（笑）

岡部宿へ向かい若宮八幡宮で一休み。しばらく行くと桝形跡、曲尺手ともいう場所、本陣めがけて敵がたやすく侵入できないように宿場入り口に設けた道路が直角に曲がる所があり、当時は木戸番小屋があったらしい。昔の人々は常に戦争状態で神経を尖らしたようだ。

やがて**岡部宿**に入り立派な趣のある岡部宿本陣址をみる。絶世の美人・歌人の小野小町が東国に下る途中に岡部にも泊まったとの解説版があった。今日はここまでとし、明日超える「宇津ノ谷峠」を前に早めに宿に入る。

＊（24日目）28・44㎞　3・73万歩

25日目 2月28日（晴）7―12℃（静岡県藤枝市岡部町）

岡部宿から丸子（鞠子）宿―府中宿へ

岡部宿―坂下地蔵堂―蔦の細道―宇津ノ谷峠―丸子紅茶―丁子屋―丸子本陣跡―丸子宿―安倍川餅茶屋―東海道中膝栗毛碑―芭蕉句碑―双街碑―浅間神社―札の辻―府中宿本陣跡―府中宿―駿河城公園

今朝は快晴。暖かく感じられて歩きやすそうだ。いつものように両足に声を掛けながらしっかりと靴の紐を締める。ポンポコリンだったポンタ腹が少し減ってきたようでベルトの穴2つ縮める。**岡部宿**から横添集落を経て旧東海道を進む。伊勢物語を通して蔦の細道をたたえた羅径記碑を見る。坂下地蔵堂から峠を越えて**宇津ノ峠道**にはいる。この宇津ノ谷峠には各時代に掘られたトンネルを見ることができる。レンガ造りの明治期に掘られたという薄暗いトンネルに入った。ぼーっと灯りが付いていて気味が悪そうだったが入ってみると意外と趣があった。だが冷たい穴の中はやはり不気味だ。短い足とドン亀歩きもいつしか速足で駆け抜けた。

「史跡東海道宇津の谷峠越え」の大きな木版がありその山道を登る。途中で崩れ荒れた道の峠越えをするにはかなり厳しく、天候が不順なので山の中で迷うと危なく、下を歩く事にして戻り旧道を下る。すると「売り農地処分0円、但し1000坪から3000坪」との看板があった。自分が欲しいと手を挙げたが、今時タダの0円とは気前のいい事だが、実際に農業をするとなれば問題だ。

丸子宿に入る。ここは昔**鞠子宿**とも言ったそうだ。安倍川と赤目谷の間にできた宿で、比較的小さな宿場ながらその歴史は鎌倉時代からと古い。丸子宿は東海道中膝栗毛の本や芭蕉の句で紹介されたとろろ汁で有名だ。その**とろろ汁の丁子屋**があったが、なんともその風情は藁葺き屋根の昔のままで広重の画にあるままだった。立ち寄る予定だったが、開店前でまだ閉まっていたので残念だがそのまま通り過ぎた。横には芭蕉の句碑「梅わかな丸子の宿のとろろ汁」があった。よく見ると十返舎一九の東海道中膝栗毛の碑もあった。

丸子宿の町並みは脇本陣跡や格子戸の残る家に旅籠屋などあり、随所に当時の屋号看板が見られ宿場の雰囲気が味わえた。「東海道丸子宿脇本陣跡」の大きな木版を見つつ、鞠子の宿と書かれた店などを硝子越しに見て歩いた。水神社、丸子の一里塚を経て安倍川へでる。

安倍川は大井川と同じく、人夫による徒渡の川で、賃銭は川水の深さで決められ、16文から64文まで6段階に分かれていたとの事。川の土手に座り足を休めながら大きな当時の川渡の大変さを想う。旅人が落とした大金入りの財布を遠くまで追いかけ届けたという人足を讃えた安倍川義夫之碑があった。また、きな粉をまぶした餅を徳川家康に献上したところ、えらく喜んだ家康が「あべ川餅」と名付けたというが、その餅屋が数軒並んでいた。

府中宿へ入り駿河城公園に着く。さすがに天下の**駿河城址**だ。「家康公の散歩道」などその史跡を見て歩く。あの京都・三条大橋の出発時に挨拶した弥次・喜多の像もあった。ここはその「東海道中膝栗毛」を書いた十辺舎一九の生誕地でもあると知る。

府中宿は駿河国の国府が置かれたので府中と呼ぶ。徳川家康が駿河城を築き、東海道一の城下町に発展したが、後に府中は不忠に通じるとの事で**静岡**に改名された。街に入り商店街沿いには家康公と駿河との関わりを記した史碑が多くみられる。ゆっくりと見て回りたいが夕暮れで暗くなり文字も見えないので今日はこの辺までとした。

＊（25日目）24・5㎞　3・36万歩

26日目　3月8日（雨）5―10℃（静岡市葵区伝馬町他）

府中宿から江尻宿―興津宿へ

府中宿―東海道碑―金谷橋―久能道標―稚児橋―江尻宿―細井松原碑―身延追分―興津宿―理源寺

春の嵐で朝から暴風雨の中、再び歩き旅を始める。この**府中宿**の大きな徳川家康像の前で今日の無事歩き旅を願う。法蔵寺から駿河区曲金を経てかなり遠回りをし、やっと旧東海道の由来を記した旧東海道記念碑にでる。東海道草薙一里塚、草薙神社を経て久能寺観音堂道標を見て大沢川の金谷橋を渡る。清水区の元追分の追分道標から元禄8年創業と言う「追分羊羹の本店」に着いたが定休日で残念だった。

冷たい雨が容赦なく降り続き、手袋も濡れて冷たいので温かい缶コーヒーを買い、それで両手を温める。降り続く冷たい雨の中を**江尻宿**へ入る。江戸から18宿目とある。ここはマンガ「ちびまるこちゃん」の舞台だとか。東海道と久能道の追分を経て稚児橋へ。巴川に架かる橋だが、その親柱4本にそれぞれ河童（カッパ）の童子像があり面白い。訪れた**江尻城**は廃城だった。廃城とはいえその時代はどうやってその適地を選んだのか？　いずこも城址を見ると敵に対する防御と戦い立地の有利さを見るが、完璧強固と言われる戦国の城さえ落城する。

あのローマ帝国でさえ滅びるのだから人間の知恵や造形物はいずれ滅びるもののようだ。

次の**興津宿**へ向かう。西園寺公望が老後の静養の為に建てた別荘「興津坐魚荘」があった。興津宿東本陣跡に着く。一休みしたいが雨の中では腰を下ろす場所もないので歩き進む。

「東海道行路病死無縁各霊供養塔」が理源寺前にあった。東海道を旅して不幸にも行倒れた旅人を供養する碑だ。今日はここまでとし、終日冷たい雨の中を歩いて体が凍えていたので予約した宿を探し、真っ先に熱い風呂に入り冷えた体を温めて癒す。今宵は熱燗を飲んで身も心も温かくなった。

＊（26日目）24・0㎞　3・3万歩

27日目 3月9日（晴）8―21℃（静岡市清水区興津）

興津宿―由比（由井）宿へ

興津宿―清水港―駿河湾―興津川―往還坂道―さった峠から見る富士山―桜海老通―本陣跡―由比宿

今日は快晴の朝、しかも昨日から一転、春を感じる暖かい日で衣服の調整が難しい。先ず昨日雨で断念した清水港へ行ってみた。港のそばで何気なく後ろを振り返ると、何と冠雪の富士山が遠望できた。ラッキー　なんと素晴らしい絵になる光景に魅入った。

改めて清水港を歩く。随所に清水の次郎長親分の面影を見るようだが、思い過ごしかもしれない。海はいいなー　改めて**興津宿**から**由比宿**へ向かう。

ふっと広重の風景を思い出し、興津川沿いの横から**駿河湾**に下りてみた。海岸に白い水しぶきが打ち寄せる。カモメや海鳥が楽しそうに舞い、戯れている姿を飽きることなく眺めていた。広い海岸線と青い空、あらためて海はいいなー　と。

しばらくして更に海辺の中洲に出てみた。この辺の光景はあの広重の画にでてきそうな所だなと、ふっと東の方向に目をやると息を飲んだ。そこには素晴らしい**冠雪抱く富士の山**があった。まさに広重の絵そのものの光景だ。時を忘れて長い間その感動と感激に魅入った。この素晴らしい瞬間に今自分がいることが信じられない思いだった。

去りがたい思いで街道に戻り、山道を上りやがて墓地の中を通って往還坂道を登る。周辺には沢山の柑橘類がたわわに実っているが収穫しないのだろうか。

峠道を登るとやがて**「さった峠碑」**に着く。すると目の前に先ほど駿河湾でみた富士の山がまた素晴らしい光景で広がる。絶句する感じで再び魅入るが、素晴らしい日本の風景だ。

快晴の天気に青い空、駿河湾から吹く春の風、冠雪抱く富士の山が映える。その全貌をじっくりと一人で眺める事のできる至福さに浸る。絵や写真ではない本物の絶景に心打たれ、昨日のあの大雨の一日があったから今日の澄んだ空があるのだと、あの冷たい雨にも感謝。

雨風に打たれた昨日は何でオレはこんなことをしているのだろうかと辛かったが、今日のこの感激・感動を味わう為だったのかと、改めて大自然の営みに嬉し涙を流す。素晴らしい。

この感動の光景を絵にしてみたいと心から思った。振り返れば還暦を迎えた時、箕面の森で絵を描いていた人を見てその風景を見つめる眼差しに憧れた。小学校の図工の時間以来絵筆も持ったことがなく、全く絵心ゼロを承知で初めて豊中の絵画教室（桜塚アートスクール）を訪ねたが、葉っぱ1枚のデッサンにも苦労した。あの日から島田先生はこの劣等生を基礎から根気よく指導して下さり、その先生の熱心で心温かい人柄に惚れた。また庭に咲く季節の花々、休憩時間に頂く珈琲の香り、穏やかな午後の至福のひと時……頑固でナマケモノの自分が一つの事に10年以上も続くなど奇跡的で感謝だった。楽しみな趣味となり嬉しい。

ふっと我に返り街道を進むと、周辺には沢山の柑橘類がたわわに実り、ここは静岡だと改めて知るが、横は紺碧の駿河湾、前方には冠雪の富士山、青い空、この絶景はこの旅最高のお土産になるだろう。海の向こうの伊豆半島を見ながら、幾多の戦いの舞台となった「さった峠の歴史さった山野の合戦」「さった峠山之神遺跡」を見ながら峠を越え西倉沢に下る。

間の宿の茶店・藤屋、川島家、柏屋脇本陣、小池脇本陣など古い集落の残る街道を進む。江戸時代の面影がよく残されていて、昔の旅人になったかのような錯覚に陥る。

由比宿に入る。街道沿いは鮮魚類の店が並び、大きな「由比桜えび通り」との垂れ幕や看板が目立つ。海に出てみたが、漁船が沢山係留されていた。由比川を渡り由比脇本陣跡をみるが、今は広重美術館となっていた。今日はここまでとして宿に入り、今日のこの感激、感動にきっといい夢を見るだろうと早めにベッドに入った。幸せな最高の一日だった。

緑の多い大阪北部の南千里を終の棲家と定めた時、駅前のNクリニック、N院長にかかりつけ医となってもらった。コロナ禍でもあり何かとこの街道歩き旅も、後の「青春18切符で巡る日本一周の旅」なども相談してきた。その都度「人がいない所ではマスクを外し、水分を多くとる事」など他にいろいろとアドバイスを受けてきたが有難く、いつも出かける決断となった。コロナ禍で散歩も控える老人も多いと聞くが、過剰な自粛はかえって家庭内事故を起こしやすく、寝たきりになるリスクも多いという。健康維持の為にも万全の注意と予防を怠らずこれからも歩き旅を続けたいと思う。ここまで無事に歩けてよかった。

＊（27日目）21・02㎞　2・78万歩

28日目　3月10日（曇雨）6—16℃（静岡市清水区由比）

由比宿—蒲原宿—吉原宿へ

由比宿—蒲原宿—西木戸跡碑—蒲原夜之雪記念碑—岩淵一里塚—富士川—鶴芝の碑—新吉原—吉原宿

今朝は曇り空だが、また雨が降るようで覚悟して歩きだす。春の訪れ前の恵みの雨だ。

由比宿の桜エビを売る店をみるが、奥行きの長い家が並ぶ京都にあるような町屋だった。加宿問屋場跡に馬の水呑場があった。幅1m、東西20mで昔の大名行列の馬に水を飲ませたり、体を洗ったりしたとか。だが本陣前にあるのは珍しいとの事。

いろんな旧家が並び昔の光景が残されている。由比正雪の生家と伝わる染物屋があった。更に紀州徳川家の七里飛脚の役場だった「御七理役所の址」があった。江戸日本橋から数えて39番目の一里塚を見る。

蒲原宿の中央に広重の浮世絵「蒲原夜之雪」の記念碑が立つ。歌川広重が天保3年、幕府の朝廷への献上使節一向に加わって京に上がった折、この地で描いたそうだ。なまこ壁と言う防火に優れた白黒の壁が家の多くに見られる。富士川町民俗博物館前に「富士川間宿　**岩淵**」との表示があった。富士川へ向かう。

激しく雨が降ってきた。長い**富士川橋**を渡ると雨が更に激しくなってきたので橋のたもとの水神社の境内で雨宿りする。ここに富士山道の石碑と共に江戸時代の富士川渡舟場跡だが、当時は富士川の急流に人夫は渡れず舟だったが、水量が多く川留めも多くあったようだ。

吉原宿に入る。鯛屋旅館は吉原宿があった頃から営業している老舗で、清水次郎長や山岡鉄舟の常宿として知られる。その元吉原宿跡を歩く。雨の国道を歩くと大型車が容赦なく雨水を撥ね飛ばすので全身水浸しになるので雨の日の歩き旅は難儀だ。何着も雨用の服装を持ち歩けないのですぐに洗わないと翌日困る。予約したホテルに入り早速洗濯場へ。先客が使っていたのでその後から使い、終わったのは結局午前さまで半分夢の中　眠い。

＊（28日目）25・8㎞　3・55万歩

29日目　3月11日（晴）8―18℃（静岡県富士市吉原）

吉原宿から原宿―沼津宿へ

吉原宿―田子の浦―駿河湾―千本松原―高嶋酒造―原宿―六代記念碑―浅間神社―川郭旧道―沼津宿

昨日の雨が上がり、今朝は雲一つない青空が広がる。早速、**吉原宿**から昨日雨と霧で全く見えなかった**田子の浦**へ向かう。東田子の浦から堤防を上がると海が見えた。すごい！

大海原が広がり歌いたくなるような穏やかな春の海が広がる。海岸に下りて波打ち際に座る。カモメや海鳥が数十羽飛び交っている。遠くに数隻の漁船が漁をしているようだ。その先には大きなタンカーや商船が浮かぶ。

田子の浦の海岸沿いを歩く。振り返ると松林の間から富士山が見えその絶景にまた感激。富士は歩く度に見え隠れし、雲に隠れたかと思うとまた顔をだしその雄姿を現す。

海は穏やかな波を繰り返している。万葉の歌人・山辺赤人の歌「田子の浦うち出て見れば真白にぞ富士の高嶺に雪は降りけり」と詠まれた田子の浦そのものだ。

全く人影のない長い駿河湾の護岸、そこに沿うように立派な松並木が延々と続いている。護岸の上を歩き、時には左側の松並木道を、また護岸を越えて右側の海岸をと上がり下りしながら至福の歩を進める。なんて美しいのだろう。終日ここで過ごしたいなと思いつつも、次の**原宿**へと向かう。「増田平四郎の像・一里塚跡」から沼津市・原宿へ入る。

八幡神社に「沼津藩領境傍示」の石碑があり**沼津宿**に入る。六代松の道標、浅間神社、この角に「千本海水浴場道」と刻まれた珍しい道標が見えた。沼津宿・中村本陣跡碑から**三枚橋城**の外堀跡との石碑を確認。大きな狩野川に着く。

今日は田子の浦でゆっくりと至福のひと時を過ごしたので時間をとり、この辺までとする。潮風に長く当たったせいか、そんなに歩いていないのに少し疲れたが最高の一日だった。

＊（29日目）20・3㎞　2・72万歩

30日目 3月12日（晴）10―19℃（静岡県沼津市足高）

沼津宿から三島（三嶋）宿へ

沼津宿―砥石記念碑―潮音寺―鶴亀観音―智方神社―平作地蔵―源頼朝・義経兄弟対面石―千貫樋―伊豆国国分寺―時の鐘―世古本陣跡―三嶋大社―三嶋暦師館―三島宿東見付―白龍観音堂―三島宿

昨日は何故か疲れたので早めにベッドに入り、ゆっくりと体を休めたので朝から快調だ。我ながら元気な体に感謝する。**沼津宿**をスタート、次の三島宿へ向かう。黒瀬橋ふもとで日本三大仇討の一つ「鍵屋の辻の仇討　平作地蔵の由来」の表示板をみる。

八幡神社の源頼朝と義経兄弟が対面した時、二人が腰かけたという伝説の対面石に座ってみる。富士川で平家に大勝した頼朝と、奥州から駆けつけた義経がここで涙の対面をした所だそうだ。私にも二人の仲の良い弟がいるが、すぐ下の弟を50半ばで不慮の事故で亡くした。老後は近くの浅間温泉に浸かり、旨い料理を食べながら歌おうと初めての居酒屋でカラオケマイクを握りながら約束したのに……もう一度会いたい。彼の家族を想い涙が零れ出た。誰からも愛され人情味と男気のあったあいつが何故先に……なぜオレでなくあいつなんだと早く逝った弟を想いながら頼朝、義経兄弟の対面石を前に涙ぐんだ。

世古本陣跡、樋口本陣跡を経て**三島宿**につく。早速**三嶋大社**へ入るが壮麗な社殿を見る。しばし広い境内を散策する。源頼朝の祈願が成就して以来、東国武士の崇敬を集めてきた社だ。広重の三島宿の絵は、この三嶋大社の鳥居が描かれている。晴れ渡った空にそよ風が境内の樹木を緩やかに揺らし、参拝客を迎えていた。白龍観音堂や三島水辺の文学碑通りから若山牧水はじめ三島にゆかりの地を散策する。今日はここまでとし、明日の箱根峠越えに備え早めにホテルへ入った。

＊（30日目）16・3㎞　2・17万歩　（半日）

31日目　3月14日（曇雨大雪）0—3℃（静岡県三島市中央町他）

三島宿から箱根宿へ（大雪に遭難かと）

三島宿—三嶋大社—題目坂錦田一里塚—塚原新田—ころげ坂—こわめし坂—松雲寺—山中城跡—駒形諏訪神社—雲助徳利の墓—玉石道—ドカ雪で立ち往生—箱根峠—元箱根—芦ノ湖畔—箱根宿

いよいよ東海道中最大の陸の難所・箱根峠を目指すが、天気予報も随時変わり、余りいいコンディションとは言えないが、山の夕暮れは早いので何とか明るいうちに箱根宿へ着かないといけないので焦る。夜明けとともに歩き始める。緊張する気持ちを抑えつつ、リラックスを心掛けるがやはり焦っているのが自分でも分かる。

箱根宿は三島と小田原との間は箱根八里（30数㎞）の急な山道なので、江戸へ参勤交代で向かう西国大名からの要請により、三島と小田原から各10数軒の宿を移転させて開いた宿場が箱根宿だとのこと。

三島宿江戸方見付けから三嶋大社を参拝し、旧傳馬町から順調に進む。箱根旧道入り口から愛宕坂、題目坂を上り錦田の一里塚に着く。案内板にはその昔から人や馬が急坂で滑り、それまでの竹敷から石畳にしたとの説明があるが、それでも歩きにくい。急坂にさしかかるともう雨が降ってきた。これからなのに不安だ。

塚原新田を経て臼転坂との表示板をみる。**ころげ坂**とはまさにその名の通りだと思った。やがてみぞれ交りの雨が降りかなり冷たい。朝の気温は0℃で霜が降り氷も張る。「史跡・箱根街道」との大きな立て看板と共にきれいな松並木が現れ一休みするが、途端に寒さで体が震える。雨具を出して着ながらすぐに歩きだす。

こわめし坂は余りに急坂の為に背負っていたお米が、汗と体温でおこわになったことからつけられたそうだが、それまで寒く冷たい体が急に汗をかき下着が汗まみれだ。

人ひとり出会わないし、人家もない細い雨の山道を登る。やっとの思いで山中神社にたどり着いた。その上の一帯が**山中城跡**で石垣は無く、土塁で築かれている。北条氏康が小田原城を防衛するために築いた中世末期の山城だ。しかし豊臣秀吉による北条氏討伐の戦にて半日で落城してしまったようだ。

一休みしたいが雨宿りの場所もなく、芝切地蔵尊を越えてまた山道を進む。駒形諏訪神社は間の宿、**山中宿**があった所だ。雨の中先が見えないが途中から右に折れて山道に入ると、その入り口に小さな雲助徳利の墓があった。元西国大名の剣術指南をしていた松谷久四郎が酒でしくじり国外追放となり、箱根で雲助仲間に入り、腕が立ち読み書きもできるので親分のように慕われたとか。墓に盃と徳利が彫刻された墓標を見たのは初めてだ。

土道から**玉石道**になってきたがこれは困った。甲石坂の石畳道だと思うが、相変わらず冷たい雨が降り続き、まだ昼前だが空が随分と暗くなってきた。この丸い石畳は箱根の名物で戦の防衛上のものらしいが、何しろ今はここを何とか登りきらないといけないが雨でとにかく滑り危ない。下ばかりを見ながら一歩一歩と進む。鬱蒼とした杉林の中で空も暗くなり、まだ人に一人として出会っていないので知らない土地で少し不安になる。

上から今日初めてのハイカーが急ぎ足で下ってきたので挨拶して道の状況を聞いてみた。箱根峠から下ってきたと言う青年は「もう箱根は雪の中です　もうすぐ通行止めになって車も通行止めになると思います」と言うと急いで下って行った。

さてどうするかな。山中新田との表示板があるが、この先の状況が全く分からない。後にここで引き返せばよかったと悔やんだ。雪は今日の天気予報にもなく想定外なので迷うが、ここまで登ってきて下るのもまた危ない状況だ。仕方なくじっとしていても冷たいので上に向かって歩き出すが、これが大きな判断ミスだった。吹雪から今度はボタ雪に変わり一気に雪が積もりだした。前方が真っ白になり山道が消えていく。江戸の接待茶屋跡へ向かうが、すぐに山道が雪で埋もれ全く道が分からず諦めた。

一時期激しい雪に立っていると雪だるまになりそうで、宿る所も全くない山の中で途方に暮れた。靴はウォーキングシューズなので雪には全く不向きだ。やがてあっという間に積雪が20㎝位になり、靴の中に雪がはいり中はずぶ濡れとなり冷たい。甲石坂の石畳道から茨ヶ平へ向かうが危ないので街道をやめて国道にでるが、もう通行止めなのか車が一台も通らない。しばらくすると大きな音を響かせて何台ものラッセル車が猛スピードで走りだした。側道を歩く人間に気付かないのか、左右にその雪を放出するので頭から何回も大雪を被った。

寒いし危ないので笹藪の重なった自然トンネルの様なところに藪漕ぎして入り、降る雪を避け重くなったリュックを下ろし一休みしたが、冷たく寒く5分もじっとしておれない。

このままでは遭難するかもと真剣に思った。ここまで来たらとにかく前へ進むしかない。じっとしていても事態は余計に深刻だ。とにかくまた更に積もった雪中の足元を確かめながら前進する。空は暗くなりどのぐらい歩いただろうか　もう足の感覚がなく凍傷になるかと心配したがじっとはしておれない。**ケセラセラ……そして小さな一歩**。その自分の信条もダメか。それでも一歩一歩と雪の上を滑らないように坂道を上る。きっとなんとかなるさ。

もうだめかと絶望状態に達した時、突然前方にドライブインのようなものが見えた。助かった。車は一台あったが店の車のようだ。早速戸を開けて中に入ったが人がいない。しばらくして一人の店員が驚いた様子で出てきた。もう店を閉める準備をしていたところだというが、まあどうぞという事で閉じたストーブを入れてくれて、温かいラーメンを作って貰った。夢のようで有難く感謝した。歩いてきた道の事を話したら、よく頑張って登ってきましたねと感心されたが、ふっと涙が零れ落ちた。箱根でも3月にこんな雪の日は珍しいと話されていた。到着が1分遅れていたらこの店も閉まりなかったので一歩一歩歩いてきてよかった。

食べ終わり体が温まった頃、急に携帯が鳴った。携帯は初めての人からだが出ると、今日の箱根の予約した宿のご主人からで、雪で車は通行止めだしバスもダメなので来られるかどうかの確認をとの事。実は歩いて今向かっていますというとビックリされていたが、今どこのあたりですかと言うので位置が分からず、店の人に聞いて伝えた。バスはないですからそこからどうやってこられますかと言うので歩いて行きますというと、しばらく間をおいてどうぞ気をつけてと。やっと人との交わりが出来て有難かった。

実はラーメン店主が送っていきましょうかと親切に言ってくれたが、歩き旅なので歩きますと御礼をいって辞退した。今日はここで終えて乗せてもらったらよかったのにと後で思ったが歩き旅にこだわり困ったものだ。ラーメン店主に再びお礼を言って、また雪降る中へ歩き出した。すぐにまた濡れた足が凍え、寒さに震えるので懸命に歩く。途中で道に迷い、何度も雪の上で転びながらもやっと箱根峠の標識を見た時には心底安堵した。積もった国道の脇を歩きながら坂では再び何度か転び雪まみれだ。電光板に「大雪警報発令中通行止め」の点滅が見えたが、三島を出発前に知りたかったなと一人呟く。

やがて雪積る中に**箱根峠**、次いで**箱根宿**の大きな表示板が見えた時は思わずガッツポーズ。さらに40分ほどかかりやっと箱根の街が見えてきた時は涙が出た。雪の中の芦ノ湖を左に見た時は命拾いに感謝した。とにかく予約の宿を探し着くと、小さな宿の主人がこの雪の中を三嶋から歩いてきたと呆れた顔をしつつも、よくご無事でと喜んでくれた。

ぼとぼとになった衣服とズブ濡れのウォーキングシューズを脱ぎ、冷たくなった体を熱い風呂に入れゆっくりと温めた。凍ったような足がジーンと解凍されていく様を味わう。

大げさに聞こえそうだが、だが一時本当に遭難するかと思っただけに、熱い風呂が天国のようだった。事前の準備は万全だったのか　あの時なぜ引き返さなかったのか　拘りに我を張る自分など諸々を反省し次の糧とした。ここで人生を終えるのかと遭難の文字が頭をかすめただけに、しみじみと無事な箱根宿到着に感謝し再びポロポロと涙が零れ落ちた。

＊（31日目）23・7㎞　3・13万歩

32日目　3月16日（晴曇）8―19℃（神奈川県足柄下郡箱根町湯本）

箱根湯本から小田原宿へ

箱根湯本―正眼寺―金湯山早雲寺―白山神社―三枚橋―箱根登山鉄道沿い―山崎ノ古戦場跡―小田原道祖伸―板橋地蔵堂―居神神社―小田原宿―小田原城出城石垣跡―小田原城―松原神社―相模湾

（＊雪の翌日3月15日は歩き旅を知る宿の主人のアドバイスで、ここで雪解けを待機するより開通したバスで一旦箱根湯本に下り休日とした。翌日から先に次の小田原から大磯まで歩き、箱根の雪解けを待って再び箱根峠へ戻り、歩いて湯本まで下ったらいいとの提案を受けいれた）

抜けるような快晴のお天気に意気揚々と心も弾む。ここで遭難しかけたのがウソのようだ。体は一日ゆっくりと休めば大丈夫のようで順調だ。箱根湯本の温泉街を上がり、正眼寺曽我堂から金湯山早雲寺へ向かう。朝の凛とする冷たさの中、道の脇から上がる湯気があちこちに見られる。何かな　考えてみればここは湯本、温泉が湧き出ているのだと納得する。

早雲寺は小田原攻撃の時に豊臣秀吉が本陣を構えた場所だが、北条早雲の菩提寺だ。梵鐘があるが、これは小田原攻撃の時に石垣山で使われたとか。金湯山から白山神社をみる。

三枚橋を渡り、箱根登山鉄道沿いを進む。見上げると箱根山にはまだ多くの雪が残る。

時折　登山電車が上から下からゆっくりゆっくりと通過して行く。三叉路にかつて官軍と幕府軍が戦ったという「山崎ノ古戦場跡」の小さな碑があった。小田原の道祖神や江戸から21番目の一里塚をみて小田原に近いと歩みを進める。途中、風祭の旗や看板がいろいろあり、大きな小田原名物のお土産店があったが先を急いだ。板橋見付けに出て**小田原宿**に入る。星槎城山トンネルをぬけると**小田原城**が見えてきた。

小高い丘を上り小田原城内に入ると、なぜかその歴史的な場所に着き感激する。小田原城内をゆっくり散策し楽しむ。小田原は江戸の統治軍事的に地理的にも防衛上の重要拠点だった。きれいに整備された城内を巡る。小田原御用邸跡、本丸跡など見応えがあった。

大手門跡から松原神社、小田原宿なりわい交流館、小田原かまぼこ通り、ういろう・外郎博物館、小田原文学館、大蓮寺から小田原宿の大きな案内板を見て、御幸の浜海岸へ出てみる。相模湾の海がきれいだ。ひと休みしながら海釣りを見ていた。

今日で100万歩を越えたがよくここまで歩いてきたものだ。小田原駅前の街頭放送から70代の老人が行方不明なのでと、捜索協力の案内が何度も流れる。間違われそうだな。

老人割引中との散髪屋の前を通ると散髪、洗髪、髭剃り、肩もみ付きで1500円とあったので、丁度一部に伸びた髪を切ってもらった。安いが、自分の薄頭ではこのぐらいで十分だ。サッパリした頭でまた明日から頑張るぞ。夜「行方不明の老人が発見されました」と街灯放送から連絡が流れた。よかったです。

＊（32日目）29・3㎞　3・84万歩

33日目 3月17日（晴）6—16℃（神奈川県小田原市本町他）

小田原宿から大磯宿—平塚宿へ

小田原宿江戸方見附—新田義貞首塚—酒匂橋—車坂碑—梅沢間の宿—吾妻神社—国府津—大磯城山公園—吉田茂邸—延台寺—大磯宿—江戸方見附—大磯宿—静の草屋—平塚本陣跡—平塚宿江戸方見附

今朝もお天気で気持ちのいいスタートだ。**小田原城**から小田原宿江戸口見附、一里塚址を経て、新田義貞首塚へ向かう。悲しいその塚跡を見て朝から涙を流す。

大きな酒匂川の酒匂橋を渡るが、江戸時代にはここにも渡し場があったとか。しばらく進んで相当古いが鹿鳴館を想う珍しい建物があり覗いてみていると、後ろから老人が「ここは昔からある医院だったが、もう古くて解体するそうですよ」と声を掛けられ、しばし地元の話を聞く。歴史的な建造物が次々解体されて無念だと聞き周辺の状況を話してくれた。

近くには黒塀のいかにもという武家屋敷があった。表に回ると今は福祉施設とて使われているようだ。鎌倉時代は**酒匂宿**で旧川辺本陣だったようだ。

国府津を過ぎて後に車坂を上る。途中、史跡・車坂碑をみるが、太田道灌と源実朝の詠歌の記念碑だそうだ。「予科練　菊水隊」の碑を見るが、戦争当時の事を想うとまた胸が痛む。

大磯の町に入り、県立大磯城山公園に着く。ここの目的は元総理の吉田茂邸だ。戦後の政局の舞台で子供ながら**大磯の吉田邸**で国内外の要人と日本国の将来を決めたという記憶があるので懐かしい。コロナ禍で屋敷内には入れないが、広く大きな庭園を見学しながら、相模湾を見下ろす高台に建つ吉田茂像の前のベンチで休む。**大磯宿**は1620年に尾上本陣ができ、小島本陣、石井本陣ができて宿場なった。美しい松並木を進む。化粧坂を上り下りするが、この辺は虎御前と日本三大仇討ちの一つで有名な曽我兄弟ゆかりの史跡が多く残る。

島崎藤村が住んだ家と墓を訪ねた。かつて生家、現在の岐阜・中津川の馬籠宿を訪ねたこともあり、その小説と共に親しみのある作家だ。その藤村の「静の草屋」は静子夫人と過ごした大磯の温暖な地にあり、木曽の生んだ文豪はこの地で永眠した。

次いで近くにある**新島襄終焉の地**を訪ねた。あの同志社の創設者だがその歴史を知るたびにその先見の明に驚く。ゆるやかな坂を下る途中に俳諧の日本三大道場「鴫立庵」があった。

平塚に入り、平塚由来像をみる。尾上本陣跡碑、古伊勢屋本陣跡板、「東海道五十三次　平塚宿京方見附之跡」碑、平塚宿脇本陣碑、平塚宿史跡絵図表など見て**平塚宿**に着く。

夕陽がきれいだ。今日はここまでとしホテルを探し疲れた体を休める。今日も快調によく歩いたが、見るところが沢山ありもう少しゆっくり楽しみたかった。

明日は箱根の雪も融けたようだとの箱根宿の主人の情報で、雪で歩き漏れている箱根峠へ戻り、難所の北の箱根旧街道を下る予定だ。

＊（33日目）29・3㎞　3・84万歩

34日目　3月18日（晴）0―15℃（神奈川県足柄郡箱根町）

箱根宿から畑宿―箱根湯本へ

箱根宿―箱根関所跡―杉並木―芦ノ湖―元箱根―旧箱根街道―杉並木―ケンベル・バーニー碑―玉石の坂道―箱根馬子唄石碑―甘酒茶屋―追込坂―猿滑坂―榎木坂―大澤坂―鎖雲寺―猿橋―箱根湯本

（＊これは3月14日の大雪の日から4日後のことである。箱根峠からの旧道下りを歩くには危険だとの事で雪解け後に変更したが、今日はその歩き抜けている難所北側の旧道を下る）

見ればバス車道の雪は問題なさそうだが、歩く旧箱根街道の北山坂は行ってみないとわからない。箱根峠に着くとまるで絵葉書の世界で、よく晴れた美しい**芦ノ湖**を見ることができた。箱根関所跡からの芦ノ湖の景観をしばらく感動しながら眺めていたが、多くの人々を魅了するだけあって素晴らしい光景だ。特に目を引いたのは、冷たくも凛とした芦ノ湖の後方に冠雪抱く富士山がくっきりと浮かび、その光景のすばらしさに驚いた。雪の日に遭難しかけてここに着いたが、一転この情景に全ての悪夢が吹っ飛んだ。

箱根関所跡に入ったが、その佇まいがまた絵になるというか、当時の関所を復元し、実感させる光景に感激した。これは江戸時代当時の入り鉄砲に出女を取り締まる役目もあり、特に女性は身体検査を嫌い、江戸からは手前の大磯から甲州街道へ回り、山中湖から三島宿へ出たというから大変な行程だ。タイムスリップしたかのような箱根宿を散策した。

元和4年に川越藩主・松平正綱により植えられたという箱根の名物・杉並木を通るが、すぐ目の前に旅姿の江戸時代の旅人が現れてきそうな雰囲気だ。樹齢は400年以上と言うから立派な杉が林立する。江戸幕府が旅人に木陰を与えようと植えられたとの表示板があった。

今日の予定は箱根湯本へ下るまでとしたので気分的に楽だが、考えてみたらこれから下る旧道は東海道随一の難所だからと腰を上げて出発する。箱根宿の史跡を見た後、**箱根旧街道**に入ると、すぐにもう**玉石の坂道**に入る。歩きにくいがこれが江戸時代の東海道だと、滑らないように一歩一歩慎重に下る。やがてケンベル・バーニー碑に着く。ケンペルは元禄年間に医者としてドイツから来たが、世界に日本の文化や様子を広く紹介してくれた人だ。またバーニーはイギリス人貿易商でこの芦ノ湖畔に別荘を構え、箱根の美しさを残さねばと自然保護の精神を訴えた。どちらも箱根の恩人なのだ。やがて「箱根馬子唄」石碑を過ぎ、いよいよ石畳の東海道随一の難所道が見えた。

残雪はほとんどなくこの分だと下るまで大丈夫かなと安堵する。丸味を帯びた石の上を慎重に一歩一歩と確認しながら足を置きながら下るが、景色どころではなく足も極端に疲れるので一休みが多い。「石畳の構造」と書かれた詳しい表示板があり、見れば相当工夫された構造になっていて、当時の築道の苦労を思い知る。それにしても何キロかに及ぶ街道を石畳にして埋める玉石だけでもものすごい数に上り、重機のない江戸時代に人力での作業はいかほどだったのかと思う。戦国時代の国と国との争いが激しかった時代を馳せ、大軍の進軍を阻止する目的で意図して凸凹道に造られたと聞くが、旅人は相当大変だったろうと察する。

春の日差しが森の中に差し込み、その木洩れ日がまたきれいで見とれる。時折聞こえる野鳥のさえずりに心癒される。落葉樹の新芽はまだ堅いが、それでももうそろそろかな。春の日差しが嬉しい。数日前のあの雪の箱根とその変わりように自然の営みの変化に驚く。やはり宿の主人のアドバイス通り、お天気のいい時に変更してよかった。

どのぐらい歩いたのか、この寒いのに汗ばむような緊張感の中、前方に旧道と並行する県道沿いに茶店が見えてきた。これが有名な江戸時代から続く**峠の甘酒茶屋**かと立ち寄ってみる。藁葺屋根に建物も相当古いが、それがまた時代を想い、何ともいい風景だ。一人の外人さんが畳に正座して庭を眺めているのが印象的だった。「参勤交代諸大名休息処」との看板に駕籠が置かれた入り口から、早速家屋の中に入ると土間があった。甘酒と田楽を頼み、外の庭で頂いたが美味しかった。当時の旅人を想いしばしその風情を楽しんだ。

やっと腰を上げて下の**畑宿**へ向けて出発だ。ここから再び旧東海道に入り、急坂だが追込坂、猿滑坂を下るが、足が思うように上がり降りできず、滑るし転ぶし緊張するのでせっかくの景観を楽しむどころではない。樹木の間から小田原の街が遠望できる。やがて「どんぐりほどの涙をこぼす」と言われた**榎木坂**を下る。まだ下りだからだが、登りはかなり大変だろうと思うほどに街道随一の難所だというのが分かる。まだ今はしっかり階段が付いているが江戸時代はもっと過酷だったはずだ。見上げると樹間から青空が見え野鳥が飛び交う。

途中「雲助とよばれた人たち」との表示板があり、自分の印象では「追いはぎ」と呼ばれる旅人を襲う強盗団を想像するが、旅人を助け善行もしていたことが書いてあった。

やがて人家が見えてきたので相当下ってきたようだ。**畑宿**に着く。ここは箱根と小田原の間にある間宿で、昔は木地師の村だったそうだ。江戸時代は旅人のお土産物として寄せ木細工が始められたとある。やがて須雲川を渡り、鎖雲寺に着き初花の墓を見る。横道から初花の滝を経て金襴緞子のような派手なお寺を見て猿橋を渡り箱根湯本へ無事に着いた。

箱根湯本に下ると、一気に賑やかな街に入り、温泉宿にお土産屋などが並び、多くの観光客がいてまるで別世界に下ってきたようだった。

山下りの距離はそうでもないが、やはり石畳と急坂に両足、膝が悲鳴をあげているので、ゆっくりと温泉風呂で足と体を癒した。随一の難所と聞いていたので、事前に資料を読み体験者のブログなども見ながら準備したが、やはり現実は知識ではなく、その日の環境と条件、体力、自分の足で歩かないとわからないものだ。無事な峠越えを乾杯し旅路を振り返ったが、嬉しさや感謝と共になぜかまた涙が零れた。

＊（34日目）17・5㎞　2・43万歩

35日目　3月19日（晴）10―19℃（神奈川県横浜市神奈川本町）

平塚宿から藤沢宿―戸塚宿へ

平塚宿―馬入橋―鶴峯神社―茅ケ崎一里塚―おしゃれ地蔵―本陣跡―遊行寺―藤沢宿―白旗神社―飯盛り神社―諏訪神社―遊行寺坂―浅間神社―お軽勘平道―冨塚神社―戸塚澤邊本陣跡―戸塚宿

昨日は雪で飛ばしていた箱根峠に戻り、難所の旧街道下り坂を歩きやっとクリアできた。朝起きると今までと違う筋肉を使ったのか、珍しく両足がストライキをおこしている。両足を交互にしっかり揉みほぐしながら、ガンバレ　ガンバレ　もう少しだと励ます。今は江戸まで歩かねばならない。もうすぐだから何とか頑張ってくれと頼むしかない。ゆっくり靴を履くが、パンパンに膨れているのか靴の中に足が入らない。初めてのことだが、何とかなだめながら履き少し遅れて出発だ。

平塚宿から相模川を越え、史跡旧相模川橋脚をみる。六天社を経て**茅ケ崎**に入る。江戸日本橋から14番目の茅ケ崎一里塚を見る。きれいな松並木を経て庚申塔を過ぎ、おしゃれ地蔵をみるが、一人の老婆が懸命に祈っているのが印象的だった。何でも女性の願い事なら何でも叶えてくれるとお地蔵さまだそうだが、実際は道祖神だとのこと。でもその女性の祈りが叶いますようにと願った。やがて大きな旧東海道・**藤沢宿**京見附と書かれた表示板を見る。白旗神社に着き一休みする。ここは源氏ゆかりの神社で源義経公鎮霊碑があり、首洗いの井戸があり何とも気味悪い。義経の首は近くの白幡神社に祭られているそうだ。ふじさわ宿交流館で藤沢宿の資料をみる。

藤沢本陣跡を経て**遊行寺**へ向かう。武蔵国と相模国の境を流れる境川を渡る。朱塗りの立派な遊行寺橋を渡る。ここは時宗の総本山だが、宗祖一遍上人は踊り念仏で往生安楽の境地へ至れると説いて諸国を遊行したので遊行上人と呼ばれ、寺を遊行寺と俗称された。正式名は「藤沢山無量光院清浄光寺」と言う。長い遊行寺坂を上るがすぐに汗がでる。

今日は暖かい日だ。早咲きなのか陽光桜と名のついた桜がきれいに咲いていて見とれた。長い松並木が続き原宿一里塚跡から浅間神社にでる。その先に「お軽勘平道行きの碑」があった。大坂道の庚申塔を経て京都からの宿場の境界地点、上方見附から冨塚八幡宮で一休みする。**戸塚宿**はこの冨塚を起源とする。やがて八坂神社を経て戸塚宿の澤邊本陣跡、次いで内田本陣跡に着く。ヨコハマザクラと名のついた桜がきれいに咲いていた。戸塚一里塚跡碑には広重の戸塚宿の浮世絵が描かれていた。

江戸方見附跡碑を経て東戸塚まで歩き、今日はここまでとして予約した宿に入る。坂道が多く、お天気も暑いぐらいだったので少し疲れた。今日は珍しく持っていた湿布薬を貼って寝た。かかりつけ医から貰っていたのにもっと早く貼ってやればよかった。

＊（35日目）33・2㎞　4・29万歩

36日目 3月20日（晴）12―23℃（神奈川県横浜市戸塚区）

戸塚宿―保土ヶ谷（程ヶ谷）宿―神奈川宿―川崎宿―品川宿

戸塚宿―権太坂―橘樹神社―保土ヶ谷宿―浅間神社―関門跡―本覚寺（旧アメリカ領事館）―神奈川宿―大関門跡―生麦事件碑―鶴見橋関門旧跡―市場一里塚―八丁畷―佐藤本陣跡―川崎本陣跡―六郷の渡し跡―落馬止め神社―梅跡―鈴ヶ森刑場跡―涙橋―浜川砲台跡―品川寺―相模屋跡―品川宿

昨夜の湿布薬に機嫌を直した両足に、今朝は快調に歩けそうで一安心だ。

今日も気持ちのいい快晴の朝。足も順調なので今日は**戸塚宿**から一気に品川宿を目指す。

権太坂道を上り下りして不動坂、品濃一里塚を経て品濃坂を上る。国境木標に着くが、ここは武蔵国と相模国の境界で境木と言うらしい。投込塚之碑があり庚申塔、慰霊塔などあるが当時権太坂道で行倒れた人たちを投げ込んだ跡とかで知れば不気味だし、大変な権太坂だったことが伺える。やはり坂道はきつくやっとの思いで上り下りして越える。

やがて**保土ヶ谷宿**へ入る。江戸日本橋から8番目の一里塚跡を見る。保土ヶ谷上方見付け跡から保土ヶ谷本陣に着く。旅籠屋（本金子屋）跡は当時を想わせる家屋の佇まいにみとれた。脇本陣（水屋）跡を経て、程谷新町入り口看板には広重の絵が大きく描かれている。問屋場跡、助郷、高札場跡、帷子橋跡、旧中橋跡など史跡が各所に見られた。

やがて新田間川にでる。遠くに横浜の町をみる。横浜の文字にとうとうここまで歩いてきたのかと感慨深い。

神奈川宿に入る。神奈川台関門碑跡、袖が浦見晴所跡をみる。開港後に外国人を守るために設けられた見張り番所だ。かつて昔のアメリカ領事館として使われていた本覚寺を経て、フランス公使館に充てられた甚行寺、イギリス士官の宿舎に充てられた普門寺など港町の様相が伺える。宮前商店街を経てかつて外国の領事館が多くあった神奈川本陣跡に着く。

神奈川宿は安政5年の日米修好通商条約締結後も、開港場として賑わったとか。現在も横浜開港に伴う遺跡が多くみられる。旅の終着も近くなってきた。国道沿いに「生麦事件ゆかりの井戸跡」の場所をみる。これが明治維新のきっかけになった事件だ。

八丁畷を進み、川崎市に入る。六郷の渡船跡碑をみていよいよ**川崎宿**に到着。

「いさご通り川崎宿」は史跡も多く見応えがあった。薄暗くなった夕暮れの川崎宿から品川宿へ向かう。落馬止め神社とも呼ばれる北野天神社を経て、多摩川にかかる六郷橋を渡る。

鈴ヶ森刑場跡に着く。意外と小さなところだが、処刑された人々を供養した碑や、当時の礫柱用の四角い台座、火焙り用の丸い鉄柱の台石など見ると身震いする思いだ。目をそむけたくなるような刑場跡だが、少し行くと浜川橋がある。江戸時代にはここから鈴ヶ森刑場に送られる罪人と家族が涙で別れたというので涙橋と呼ばれたそうだが、当時の光景を想うと涙がでる。リアルな過去の遺物をみると気分が沈む。

鮫洲八幡神社を経ていよいよ**品川宿**へ入る。海雲寺、品川寺（ほんせんじ）、天妙国寺、品川のお間鬼様と呼ばれる長徳寺、常行寺を経て目黒川に架かる品川橋を渡る。やがて聖跡公園に着く。ここに昔品川本陣があったとか。品川宿は江戸からでる諸街道のうち最も重要視された一番宿だった。陽が沈み暗くなった**北品川宿**に入り、品川神社を経て今日の予約したプリンスホテルが見えてきたのでほっとしたとたんに足が痛み出した。このホテルはかつて仕事をしていた頃に東京出張でよく利用していたので懐かしい。改めてあの大阪・箕面からここまでよく歩いてきたものだとしみじみと回顧する。

＊（36日目）43・7㎞　5・63万歩（Mｙ新記録）

37日目　3月21日（晴）11―24℃（東京都品川区北品川他）

品川宿―江戸日本橋（起点地・到着）―江戸城跡へ

品川宿―高輪―泉岳寺―慶應義塾大学―東京タワー―増上寺―新橋―銀座―日本橋―皇居―江戸城址

昨日は一日43㎞　5・6万歩も歩いたので、さすが両足も休ませてあげようと思っていたのだが、何と最終日だからしっかり歩こうとばかりに足が催促するのだ。凄いなー

はやる気持ちを抑えつつ、ゆっくりと両足にいつものように感謝と励ましの声を掛けつつ靴を履き

しっかりと紐を結ぶ。もうその軽やかな歩きに感激してありがとう　ありがとうと思わず涙がでた。自分の足だが本当によくここまで頑張ってきてくれた。
朝食はこのホテルの名物・モーニングビュッフェでお腹一杯に満たし体調も万全だ。
今日はいよいよ江戸東海道の起点地・日本橋へ向かう。さらに大坂城から江戸城へと夢見た皇居内の江戸城址へ向かう。

品川宿のホテルを出発し、先ず高輪から**泉岳寺**へ向かう。朝早いのでまだ人は少なかったが若い僧侶幾人かが清掃作業をしていたので挨拶して入らせてもらう。ここは言わずと知れた赤穂浪士四七士の墓所があり、浅野内匠頭や奥方の墓もある。墓所に参拝すると既に線香が多く手向けられていた。歴史を回顧しつつゆっくりと境内を散策した。
山門をでて歩くと牛町があり、昔は牛飼いが多く、ここからの荷物運搬用の牛を派遣したようだ。国史跡の高輪大木戸跡を見て、高札場のあったという札の辻を経て、西郷隆盛と勝海舟の会見の碑をみる。二人はこの薩摩藩邸で会見し、江戸城無血開城の交渉をしたのだ。途中にあった慶應義塾大学三田キャンパスに入ってみた。春休みで学生は少しだった。

やがてあの映画「三丁目の夕日」でも懐かしい東京タワーを目の当たりにみて感慨深い。その横を通り、浄土宗大本山**増上寺**に向かう。徳川家康が徳川家の菩提寺とし、秀忠など六人の徳川将軍の墓所がある。桜が咲き始め、境内は多くの人が盛んに写真に収めていた。

増上寺山門から芝公園へ進むとお洒落なテラスのあるカフェがあった。この旅で一度も喫茶店に入らなかったが、お天気もよく外のテラスが気持ち良さそうなのでランチタイムとした。ところが偶然で、その写真をブログにUPしたら、アメリカに住む長男から、そこは仕事で東京出張の時によく利用するホテルの近くで、その同じテラスでお茶を飲むので驚いたと返信が来てこっちが驚いた。親子とはいえ似た所を好み面白いものだと笑う。

新橋に入る。新橋は朝鮮通信使を迎えるために造られた橋だそうだ。銀座八丁目に入る。銀座は仕事も含めいろんな想い出のある地だが感慨深く涙が出る思いだ。**京橋**に入るといよいよ終着地が見えてきた。京橋大根川岸跡や、江戸歌舞伎発祥の記念碑をみて京橋に着く。京橋の親柱が記念碑として残り、銀座煉瓦の碑もあり、明治初期の街灯として設置されたガス灯が立つ。

とうとう**お江戸日本橋に到着**　感無量だ。周辺の日本橋魚市場発祥の地碑、その昔処刑人の首を晒していたという晒し場跡は怖いが、川には日本橋川から墨田川へのクルーズ船が出ていて桟橋から丁度出発するところだった。更に東京市里程標があり、ここから主要都市までの里程標が置かれていた。

感激を抑えながら一番見たかった**「日本国道路元標」**のレプリカを見た後、車の往来を見計らって橋の真ん中の道路上に埋め込まれている**本物**をみて両足を揃え、記念の写真を撮った。感激の涙が出る。夢にまで見た東海道五七次を無事に歩けた。この感動は一生の宝物で感激の涙を流す。しばらく横の花壇で感動に浸り、やがて腰をあげた。

江戸に入場した徳川家康がすぐに江戸経営に着手し、最初に行ったのがこの日本橋川の整備と架橋だったという。広重の絵にも描かれ、当時の大名行列はここを七つ立ち（午前四時）に出発したという。次の目的地、皇居から江戸城址へ向かう。やがて皇居前広場に着く。

桜の花が咲き始め、それは美しい日本の象徴の光景が広がる。この感激にしばし浸る。

いよいよ大坂城から江戸城に到着する。皇居入り口で皇宮警察だろうか、厳重な警備が伺えるなか、検問を受けて皇居に入る。広い庭園を歩きながらよく整備されたその自然を楽しむ。やがて皇居内の**江戸城天守台**に着いた。江戸城石垣を見上げ感激する。石垣だけが残るがそこに上ると東京の街が眺められた。歴史の石垣を撫でながら、出発の時に大坂城前の豊臣秀吉像を撫でたのを思い出す。とうとう歩いてここまできたとまた感激だ。

東海道五七次完歩と共に二つ目の**大坂城から江戸城への目標が達成**できた。

後はもう一つの目標、千葉の孫家族の家を訪ね曾孫たちに会う事で明日は楽しみだ。思えば長男がアメリカの大学へ留学し、そのままアメリカで家庭を持ち仕事をしてきた。孫たちは日本語も完璧でヨシモトも大好きと大阪弁も知り驚いた。アメリカの名門大学に入学が決まり17才で初めて一人で日本に来た時、一緒に箕面の森を歩いた事を想う。孫の成長の早さに驚きつつ時の流れの速さに人生の短さを憂うる。改めて自分の顔のシワを眺める（笑）

＊（37日目）20・3㎞　2・64万歩

38日目 3月22日（晴曇）11—19℃（東京都千代田区千代田1番）

皇居・江戸城址—千葉へ

皇居前—墨田川（永代橋）—渋沢栄一旧宅—門前仲町—深川—富岡八幡宮—伊能忠敬出発記念碑—木場—荒川（葛西橋）—江戸川（浦安橋）—千葉—孫家族を訪ね二人の曾孫と対面

昨日は感激、感動と感謝で余り眠れなかったが、朝早く目が覚めてとうとう江戸に着いたのだと旅程を振り返る。ゆっくりとかみしめながら朝食を済ませ、長きを共にしたリュックサックに礼をいい、いつものローテーションと同じく両足への感謝と声掛けをして、最後の歩き旅の靴ひもをしっかりと締める。

数日前から孫夫婦に連絡をとり、コロナ禍なので躊躇し、国内にいるのだからまた収まったらいつでも会えると思った。だが大丈夫だから夕食を一緒にとの事でその言葉に甘えた。今日で予定した全旅程を終える。そして今日は可愛い曾孫たちと会えると勇んで歩く。

昨日歩き終えた**皇居前**からスタートし、隅田川の永代橋を渡る。ベイエリアの高層ビルが林立し、目の前に東京タワーがきれいに見える。**隅田川**と言えば花火大会の映像をTVでよく見たので馴染みだ。道沿いの佐久間象山砲術塾跡、渋沢栄一宅跡などの史跡を見る。

門前仲町から深川へ。深川と言えば富岡八幡宮があり、境内には憧れの伊能忠敬がこの地から全国の測量に出発したという記念碑がありその前でしばし佇む。江戸川に架かる浦安橋を渡り千葉県に入る。河口には漁船やプレジャーボートなどが沢山係留されていた。今日は青空で天気はいいが予想外に風が強く、永代橋、荒川、江戸川では帽子が飛ばされ、体が持って行かれそうな強風だが、心はわくわく嬉しさでいっぱいだ。

孫息子が予約してくれた家の近くのホテルに入り、着いたよと連絡する。時間を約束して体を休めながら待つ。孫夫婦の結婚式に招待してもらい参列したので二人に会うのも久しぶりだ。やがて孫夫婦と二人の可愛いひ孫がホテルロビーにやってきた。もうその姿を見ただけで感激の涙だ。しばしお喋りを楽しみ、食事をともにしながら写真をいっぱい撮る。嬉しかった。素敵な奥さまから二人のひ孫を交互に抱かせてもらいながら、この子らのお爺ちゃん（長男）を抱いていた若い頃を想い、不思議な感覚に陥りながら時の流れをかみしめる。

コロナ禍下でもあり早目に失礼したが、夢のようなひと時を過ごした。みんなありがとう。夢を叶えてくれて本当にありがとう。嬉しさと幸せで胸がいっぱいになった。

3つ目の夢、大阪の箕面から千葉まで**「曾孫訪ねて100万歩」**が実現した。なんという幸せな旅であっただろうか。いろいろあった人生だが感謝の涙が止まらなかった。

＊（38日目）17・5㎞　2・4万歩

区切り延べ38日間　累計距離916・8㎞　累計歩数125・1万歩

初めての街道歩き旅を終えて

初めての街道歩き旅は見るもの全てが新鮮で刺激的だった。誌面の関係で史跡や城址、また地域や宿場、土地の風景、情景など感激したり感動したりしたことが余りにも多く、ほんの一部しか書けなかった。今帰阪してこうして文面にしているとその感情が表現できず貧筆に悔しい思いだ。38日間一つ一つにドラマがあった。艱難辛苦と言う言葉があるが、そんな日も確かにあったけれど、一日を終えると全てそれらも含めて至福の時間となり感謝の涙となった。

江戸時代の東海道は今も整備された街道が多く、宿場も街の観光地としてPRしている所も多くあり時代を越えて楽しめる。後日ゆっくりと再び訪ねてみたい宿場も多くあった。

周辺の城址や史跡は江戸時代を始め、古代からの歴史遺跡も多く点在し、一つ一つ確認し調べて行けば面白いが、1日に1㎞も進めなくなるので表面的に確認するだけだった。

出発前に掲げた3つの目的が無事達成できて嬉しかった。あっという間に青春の夢が終わって少し淋しい思いだ。

だが歩き終えた3日後には、次は京都から西宮を経て山陽道、西国街道を九州・大里宿まで歩いてみようかと思い立った。調べていくとまたムクムクと好奇心と喜寿の青春魂が湧き出てきた。近い内にまた歩き出しそうな気配を感じる（笑）

② 山陽・西国街道56次 歩き旅

＊京都・羅城門から西宮―広島―下関―福岡・大里へ

＊延べ38日間、951.7㎞　132.3万歩　旧宿場56

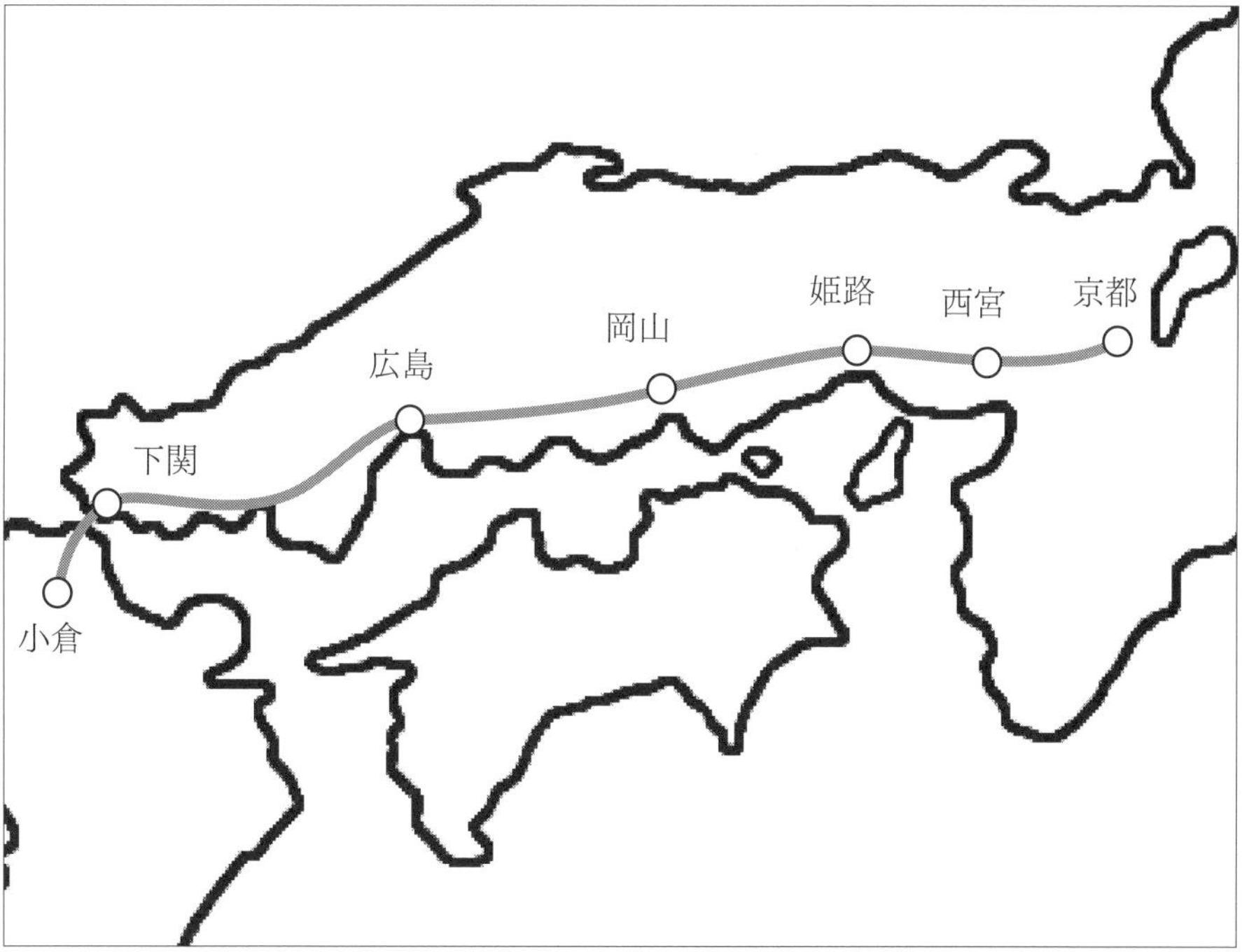

京都
西宮
姫路
岡山
広島
下関
小倉

山陽・西国街道　目次

兵庫県から岡山県へ

岡山県から広島県へ

広島県から山口県へ

山口県から福岡県へ

山陽・西国街道プロローグ

3月に東海道・京街道を歩き終えて少し自信がついた。これで終わりだと思っていたが、もう少し歩いてみたいと思い、次は大阪から西の山陽道・西国街道を計画した。

西国街道の名称は奈良時代の古くからあるようだが、街道名は諸説あり、それらをまとめて今回は起点地の京都・羅生門から九州・大里宿までを歩く事とした。ちなみに京都・羅城門からの西国街道は、平安時代の延長年間に出来たというから千年以上昔からの相当古い街道となる。また面白いことに岡山県では山陽道、広島県では西国街道と表示されているので呼称は様々だが、それらを含め京都・羅城門から九州・大里宿までの名称を、私は**「山陽・西国街道」**と統一して使用することとした。

江戸時代は幕府直轄の江戸を中心とした五街道（東海道、中山道、甲州街道、日光街道、奥州道中）に重点を置く街道整備政策を行い、その延長線上に脇往還道として西国街道、山陽道も位置づけられたようで、その街道の道幅は二間半（約4・5m）と定められたという。また街道には旅人が泊まる宿場が置かれ、人馬の取り継立を行う問屋場、諸大名の宿泊所として本陣や脇本陣、また武士や庶民が泊まる旅籠などが整備されたとのことで、その跡や史跡を多く見つつ、また東海道と同じく昔の城跡巡りもしてみたいと計画を立てた。

30日目　7月20日（晴）25―35℃（京都市南四ツ塚町）

（1）京都羅城門から山崎宿へ

京都・東寺―羅城門―久世橋―一文橋―向日神社本殿―長岡京発見石碑―勝竜寺城跡―天王山―大山崎

東海道57次を歩き終え、次いで西国街道を歩くべく、起点地の**京都・羅城門**に立った。東海道で履きつぶした靴を記念に保存した後、快調だった同じ靴とインソールを新しく別注した。値は高いが一足で東海道を完歩できた実績は有難い。

本格的に歩くのは東海道と同じく冬場とするが、京都、大阪、神戸は地元だし、地理感もあるのでこの間は暑い夏場だが、ゆっくりと下見を兼ねて歩いてみたいと思った。

東寺の正式名は「教国護国寺」で、世界文化遺産に登録されている。東寺からすぐの所に西国街道の起点地・**羅城門**がある。ここは古代日本の都城の正門で、朱雀大路の南端に位置し、北端の朱雀門と相対するとの事だが、遺跡保存がままならないのか、表示板はあるものの、それを記す石碑のみが、小さな子供公園の片隅に残るだけだった。

ここより今日は西国街道を辿りつつ、一番宿の大山崎の**山崎宿**を目指す。早くも歩く度に大粒の汗が流れ、この暑さには先が思いやられるな、と思いつつも足取りは期待で軽い。

九条御前から西大路九条、西高瀬川、葛野大路九条から桂川の久世橋に出て一休み。川風が気持ちいい。汗を拭いてまた出発だ。

一文橋を渡るが大きな一文石があった。「ここは日本最初の有料橋」とのこと。

西国街道沿いにある大きな鳥居をくぐると、室町時代中期の建立という向日神社本殿をみる。その荘厳な鎮守の森は乙訓屈指の古社と言われ歴史を感じる。小畑川を渡り、長岡京市役所近くに長岡京発見之石碑をみる。**長岡京跡**は一二〇〇年以上昔の日本の政治、文化の中心地で、その跡地からは大極殿、子安殿の建物が発掘され、国の史跡として保存されている。

勝竜寺城址に着く。ここは細川頼春が築いた城で、明智光秀の娘・玉（後のガラシャ）が嫁いだ城。また山崎の合戦で明智光秀が本陣を構えた所だ。立命館の校庭前から小泉橋を経て大山崎町役場前、大山崎町歴史資料館に着く。

ここまで歩いて熱中症なのか、めまいと頭痛がし始めた。どうするかな。しかし大事をとり、今日はここまでとした。予報は35℃というが、炎天下で路上の照り返しもあり遮るものさえないので外気温40℃以上。その中を6時間ほど休憩もせずに歩いたからか。熱中症になれば歩けないので改めて水分をしっかり摂りしばし体を休めた。後で鏡を見ると一日でよく日焼けして腕時計をとるとその跡と周囲の差がはっきり、更に顔はまるで箕面のお猿さんのように赤くなり苦笑い。やはり真夏の歩き旅は厳しく、命取りとなりそうだと実感する。歩き旅は寒さ暑さを直に受けるので自分の体調管理が大切で無理しないことだ。

＊（39日目）21・96㎞　3・05万歩

40日目　7月22日（晴雲）25—35℃（京都府乙訓郡大山崎）

（2）山崎宿から芥川宿へ

大山崎—サントリー山崎蒸留所—離宮八幡宮—妙喜庵—水無瀬神宮—離宮の名水—桜井驛—芥川宿

今日も暑くなりそうだ。水分補給をしっかりとり、昨日歩き終えた**山崎宿**を出発。大山崎と言えば、豊臣秀吉と明智光秀による「山崎の戦い」で知られるが、秀吉が天下統一への道を歩み始めた天下分け目のその**天王山**を望む。

朝早いが先ずアサヒビール大山崎山荘美術館からサントリー山崎蒸留所へむかう。次いで離宮八幡宮を訪ねる。僧行基による神社で鎌倉・室町時代の油座の本所となり、諸国の油製造販売権を独占したとか。次いで妙喜庵を訪ねる。ここは室町時代後期に僧春獄が開山。国宝の茶室「待庵」は、千利休が作った茶室で唯一現存するものと。西国街道を西へ進む。水無瀬川から島本町に入り、水無瀬神宮で一休み。

やがて道に迷いながらも大阪府で唯一環境省認定の「名水100選」に選ばれた「**離宮の水**」がわく井戸があり飲んでみる。冷たくて美味しかった。見ていると次々と大きな器やポリタンクなどで水を汲みに来る人々で並んでいる。並ぶ前のオバサンに聞くと、喫茶店をしていてここの水でないと美味しくないから、もう何年もここで毎朝水をくむのが日課だという。桂川、淀川を左手に見ながら堤防を進む。暫くして史跡・桜井驛跡に着く。汗を拭い一休みしながら史跡を見て回る。奈良時代、平城京と各地を結ぶ交通路を整備する為の驛（うまや）を言い、続日本書紀には「摂津国嶋上群大原驛」とあり、これを桜井驛跡と言うのだという。西国街道を丹波街道、物集女街道を経て西南へ進む。

まさに炎天下だが、周辺には随所に旧家屋が見られ、江戸の町を歩いているようで当時の旅人を想う。やがて西国街道2番宿の芥川宿に入る。

芥川宿は大阪府**高槻市**になるが、江戸時代にはここに本陣1、旅籠33軒、家数253軒とあったとか。街道には随所に旧家屋や史跡も見られるが、高槻の巨大トリプルタワーや関西大学高槻キャンパス校舎など近代的な建物や町並みに隠れ、江戸時代の旅人がタイムスリップしたらさぞ腰を抜かすだろうなと思う景観の差をみる。

今日も暑く、体調をみて更に温度が上昇しそうなので昼過ぎで終えることにした。

何でこんな猛暑日の炎天下を好き好んで歩くのかと問われるが自らを笑うばかりだ。

＊（40日目）18・28㎞　2・54万歩（半日）

41日目 7月23日（雲雨）25—29℃（大阪府高槻市芥川町）

(3) 芥川宿から郡山宿へ

高槻—嶋上群衙跡—今城塚古墳群—太田茶臼山古墳—白井川原合戦跡—郡山宿本陣—春日神社—豊川

曇天の朝で歩きやすいかなと思ったが、風がなく逆に蒸し暑く朝からまた汗まみれだ。

今日は高槻から西国街道3番宿、茨木の郡山宿へ向かう。高槻の商店街を抜け、趣のある旧家を通りながら随所に史跡を見る。芥川橋を渡る頃から急に強風と共に横殴りの雨となる。あわてて傘を出すが役に立たず、リュックから合羽をだすが、その間に相当濡れてしまった。

「**嶋上群衙跡**」へ向かう。ここは奈良から平安時代の群役所跡とか。発掘調査から庁院や寺、役人の住む村があったようだ。史跡・**今城塚古墳**（今城大王の杜）に着き、埴輪群を見る。6世紀前半に築かれたという古墳周辺には埴輪壺が並ぶ。9haという広い古墳公園を一回りしながら発掘された復元埴輪を楽しむ。高槻市立今城塚古代歴史館をみる。

西国街道を進み、「太田茶臼山古墳（継体天皇陵）をみる。5世紀中頃に築造された三島郡最大の前方後円墳だとか。周辺に古墳が多くあり当時の風景を想う。街道沿いには旧家が多くみられ、まるでタイムスリップしたかのような江戸の旅人の雰囲気を味わう。耳原古墳を経て「白井河原合戦跡」へ。ここは織田信長上洛後、摂津の支配をめぐり高槻軍と池田軍が激しくぶつかる大きな合戦があり多くの犠牲者が出た場所とある。

茨木市へ入ると西国街道で現存する江戸宿場・**郡山宿本陣**を訪ねる。コロナ禍で閉鎖されていて中には入れなかったが、江戸時代の大名宿で国の史跡指定を受けている。御成門のそばにあった椿が毎年五色の花を見事に咲かせるので「椿の本陣」と言われ、現存する宿帳には忠臣蔵で有名な赤穂藩主・浅野内匠頭などの記録もあるという。

茨木市豊川に着き今日はここまでとした。雨で濡れたせいかクシャミを連発、合羽の蒸し暑さに汗まみれになりコンディションはもう一つだったが、楽しく歩くことができた。

＊（41日目）19・64㎞　2・71万歩

42日目　**7月26日（曇雨）22―30℃（大阪府茨木市宿川原町）**

（4）郡山宿から瀬川宿へ

豊川―小野原―勝尾寺大鳥居―今宮―萱野三平邸跡―高札場跡―牧落―桜井―瀬川宿―半町―石橋

今日も雨模様で蒸し暑いが、これが自然の歩き旅だと元気に出発する。

昨日歩き終えた**郡山宿**、豊川から国道171号線と並走する西国街道から**箕面市**に入る。

小野原は今まで新しいモダンな町並みばかりを見てきたが、一歩街道筋に入るとまさに江戸時代の街道を想像する光景が続く。街道の同じ道幅は今まで見てきた江戸街道と同じだ。

大きな勝尾寺大鳥居前にきた。勝尾寺へはここから箕面の山をいくつか越えるが、西国巡礼道だ。箕面の森の散策を楽しんでいた頃は、毎月のように歩いていた山道で懐かしい。

今宮へ向かう。箕面新都心と言われる萱野地区は、いま新御堂筋沿いに北大阪急行電車の延伸工事が続くが間もなく開通だ。**萱野**の村落に入るとまた街道沿いに旧家が並び雰囲気が時代をさかのぼる。すぐ近くの箕面船場の近代的なビル群と対照的だ。箕面船場と言えば1月に初めて歩き旅に出発したばかりの地だ。ここは**萱野三平の生誕地**だが、忠臣蔵で赤穂浪士48番目の義士と言われ俳人としても有名だ。史跡・萱野三平邸跡のけいせん亭を訪ねる。

田園地帯を過ぎて牧落交差点から再び街道に入り、箕面街道と交差する所にある牧落の高札場跡を見る。やがて懐かしい桜井の町に入る。両脇随所に旧家が並び、一部は崩れ落ちそうで心配だ。一つ一つの想い出をかみしめながら街道を進む。あの伊能忠敬がこの地を測量していたのを書物で知ったが、その日は箕面大滝を巡り、岩本坊（瀧安寺）で泊まったと記録にあった。南国のスコールのような土砂降りの雨の中を進む。次いで西国街道4番宿の**瀬川宿**・半町本陣跡に着いたが、今は表示のみで箕面自動車教習所脇に看板があった。これより瀬川神社を経て石橋へ歩き、今日はここまでとした。

＊（42日目）16・25㎞　2・25万歩（平日）

43日目 7月28日（曇雨）25－31℃（大阪府箕面市瀬川）

（5）瀬川宿から昆陽宿へ

石橋─正光寺─住吉神社─猪名川─伊丹─和泉式部の墓─昆陽寺─昆陽宿─武庫川髭渡し─甲東園

今年はもうすぐ8月になるのにまだ梅雨明け宣言とならず、今日もまた雨模様だ。歩き終えた石橋からスタートし、今日は伊丹の昆陽宿へ向かう。西国街道から正光寺を経て街道沿いに住吉神社、順正寺を見る。再び西国街道を西へ進む。やがて箕面の瀬川に次いで弁慶の泉をみる。猪名川にかかる軍港橋を渡り**伊丹市**に入る。ここは明治の陸軍大演習時に架けられた橋だが、その昔は堤と堤との間が120間（216m）あったが渡し舟がなく、あの松尾芭蕉も旅の時に歩いて渡ったとか。だが下流では高瀬舟で酒荷物が運ばれたようだ。

やがて辻の碑、多田街道との分岐点にでる。昔懐かしい水車小屋を見ながら、伊丹坂を上り「**伝和・和泉式部の墓**」標識をみる。恋愛遍歴が多く、藤原道長から浮かれた女と評された和泉式部の墓だというが、住宅街の一角にひっそりと建っていた。伊丹は自然学校の友達・Kさんが近くに住み情報を頂いた。

西国街道と並走する国道171号線沿いの伊丹市千僧の陸上自衛隊第三師団前を通る。昔ここは農業溜池で僧行基が築造した池だったとか。大鹿交差点を過ぎ再び街道に入ると、小学校の旗当番のオジサンが話しかけてきた。「歩いてまんのんか　よろしおまんな　この石はな　戊辰戦争の時になって敗走した何とか言う人がここでとうとう最後を遂げはったんや　その記念の石やで」と大阪弁で教えてくれた。おおきに　さいなら。

街道を進むと、落語家・桂春団治の立派な碑があり、多くの落語家の名前が刻まれていた。

昆陽宿に着く。資料ではこの辺りには本陣1軒、旅籠7軒、人馬継問屋1軒とあり、西は西宮宿、東は瀬川半町宿までの継立を行っていたようだ。静かな町並みで史跡らしいものは余りないが、この川端本陣に街道測量中の伊能忠敬が箕面宿の翌日に泊まったそうだ。

西天神社を経て昆陽寺に着く。ここは県指定文化財で、聖武天皇の勅願所として行基が建立したとか。立派な山門や観音堂が建つ。

時折小雨の降る日和だが、大きな武庫川の流れを見ながら土手に腰を下ろし一休みすると川風が涼しくホッとする。河原に「髭の渡し場」をみるが、昔はこの川幅のある川を人足の肩車で渡ったが、諸大名や公用者の増加によりやっと渡船使用許可願いがだされ許可が下りたが、大名、武士、僧侶は無料だったとか。

河原から堤防の松並木を歩き、報徳学園前から甲東園に辿り着き、今日はここまでとした。

＊（43日目）22・14㎞　3・04万歩

44日目 7月30日（雨晴）25―35℃（兵庫県西宮市門戸西町）

（6）甲東園―西宮宿へ

甲東園―門戸厄神―広田神社―宮水―西宮神社―西宮宿―傀儡師の故跡―夙川―打出天神社―芦屋川

明日から8月だというのに、いつになったら梅雨が明けるのか。今日も朝は雨模様だ。傘を差しながら甲東園から**門戸厄神（東光寺）**を訪ねる。高野山真言宗の別格本山で愛染明王と不動明王が一体となった厄神明王を祀るという。厄除け開運の厄除だが、その様相というかユニークな境内に少し驚いた。急に太陽が顔を出し一気に夏模様に様変わりする。今年はまだ梅雨明け宣言が出されないが、どうやらやっと夏が来たようだ。

大学時代少しの期間ミッション系の寮に入ったが、訪ねるともうあれから55年以上を経て、当時新築だった建物がすっかりと古くなっていて自分の青春もいつしか喜寿の青春となり懐かしく回顧した。ここで一人「何でも見てやろう」とバックパッカーで世界一周の旅を計画し、新潟からナホトカ―ハバロスク―シベリア大陸間横断鉄道でモスクワ―ヘルシンキ―グラスゴーへ出て大西洋を渡り……なんて夢を描いていたことを思い出す。

神戸女学院のキャンパス前から広田神社へ向かう。ここは平安時代以前に遡るという由緒ある神社で、天照大神の荒御霊を祀っているとか。平安時代から貴族の尊崇を集めた神社のようだ。広い境内に入ると、丁度燃え盛る火の中で人形供養が行われていた。しばし境内を散策し涼をとるが、境内には沢山の野鳥がいるようでその種類の写真があった。

美しい町並みをへて街道を西へ進む。国道1号線沿いに「宮水」との表示と共に多くの酒造店や採水地などをみる。山崎がウイスキーなら、ここは日本酒に適した水のようだ。足元を見るとマンホールの蓋のデザインが個性的で思わず写真に撮る。これ以降、都市によりマンホールのデザインが違う事に気づき、歩き旅のもう一つの楽しみとした。

西宮神社に着く。えびす宮の総本社として平安時代の終わりころに鎮座したと言われ、古くは漁業や海上交通の神様として、その後は商売の神様として尊崇を集めている。表大門（赤門）や神社を囲む大練塀は重要文化財指定だ。六番宿の**西宮宿**に着く。傀儡師（かいらいし）の故跡を訪ねたが、昔の人形遣い師か。西国街道を進み、夙川公園に出るが、ここは桜の季節は見事だ。今は新緑が風になびき美しい散策路が続く。

今日は日差しがきつく、道路の照り返しもあり、その熱波でまさに炎天下。風がなく蒸し暑くぐったり。汗が噴き出て水分補給が追い付かない。やっと本格的な夏が始まったようだ。

芦屋市に入り、今日は芦屋川までとした。炎天下での歩き旅は熱中症危険度が高く、かかりつけ医から生死に関わるとの事。ここで一旦夏場の歩き旅を中断し、涼しくなる秋まで待機することにした。

＊（44日目）20・29㎞　2・8万歩

45日目 11月26日（曇）9—19℃（兵庫県芦屋市月若町）

（7）芦屋川—三宮へ

芦屋川—在原業平歌碑—稲荷神社—国道地蔵—首地蔵—本住吉之宮—澤乃井の地—生田神社—三宮

いよいよ西国街道を歩ける季節がやってきた。前回のあの炎天下から四か月が過ぎ、歩けることの喜びに前夜は余り眠れなかった。遠足前の子供のようだと笑う。

事前にかかりつけ医のアドバイスと体調管理を胸に、更にコロナ禍を歩くので各県の行政機関に趣旨を説明し、概ね「一人なので対策を十分にとれば、街道を歩く事に問題はないかと思われますが」との事で準備した。

朝八時、夏に歩き終えた**芦屋川**から歩きだす。空は曇天だが気持ちのいい朝で快調に歩きだす。芦屋川沿いに在原業平の歌碑があった。周辺に覗いてみたい店もあったが開店前だ。

神戸市東灘区に入り、街道と国道を交互に歩きながら西へ進む。国道沿いの花店に焼芋の看板があったが、まだここも開店前のようだが、焼芋が好きなのですぐ目につく。国道地蔵があり、その前でお婆さんが一人清掃をしていた。おはようございます。

甲南山手から摂津本山を経てくび地蔵を探す。迷いながらもビルの谷間の一角にあった。首から上の病気に霊験あらたかな「花松くび地蔵」を見るが、自分は頭がボケないように願うのみだ。本住吉神社へ向かう。諸説あるもののここが住吉三神鎮祭の根源であるとか。

御影に着き澤乃井の地をみる。神功皇后が朝鮮出兵の帰りに化粧の為に姿を映したことから「御影」の地名が付いたそうだ。次いで**徳川道**の起点地をみるが、幕末、兵庫港開港にあたり、外国人と西国街道を通る諸大名や武士との衝突を避けるための迂回路。ここから明石大蔵谷までの約34㎞だが、外国との文化の違いに新たな道を作るとは大変な時代だ。

岩屋の近くに敏馬神社があったが、ここはかつて白砂青松の敏馬の海が広がっていて、その美しさは万葉集にも度々詠まれ、柿本人麻呂など万葉に縁のある神社だとか。

近くの名門、灘中・高校前を通ると思い出した。１００歳の現役名物教師がいてインタヴューで長生きの秘訣を聞かれ、「忙しくて死ぬ間がなかったわ」と、生き生きされていた事を思い出した。老いて益々忙しいのはいい事なのだ。きっとね。

神戸の街中に入り三宮の繁華街を歩き、やがて生田神社の生田の森に到着。平安末期の頃はもっと大きな森で、一ノ谷の戦いに際して平氏はここに東の砦を築いたそうで、そのゆかりの石碑もある。静かな森とすぐ横の繁華街の喧騒とでその格差に戸惑う。

今日は再開一日目なので無理をせずここまでとした。夏から秋にかけて余り歩かなかったのに、今日から急に歩きだしたので両足もビックリだ。熱い風呂に入り足を揉み癒した。

＊（45日目）21・34㎞　2・9万歩

46日目 11月27日（晴）8—19℃（兵庫県神戸市中央区小野柄通り）

（8）三宮—兵庫津宿から須磨へ

三宮—里程元標—湊川神社—湊八幡神社—兵庫津宿—清盛塚—兵庫城跡碑—長田地区—須磨海岸

早朝の**三宮**をスタート、南京町へ向かうが朝早くてまだ店はどこも開いていない。独特の雰囲気を持つ南京町を歩き乍ら、元町を抜けたところにある兵庫県里程元標を確認。次いで湊川神社に寄るが、ここには楠木正成公墓碑、嗚呼忠臣楠子之墓があった。神社道標には「従是楠公石碑道」とあった。西国街道の石碑があり道を確認するが問題なく順調だ。

湊八幡神社に着き、ここが兵庫津宿の東総門だったとある。

七宮神社、岡方惣会所跡の碑、少し先に日本三大大仏の一つ能福時の大きな兵庫大仏をみる。高札場が置かれた札場の辻跡には大きな案内板があった。大和田橋の西に史跡・清盛塚を見る。高さ8m、13重の石塔があり、その横に清盛の銅像があった。隣には琵琶塚があった。平清盛はこの「大輪田泊」（兵庫港）を整備したとある。新川運河へ着く。海の香りがする。キャナルプロムナードと呼ぶ運河脇の公園で一休みし足を休めた。

再び出発、**兵庫津宿**、**兵庫城跡**は石碑と表示板だけだが、昔はここに最初の兵庫県庁があったとか。

やがて「西国街道西惣門跡」の大きな石碑が立つ柳原えびす神社へ。江戸時代の兵庫津宿の入り口から西国街道を西へ進む。やがて**須磨**に到着。

広い須磨の海岸だが、浜辺に大きなヤシの木が何本かあり異国情緒を味わう。心地よい秋風に吹かれ須磨の海を見れば、思い切り深呼吸をして英気を養う。目の前の海を大小の漁船が通っていく。ぼんやりと眺めているとつい眠ってしまいそうだが、これを小春日和と言うのだろうか。歴史を感じる和田岬灯台跡を見る。ふと先方を見れば淡路島を結ぶ明石海峡大橋が見える。今日はここまでとして早めに体を休める。

＊（46日目）22・09㎞　3・06万歩

47日目　11月29日（晴曇）8—15℃（兵庫県神戸市須磨区一ノ谷町）

（9）須磨から明石宿へ

須磨浦公園—塩屋—海神社—五色塚古墳—舞子公園—大蔵海岸—孫文記念館—明石海峡大橋—明石宿

今日は気持ちのいい**須磨**の海岸からスタートだ。須磨浦公園へ向かい、先ず源平一之谷合戦の古戦場、戦いの浜碑から平敦盛の塚を見る。山に登り、上からみる須磨の海はまたきれいだ。ここから一日中その眺望を楽しみたい思いだが先があるので腰を上げる。ここにも青春のいろんな思いのある浜辺で懐かしい。海岸沿いを進む。やがて山手に上り、ジェームス山を歩く。仕事のロケでよく訪れた瀟洒な外人住宅が多くあり、異国情緒が漂う。神戸市須磨区から垂水区に入るがその境が摂津国と播磨国の国境だった。海辺を歩く。舞子公園にでる。江戸時代には多くの茶店があったようだが、その景観を想うほどに見事な眺望が広がる。大倉海岸を散策する。海辺に**「孫文記念館・移情閣」**をみる。

明石海峡大橋の下に着くが、この景観を江戸時代の旅人が見たらさぞ腰を抜かすだろうな。海峡大橋の袂にある明石藩、舞子台場跡と砲台跡を見るが、実際戦いで打ったのかな。

明石宿（大倉谷宿）の本陣に着く。格子窓や軒うだつなど古い町家が残る。江戸時代に山陽道（西国街道）屈指の宿場として栄え、本陣や旅籠が61軒、馬46頭、駕籠仲間80人との記録が残る。この淡路島を望む白砂青松の風光明媚な大蔵海岸の美観は柿本人麻呂の和歌、松尾芭蕉の俳句でも多く残されている。明石といえばタコの他に明石天文科学館。

近くに「大日本中央標準時子午線通過地標識」という長いタテ標識があった。ここが日本の標準時となるのだ。その東経135度の子午線標柱を探すと、通便局前に表示があった。近くの交番名が「子午線交番」とあって面白い。やがて夕陽にまぶしい**明石城前**に着く。見学する間もなく日が暮れて薄暗くなってきたので今日はここまでとする。

＊（47日目）25・69㎞　3・54万歩

48日目 11月30日（晴曇） 5—15℃（兵庫県明石市明石町）

(10) 明石宿から大久保宿—加古川宿

明石宿—明石城—明石藩家老宅跡—大久保本陣跡—金ヶ崎神社—石造五輪塔—教信寺—加古川宿

今日もいいお天気だ。靴の紐をしっかり結び直して出発だ。

先ず昨日夕暮れで見ることができなかった**明石城**に向かう。いいお城だ。明石城を散策後、近くの歴代の明石藩家老が住んでいたという屋敷跡を見る。かなり傷むが歴史を感じる。

明石川に架かる大観橋を渡るが、河原に粋な歌碑が並ぶ。十輪寺から和坂（蟹ヶ坂）を経て坂上寺へ。次いで西明石に入るが、タコの産地らしく面白い置物が迎えてくれる。

住吉神社を下り、小久保から大久保本陣と、今も立派な門構えの旧本陣・安藤家を見る。本陣は安藤助太夫、脇本陣が林屋与兵衛であったとか。かつて80数軒の商家が街道筋にあったようだが、今は寂れ数軒の名残を見るだけだ。**大久保宿**はお祭りが大好きな村のようでそのこん跡を見る。江戸街道はその道幅が約4・5mと決められていたようだが、昔の大名行列がこの狭い道を通ったのかと想いを馳せる。龍泉寺があり五輪塔があったが、そこからすぐの所に胴切れ地蔵という名の地蔵があった。何でもうっかりとお殿様の行列を横切ったために、供侍に無礼打ちにあい、胴体を真二つに切られたとか。しかし不思議なことに人の胴体は何ともなく、近くのお地蔵様の胴が二つになって切られていたという。懐かしい田舎道や家並みを見つつ**加古川宿**へ入る。

歩いていると面白いこともあるが、今日は民家沿いを歩いていると、門柱の上に犬の置物があり眺めると急にこっちを見た。本物の犬でビックリしていると、飼い主の女性が出てきてこの犬のお気に入りの場所で、いつもここで通る人を眺めているのだとか、しばしそんなお喋りを楽しんだ。今日は加古川宿泊まりとした。コロナ禍で今ホテルはどこも閑散としているが、感染対策はしっかりできていて安心だ。

＊（48日目）29・81㎞　4・05万歩

49日目　12月2日（晴曇）5―17℃（兵庫県加古川市加古川町篠原）

（11）加古川宿―御着宿―姫路宿へ

加古川宿―称名寺―加古川城―高砂―弁慶地蔵堂―御着宿―御着城跡―阿弥陀町―京口門跡―姫路宿

朝晩が急に寒くなり、自分の歩き旅には絶好のコンディションとなる。

今日は**加古川宿**から姫路宿へ向かう。加古川宿の寺家町商店街を抜ける所に加古川宿陣屋跡と表示板があった。何とも寂れたところだが、当時はこのあたりが参勤交代時の繁華町になっていたようだ。

表示板を読んでいると一人のおばさんが「なにしてはんのん？」と言いながら通り過ぎて行った。その先に古い陣屋があり、昔は姫路藩加古川役所があり、加古川を通行する大名の接待場に使われたとか。近辺に黒壁で軒卯建を備えた旧家が残っていた。

街道を進むと称名寺があり、ここが当時の**加古川城跡**とか。境内に七騎供養塔があり、古く南北朝時代の戦いで討たれた忠臣七騎のものとか。やがて道の突き当りから堤防を上ると、大きな加古川が広がる。ここは昔、但馬国と丹波国との国境で兵庫県下最長の河川だ。中世末まで舟運がなかったが、豊臣秀吉平定後は播磨国内の年貢米を大坂に運ぶために開削工事が行われたが、川幅が広く、急流だった為に、この加古川は当時西国街道随一の難所だったようだ。加古川の旧渡し場跡をみるが、当時人足は急流で渡れず小舟で対岸へ渡ったようだ。

加古川橋を渡り、平津集落へ向かう。宝殿の尉(じょう)と姥(うば)の石像を見る。婚儀でおなじみだが、ここが高砂市発祥の地だ。石の宝殿を祀った生石神社の一の鳥居を過ぎ阿弥陀町へ向かう。ここより穏やかな田舎道を歩く。周辺の田舎風景を楽しむ。阿弥陀町に入るが、初めての人は仏教の町ですかと聞くというがただの地名だとか。

姫路市に入るとマンホールのデザインも変わるので早速写真に収める。

別所町の史跡・6騎塚を見るが、寂れた草むらの中に歴史板が残る。「別所村道路元標」碑から日吉神社参道を見つつ、大小の史跡や石碑を見る。弁慶地蔵堂があり、案内板には弁慶の母は別所（福居村）の生まれで、父は熊野神社の別当。弁慶が京からの帰途、福居村庄屋の娘・玉苗と一夜を共にしたのがこの地蔵堂とありクスっと笑う。

やがて**御着宿**に着く。ここは間の宿場で西国大名が東上の際に宿泊したとか。**御着城跡**公園には黒田官兵衛孝高の記念碑があった。黒田家は官兵衛の祖父・重隆が御着城主・小寺氏に仕え、職隆、孝高と続く。孝高が豊臣秀吉に仕えたが、後に秀吉の播磨攻略で落城。長政やその子孫は、筑前福岡城主になるとか。黒田家の墓所があったが、古い町並みも見られ当時を想う。総石造りの旧天川橋を渡る。

市川橋を渡り、姫路宿の東の入り口にあたる京口門跡を経て**姫路市**街へと入る。**姫路宿**は姫路藩の城下町として栄え、藩主・池田輝政が西国街道（山陽道）を外曲輪内に通して、播磨街道、生野街道と合流させて本陣、脇本陣を設けたとの事。やがて播磨国総社である射盾兵主大神を見て、**国宝・姫路城**に着く。夕陽に映える姫路城は荘厳だった。

閉館間際の市立美術館前を歩くと、前庭に落葉した自然の絨毯が広がり、夕陽に照らされて思わず見とれてしまったが、何とも絵になる素晴らしい光景だった。

今日はここまでとし、明日は休日としてゆっくり姫路城とその周辺を散策することを楽しみに近くに宿をとった。

＊（49日目）27・61㎞　3・82万歩

休日　12月3日（晴）5—16℃（兵庫県姫路市）

姫路城—姫路城西御屋敷庭園「好古園」—市内散策

今日は休日とし、半日は姫路城を中心にのんびりと散策を楽しむことにした。姫路城周辺の樹木はすでに紅葉から落下盛んな状態だが、それでも髄所に美しい紅葉を見ることができた。世界遺産でもある国宝姫路城は「平成の大修理」をほぼ終え、その見事な景観に改めて圧倒される。別名・**白鷺城**の名に相応しい荘厳な姿を現した。

自分の生まれ故郷は信州の安曇野だが、母の実家が松本の国宝・松本城の近くにあり、幼いころからよく城内で遊んだ。松本城は別名・烏城と言われる黒壁で、白鷺城と対照的だが、その見事な景観はどちらも素晴らしく、その内部の建築木造構造には先人の知恵とその技術力に驚くばかりだ。姫路城の急な木造階段を六層階まで上がる。その迷路のような構造と仕掛けに驚く。世界でも類を見ないこの木造建築と、その見事な美的完成度に改めて驚く。

姫路城築城の歴史や資料を見つつ、戦国時代に日本人同士が戦う様を知るたびに、今の平和を改めて有難いと思う。珍しい十字紋瓦があるが、キリシタンだった黒田官兵衛にゆかりがあると言われている。豊臣秀吉はその黒田官兵衛の進言を受け、毛利氏攻略の拠点として姫路城に入り、大坂城を築くまでは姫路城主だったとか。歴史を学べばまた面白そうだ。

随所にみられる史跡物と説明版を見つつ、ただうなるばかりだったが、感慨深いひと時を過ごした。

隣の「姫路城西お屋敷庭園・高公園」へ向かう。

「好古園」には姫路藩主の下屋敷があった。お屋敷の池泉回遊式の庭園を始め、約一万坪に九つの異なった庭園があり、それは見事な景観を楽しめた。今が有終の美そのもので見事な紅葉の美しさに見惚れた。昔のお殿様の屋敷はとても美的感性があり、その造園作者にも改めて日本人の美的感覚を知り賞賛するものだ。ただただ日本の美しい庭園に魅入るばかりだった。後の半日は姫路市役所担当部署の方々の協力を経て、祖父が役員として勤務した製糸会社跡と母が通学したであろう旧小学校跡を探しに出かけた。

（母の追憶）

今回の江戸西国街道歩き旅で姫路宿を通るのを楽しみにしていたもう一つの理由がある。それは亡き母親が過ごした街で、晩年もう一度訪れたいと言っていたのに私も仕事や生活に追われてとうとうその機会を失い、連れて来る事が出来ず深く後悔しているからだ。そこで事前に姫路市役所に連絡し、担当部署を紹介してもらい、母の過ごした大正時代の古い地図と資料を用意しておいてもらった。そして今日訪問し、事前にメールでやりとりをしていた担当の方にお会いし資料の提供を受けたが、望んだ以上の調査をして頂き、また多くの資料も揃えておいていただき感激した。

以下は松本の叔母（母の妹）の話を基に確認するものだった。母と一回り程下の叔母は私の幼児期、病弱だった母代わりをしてもらい淋しくも嬉しかった思い出が残る。祖父が工場長をしていたと言う片倉財閥系の姫路製糸所は広大な敷地内に旧国鉄の貨物引き込み線もあったとかでその場所の特定はできたが、それが現在どのようになっているのかは分からなかった。

また母はお手伝いさんが2人いたと言うその大きな社宅で幼児期から女学校一年位までを過ごしたようで、通学したであろう近くの小学校も探索したが、姫路は戦争時に大空襲にあい、その後の都市開発で相当地図も変化していた。しかし結論から言えば、その工場跡地は見つかり大きな住宅団地や商業施設となり、母の通学したであろう小学校はすでに廃校となっていたが偶然モニュメントを見つけ、そこに大正6年創設との文字があり、祖父のいた製糸会社も大正6年の開業であり、大正9年生まれの母がここに通った事は間違いなさそうだと確信した。祖父母や母、叔父らが過ごした姫路の所在地とその様子をしっかりと目に焼き付け、その場で天を仰ぎ母に「ここでいいんだよね」と確認するとともに、やっと来られたことにお詫びと感謝を持って報告をした。

母と一緒に来たかったが諸々の想いが交錯し涙があふれた。叔母に聞けばその後一家は姫路から信州・松本へ帰るが姫路の駅は見送りの人々であふれ、特に二人のお手伝いさんが自分たちも連れて行ってくれと泣いたとか。母は松本に帰り**松本高等女学校**に通ったそうだが、当時松本ではほとんどの人が着物で、革靴を履いて洋服で通学していた母は先生とよく間違われたとか。また同じ学校に日本に留学中の旧満州国清朝粛親王の王女・愛新覚羅顕シ（日本名　**川島芳子**）が浅間から馬に乗って通っていたという。母とどんな接点があったのかどうかは知らない。その後、母は父親の急死、戦争、結婚、敗戦、夫との死別、再婚と戦後の混乱期で母の人生は激変してしまったようだが、母は生前私には過去の話は全くしなかったので聞いておきたかった。生きていたら今年１００歳になる。何も親孝行ができず後悔ばかりだが、そのうちに天国で逢いましょう。

50日目 1月19日（晴）マイナス1—6℃（兵庫県姫路市本町）

(12) 姫路宿—鵤宿—正條宿—竜野へ

姫路城—夢前川—廣畑天満宮—権現山古墳—揖保川—正條の渡し場跡—正條宿—浄栄寺—竜野

今日は氷の張る寒い朝だが、気持ちは元気いっぱいだ。年末年始とコロナ禍の拡大で外出自粛が続き、少しなまった体と足を心配しつつも、元気に歩き終えた姫路城から出発する。

正月で太った体重と心配症のリュックサックは何でも詰め込み重いが、併せて80kg以上の体を支える肩や腰に膝に両足が心配だ。だが歩き出すとそんな心配は吹っ飛びワクワク気分で進むので、歩けることに感謝する。夢前川を見ながら網干方面へ向かう。権現山古墳で一休みした後、川幅のある揖保川の堤防に座り、痛くなった足を延ばして土手で一休みするが早々大丈夫か。よく見れば「播州手延べ素麺バチあります」などの看板が多くみられるが、播州地方のそうめんは「揖保乃糸」が有名だ。室町時代から始まり、江戸時代に本格的に作られ始めたようだ。

やがて揖保川に架かる竜野大橋を渡りしばらく歩くと土手沿いに正條の渡し場跡碑をみる。「明治の初めまで正條鉄橋の川下に高瀬舟が浮かび客を待っていた。旅人を乗せた舟が川を横切っていく風景があった」旨の看板があった。

正條宿に入り本陣・井口家に着く。「山陽道正條宿の本陣」の立派な石碑が建つ。落ち着いた町並みを歩く。近くの浄栄寺の門は元龍野城の大手門だったもので、瓦の紋が城主・脇坂家の家紋だとか。本陣跡の他は宿場の面影は余りない。

急に歩き始めたのでまだ足が慣れず、かなり痛み始めたので今日は竜野までとした。股関節が痛み出し、両足がストライキ寸前となり引きずりながら歩く。

やっと今日の宿を探し入った。熱い風呂に入り、珍しく持参した湿布薬をあちこちに貼り、早々にベッドに入ったが疲れて眠れなかった。急に無理をしてはダメだと自省する。

＊（50日目）26・82㎞　3・72万歩

51日目　1月20日（晴）マイナス5—7℃（兵庫県たつの市揖保川町）

⒀竜野—片島宿—相生—有年宿

竜野—片島宿—若宮神社—相生—若狭野天満神社—赤穂—矢野川—有年牟礼黒尾須賀神社—有年宿

今朝はマイナス5℃と寒い。昨日の足の痛みが引かず、今日はどうしようかと迷ったが、休み休みでいいから少しずつでも前に進もうとゆっくり引きずるようにして歩き始めた。今までの経験から歩くぞとの強い意志を持つと、足も体も渋々ながらも自然とついてくる。乾燥していたのか喉も痛くノド飴をなめる。しばらくは体の調整期間だとゆっくり歩く。

竜野を出発し、昨日の正條宿から2㎞ほど歩くと間の宿**「旧片島宿本陣址」**が山本家の入り口脇にひっそり建っていた。ここも宿場の面影は既にないが、豊臣秀吉の島津氏に対する遠征の宿場として知られ、次の有年宿までの継ぎ立てをしたという。若宮神社前から相生の街に入る。**相生**は新幹線が停車するだけあって賑やかな街だが、街をぐるりと回る感じで山陽道を進む。

山道に入り田舎道を進むと、やがて相生若狭野天満神社に着く。ここはあじさい神社とも呼ばれるそうだ。「手に取るなやはり野に置け蓮華草」江戸時代の滝野瓢水の句とか。蓮華（遊女）は野に咲いている（自分のものではない）から美しい。だから、自分のものにするとその美しさは失われてしまうという意味で、転じてそのものに相応しい環境に置くことがよいということだということで、遊女を身請けしようとした友人を止めるために詠んだ句だと言うが、なるほどと納得。赤穂市に入り田舎道が続く。田舎道を歩くと山手に有年牟礼黒尾須賀神社（義士画像図絵馬）をみる。ここは**赤穂浪士の町**だと改めて認識する。天領本陣跡をみるが、畑の真ん中にポツンと石碑だけがあった。

有年（うね）宿まで歩けたので今日はここまでとした。予約したホテルへ向かう。足の痛みから明日はどうなることやら。昨夜余り眠れなかったのでいつしか夢の中へ入った。

＊（51日目）18・68㎞　2・78万歩

52日目　1月21日（晴）マイナス3―11℃（岡山県赤穂市有年横尾）

（14）有年宿から三石宿へ

有年宿本陣跡―旧因幡街道―千種川―沖田遺跡―田中遺跡公園―鯰峠―梨ヶ原宿―船坂峠―三石

今朝もマイナス3℃と寒く氷が張る。昨夜はしっかりと痛む足をケアして早めに休んだので少し調子はいいようだ。両足にしっかりサポーターをつけ、靴に足を入れる。何とか歩けそうなので、さあ頑張って行こうぜ　と声を掛け気合を入れる。

昨日歩き終えた赤穂市**有年宿**からゆっくり歩きだす。大型車が頻繁に走る国道を歩くが、旧因幡街道だ。千種川の有年橋を渡る。

今日は先ず有年宿本陣跡を探す。民家の路地を入ると畑の中にその旧柳原邸跡があり、表示物や石碑があった。周囲の小高い山々を見ながら深呼吸する。朝早くまだ凍り付いた畑に太陽の光がそそぎ始めところだった。「有年宿番所跡」を確認する。

平坦な田畑のなかの田舎道を進むと、遠方に三角屋根の藁葺きの家並みが見えてきた。

ここは東有年の**「沖田遺跡公園」**で、発掘された遺跡をもとに復元された「弥生時代のムラ」と「古墳時代のムラ」だった。そのいくつもの大きな竪穴式住居や高床式倉庫は中に入ることができ、しばしその中で古代人の住まいを味わう。意外と中が広く、数十人が横になれる規模だ。その後、田中遺跡公園もみたが、ここは弥生時代後期の大型墳墓や木棺墓群を復元した遺跡公園で各々見応えがあった。改めて古代人の生活と知恵に驚く。

街道に戻り、石造五輪塔、一里塚跡を経て足の調子から街道の峠越えを避けて国道を進んだがこれが失敗だった。これからの「播磨箱根」と呼ばれる有年峠は赤穂市と上郡町を境となる峠で難所として知られる。昨年の箱根峠の危険を思い出し、もし途中で痛い足が動けなくなったらと危惧し、もしもの時は車道ならと選択したもののこれが失敗だった。

ここは山陽の大動脈だ。大型車が次々と行き交い、歩道は狭く大型車の風圧によろけ余計に危ない。もう少しかなと国道・鯰峠を上るがこれが延々と続き長かった。やっと西国街道に戻ったときは心底ほっとする。やがて兵庫県最後の集落・**梨ヶ原宿**に入る。当時を想わせる立派な旧家があり人が住んでいたが、その維持管理は大変だろうなと思う。梨ヶ原一里塚跡碑が畑の前にポツンと立っていた。途中何やら掘削工事をしている人がいたので、この先の峠道を聞いてみた。「ここを歩かれるのですか 私は歩いたことないけど、相当大変だと思いますが、まあお気をつけて」と言われ少し躊躇したが、覚悟を決めて進む。

だがゆっくり一歩一歩と覚悟して上って行けば意外と歩けた。**船坂峠**の頂上に着くと、大きな古い石碑が立ち、薄くてよく読めないが、ここが兵庫県（播磨国）と岡山県（備前国）の県境（国境）だったようだ。いよいよ歩き旅も**岡山県**に入ったぞと歩いて来た両足に声を掛ける。峠越えが出来てホッとする。夕陽が山に沈む頃にやっと**三石宿**に入る。

山間部に外灯はなくすぐ暗くなる。三石の駅に辿り着いたので今日はここまでとした。だが店一軒もなく、自販機がポツンと明り取りを兼ね一つあるだけの無人駅で勿論泊まる宿などない。しかも2時間に1本のローカル電車。長く待って宿を探したが、これがまたとんでもない所に予約してしまい夜遅くにやっと宿に入れた。でも今日は足も頑張り、峠もこえられ、岡山県に入れたので満足だ。

＊（52日目）22・16㎞　3・18万歩

53日目　1月22日（雨）2―11℃（岡山県備前市三石）

(15) 三石宿―片上宿

三石宿―山陽道三石一里塚跡―三石明神社―日光山光明寺―鏡石神社―藤ヶ棚茶屋跡―片上宿

昨夜は疲れて宿の風呂に入るとすぐに眠ってしまった。窓を開けると今朝は冷たい雨が降っていて震える。また1時間半かけて雨の**三石宿**へ戻り、昨日の続きからスタートする。

冬の雨は辛いが、これも旅の変化の一つだから楽しもうと歩き始める。足の痛みは少しづつ回復している。雨に霧がかかり、遠くの山並みがうっすらとしか見えない。レンガ造りの古い煙突があちこちにみられる。

横の木造の建物が古い歴史を物語る。すぐに旧山陽道三石一里塚跡の石碑があり道は間違っていないようだ。三石明神社に立ち寄る。

三石宿本陣だったという旅籠跡、脇本陣跡を見るが周辺は寂れていた。だが江戸時代は播磨と備前を結ぶ唯一の往来が山陽道であり、**三石宿**は古くから交通の要衝であり、参勤交代の大名行列はもとより、一般の旅人の宿泊、休憩所としても栄えたようだが今その面影は全くない。急に雨が激しくなり、とうとう靴の中にも雨水が入ってきて滑り、歩きにくいので

一歩一歩慎重に歩く。金剛川を渡り日光山光明寺まえから木野山神社参道を経て国道にでてしまったが、どこで間違ったのかな。大型車両が通るたびに水しぶきが上がり傘などは役に立たず、合羽も吹き上げる車風にあおられて最悪だが、こんな時は大声で歌い元気を鼓舞する。弟坂、兄坂の難所を何とか上り下りし、鏡石神社を経て集落に入る。

霧が深くなり前方が見辛いが、山裾の道は幻想的で美しい。時折点在する家屋を見るが、まったくここまで人に出会わない。この寒い雨の日に外を歩く人はいそうにない。やがて大きな道に出ると表示板があり、八塔寺ふるさと村、閑谷学校とあった。

備前市伊里に江戸時代、備前藩主の休憩所だったという藤ヶ棚茶屋跡を見る。旧山陽道片上一里塚

石碑と一本松一里塚を確認する。道沿いには**備前焼**の文字が目立つようになる。

片上宿に入る。ここは吉井川水運の拠点として大いに栄えたようだが、その中には日本売薬・備中売薬の祖「万代常閑翁」跡があり、後に富山に伝授したとあり、富山の薬売りの原点がこの地だったと知った。今日は雨の一日だったが、体調を見てここまでとした。

近くの宿を探して冷たくなった体を温め、頑張った両足を熱い風呂の中で癒した。それにしても連日よく頑張ってくれたと足膝腰肩や体に感謝するが、人知れずその辛かった行程を思い涙がでる。だが反面、これが今自分らしいあるがままの自由な歩き旅をしているという実感を味わい、別の感謝の涙が出てありがたい思いを抱きつつ眠りに入った。

＊（53日目）17・52㎞　2・55万歩

54日目　1月23日（雨）7—10℃（岡山県備前市東片上）

(16) 片上宿—伊部、香登（かがと）—一日市宿—上道

片上宿—お夏の墓—葛坂峠—備前焼・伊部集落—桃蹊堂—香登宿—香登教会—長船—吉井川—一日市宿

今日も終日雨との予報だが、昨日濡れた衣服や靴がまだ乾かないが仕方ない。雨の**片上宿**を後にして坂道を上る。「悲恋の灯花・お夏の墓」、更に葛坂峠に「お夏清十郎」の茶屋跡を見る。但馬屋の娘お夏が、使用人の清十郎と恋仲になり駆け落ちするが、捕えられて清十郎は打ち首となり、お夏は乱心行方不明にと。歌舞伎の世界だが、伝説ではこの峠茶屋で70余歳まで生き、近くの正覚寺裏に埋められた清十郎の遺骨を守り抜いたとか。

御地蔵様参道の急坂を上るが、枯葉が雨水に濡れて滑るので歩きにくい。やがて**備前焼の里・伊部（いんべ）**の集落に入る。風情ある旧家の入り口に「備前焼カレー　衆楽館本館」の看板がある。雨の中、周辺をよく見ると周辺には煉瓦煙突が多くあり、備前焼窯の表示があり、いよいよ備前焼の本場に着いたのかと確認する。街道筋には「ふれあい交流館」くるみの森、備前焼ミュージアムとか、備前焼の店、不老せせらぎの径とかいろんな店や表示板をみる。桃蹊堂の大きな煉瓦煙突が目を引いた。

不老川に架かる伊部橋を渡り、古民家ギャラリーをみて大ヶ池沿いを歩く。いい町並みだ。

やがて**香登宿**(かがと)の集落に入る。古い街道の風情ある古い町並みだが、雨とコロナ禍でここも観光客はいないようだ。この風情ある古い町並みをお天気の時に歩いてみたい。

途中、木造の古い建築物を見るが、塔の上に十字架が立ち、教会（日本基督教団香登教会）だと分かったが、そのモダンな趣から由緒ある教会に思えた。説明書きを見ると、高校時代に影響を受けた社会運動家でノーベル平和賞と文学賞候補にも挙がった賀川豊彦ゆかりの教会とあり急に親しみを覚えた。賀川豊彦著「死線を越えて」はまだ本箱にあるので帰ったらまた見てみよう。備前市の香登から瀬戸内市の長船へ向かう。

石長姫神社から吉井川にでて堤防を行く。この川は岡山三大河川の一つで北の津山から流れる大きな川だ。越前大橋の袂には大きな刀の鞘型のモニュメントがあった。この長船（おさふね）地区は「刀剣の里」として有名なようだ。**一日市宿場跡**があったが、ここは片上宿と藤井宿の間の宿場だった。延々と雨の田舎道を歩き**上道**の町に入り、今日はここまでとした。予約したホテルのある東岡山まで歩く。連日の冷たい雨に閉口するも、この自然の営み、気候の変化に身を委ね、これも歩き旅の真骨頂として楽しむことにする。

＊（54日目）24・07㎞　3・45万歩

55日目 1月24日（雨）6―11℃（岡山県岡山市上道）

(17) 上道から藤井宿―岡山宿へ

上道―総社八幡宮―安井家西本陣跡―新往来―岡山城惣門番所跡―岡山城―岡山後楽園―岡山宿

今日も朝から本降りの雨だ。歩き終えた**上道**に戻り今日をスタートする。今日は下の曾孫の誕生日なのでお祝いと嬉しいメッセージをメールで送る。自分に曾孫が二人もいるなんて信じられないが、元気に歩ける大きなエネルギー源の一つには違いない。

藤井宿に入るが、降り続く冷たい雨のせいか旧家の続く街道には車も通らずゴーストタウンのようだ。総社八幡宮から角屋西崎家東本陣跡、安井家西本陣跡を見る。江戸時代の参勤交代で大名行列が岡山城下から最初の休憩場だったとか。

しばらく歩くと神社の横に「これより新往来」という表示があり、幕末にペリー来航や尊王攘夷運動などで諸国の志士や浪人の往来が激しくなり、備前藩でも岡山城の警戒を強め、山陽道（西国街道）を通行する人たちに神経をとがらせた。そのために藤井宿から北に街道を付け替え、特に長州征伐に赴く諸藩の藩士が岡山城下の通過を回避するために迂回させるために新往来道を設けたのだとか。戦国時代の苦労を知る。

やがて岡山城下町の入り口として惣門番所を設けた惣門跡を経る。五百大羅漢道から旭川を渡り**岡**

山城へ向かう。人の気配のない雨の岡山城に着き、ゆっくりと見学するが、なかなか立派な天守閣だ。ここは宇喜多直家が当時の城主を討ち破り入城したが、今の岡山城を築いたのはその実子・宇喜多秀家が築城し、その黒漆の外壁から烏城との別名があるとか。次いで日本三名園の一つ「特別名勝岡山後楽園」を訪れた。ここは池田家二代目藩主・池田綱政公の命により造られた広大な名庭園だ。雨の中その庭園をじっくりと味わう。**岡山宿**に入り街に目をやれば懐かしい路面電車が走る。今日はここまでとした。連日の雨の中を歩いたので早めに予約した宿に入り体を休める。

＊（55日目）18・46㎞　2・67万歩

56日目　1月25日（晴）2—14℃（岡山県岡山市北区丸の内）

（18）岡山宿から板倉宿—清音

岡山宿—妙林寺—成願院本坊—吉備津彦神社—福田海本部—吉備津神社—板倉宿—鯉喰神社—清音

今朝は久々に朝陽が眩しい。三日間雨の中を歩いたので嬉しい一日になりそうだ。

旧山陽道（西国街道）の史跡を見つつ、妙林寺山道の石畳を歩く。旧家の並ぶ街道を進む。奉還町の商店街から昔の街道筋を経て国神社に出るが、急な百段以上の石段が続く。

やがて矢板大橋を越えて**吉津彦神社**へ向かう。鳥居をくぐり奥へ進むと立派な松並木が続きその両端の池にはシラサギが多くいて、まさに絵になる光景だ。高さ11mもある安政の石燈籠が左右一対建つ。日本一とも言われるそうだ。立派な本殿は池田綱政が元禄10年に造営したもので、檜皮葺、山間社流造、飛鳥時代社殿建築の粋が尽くされているという重要文化財だそうだ。吉備の中山道という田舎道を進む。

畑のあぜ道や、山麓の道など歩きながら、やがて**吉備津神社**に着く。**吉津彦神社**と似ていて地図で間違えた。ここは吉備津彦及びその一族神を祀る備中国一宮で、南随身門は国指定重要文化財で本殿、拝殿は比翼入母屋造り、吉備津造りと呼ばれ、我が国唯一の独創的様式の大建築で国宝に指定されているので、じっくりと見て回った。特に長い廊下は神秘的だった。やがて古代吉備文化の中心地であったという国史跡の真金（まかね）一里塚跡碑と表示板をみつつ、「旧山陽道板倉宿」と書かれた木版架かる**板倉宿**に到着する。当時は中田家本陣に脇本陣、旅籠、茶屋もあったが、今その面影はない。やがて**倉敷市**に入る。

今日はお天気も良く、両足とも順調に歩くことができて改めて感謝する。足もやっと靴に慣れてきたようだ。古い旧家が並ぶ街道をゆくと江戸時代の旅人になったような気がする。

やがて**総社市**に入り、遠くに備中国分寺の五重の塔が見えてきた。絵になる光景だとしばらく眺めていたら、道脇の標識に日本画の大家・平山郁夫が逗留してここから描き上げたもの（作品名は「吉備路緑映」）と表記されていた。やはり絵になる光景に魅入った。

今は裸眼で両目1・2とよく見えるが、それまで10数年間、町の眼科で定期検診を受けていたが0・06まで下がり障害者寸前だった。だが友達に玉造のN眼科病院を紹介してもらった。医師、看護師、検査技師を含めスタッフ160余名と言う大きな眼科専門病院だが、担当の女医・W先生に最新の各機器で診てもらい丁寧に説明を受け、すぐに加齢黄斑変性症と白内障と共に手術をしてもらった結果がこの素晴らしい成果だ。まさか裸眼で日常を過ごせるなど思いもよらぬ奇跡に感謝でいっぱい。今回の歩き旅もW先生に報告しつつアドバイスを貰い、いつも応援して頂いて感謝です。

県道の寺坂を上り下りして旧山陽道（西国街道）から清音村役場へ下り、今日はここまでとした。お天気がいいと気分も爽快で快適に歩けた。

＊（56日目）30・44㎞　4・34万歩

57日目 1月26日（雲雨）3—15℃（岡山県総社市中央一丁目）

(19) 清音から川辺宿—矢掛宿へ

清音—高梁川—川辺宿—吉備大神宮—囲碁発祥の地—吉備公墳—安部清明ゆかりの地—矢掛宿本陣

今日はまた一転曇り空で雨模様との予報。お天気が安定しないがこの季節仕方がない。清音から川辺宿へ向かう。伯備線を越え、大きな川幅のある高梁川（たかはしがわ）の川辺橋を渡ると、ここにも「史跡・山陽街道一里塚跡碑があった。

川辺宿へ入る。川辺宿本陣跡の石碑と説明版をみる。独特のデザインの土蔵があった。畑の上を第三セクターとなった井原鉄道高架の単線ローカル電車が一両で走る姿が、いろんな過疎化の歴史変遷を思わせた。吉備大神宮に着くと「囲碁発祥の地」とあった。「吉備公墳」の大きな石碑前を通るが地震で倒れでもしたら大変だ。一里塚跡をへて田舎道を黙々と歩く。途中、「史跡・**猿掛城**跡登り口」板があり、矢掛町重要文化財とあった。街道を離れ高梁川の堤防、「まきびさくら公園」の河原を歩くと気持ちいい。

寒さや雨を忘れ、見通しのきく大きな川原は気分転換にもよかった。途中から高梁川水系の小田川沿いを歩く。やがて「歓迎おいでんせえ—矢掛本陣・宿場町へ」と大きな表示板が目に入る。「安部清明ゆかりの地」ともあり、阿部山山麓の真備町は陰陽道の元祖ともいうべき吉備真備に縁の深い十地のようだ。

急に雨が降り出した。雨具を着て**矢掛宿**へ入る。早速、篤姫が泊まったという矢掛本陣石井家、脇本陣高草家を訪ねる。街道筋には江戸時代を思わせる時代家屋と店が立ち並ぶ。急に振り出した雨のためか人の姿はまばらだが、定められた街道道幅と違い広い道幅で歩きやすい。一里塚跡の石碑表示板をみつつ、由緒ある立派なたたずまいの本陣、脇本陣を見る。史跡がしっかりと保存され活用されているが、江戸時代は参勤交代の大名行列の宿として大いに賑わったそうだ。雨が本降りとなり、今日はここまでとした。

＊（57日目）22・28㎞　3・19万歩

58日目　1月27日（晴）1―7℃（岡山県小田郡矢掛町）

(20) 矢掛宿から七日市宿―堀越宿―御領へ

矢掛宿―貴布祢宮道―本陣石井家―井原線―堀越宿―七日市宿―下出部一里塚―大曲―高屋宿―御領

今日は朝から晴れて気持ちがいい。**矢掛宿**のよく整備された宿場町からスタートする。

朝早いのでまだ店は閉じているが、その雰囲気を味わいながら、もう一度ゆっくり来たいなと思う。「旧山陽道史跡・備中国江良村下原下座所跡」石碑を見る。次いで「貴布祢宮道」石碑から街道を順調に歩む。広い田畑を横目にまた旧家の並ぶ街道に入る。狭い街道筋の両側に当時を想う古い家屋とその景観を見ると、本当に旅人の気分を味わわせてくれる。

矢掛の街は歴史街道に相応しくよく整備されていて嬉しくなる。特に本陣の石井家は江戸時代から本陣職を務め、元禄年間から酒造業を営んでいたとか。ここに泊った大名らからの頂き物が並ぶ。矢掛本陣には長崎奉行や巡検使など役人から、西国諸大名が参勤交代の折に宿舎とした由緒ある本陣だとか。また徳川家定の正妻・篤姫や萩藩・毛利敬親らがここを利用したとか。立派な内部だが、改修費に五億円もかかったというからすごい。

堀越宿に入る。ここは矢掛宿と七日市宿の間の宿場で当時は78軒の屋敷があったというが、今その面影はない。小田川の堤防を歩く。川沿いにお地蔵さんを多く見かけたが、その昔この川を渡る旅人が流されたのかなと想像した。橋を渡り**七日市宿**へ入る。大きな石板に「七日市宿場本陣屋敷跡地」と刻まれ宿場を確認する。下出部一里塚を経る。

「旧山陽道大曲跡」との表示板にあったが、戦乱の世にあって東西に走る敵の数を調べる為とか、また参勤交代の大名たちが駕籠を止めて、前後の行列を眺め確認しながら長い旅を続けたというが、道にもいろんな仕掛けがあるものだ。

御領へ歩き、今日はここまでとした。お天気がいいと歩き旅は順調に進む。足もやっと靴に馴染み順調に歩けてありがたい。

＊（58日目）27・12㎞　3・9万歩

59日目 1月28日（晴）0―8℃（広島県福山市神辺町御領）

(21) 御領から高屋宿―神辺宿―今津宿―備後赤坂宿へ

御領―八丈岩の鬼伝説碑―県境碑―備後国分寺跡―神辺宿東本陣跡―天別豊姫神社―備後赤坂宿

今日も快晴で有難いが、外は氷も張るような冷たい朝で震える。**御領**からスタートする。早速「八丈岩の鬼伝説」なる大きな表示板を見る。この地方の伝説らしい。田舎道を歩くが酒蔵を多くみる。川の堤防を歩いて行くと多くの高校生が朝練なのか、必死に走っていく。みんな元気に挨拶してくれるので嬉しい。この地は高級デニムの産地で「藍にこだわり、藍に生きる」との標語があった。

高屋宿を経るが、ここは中国地方の「子守唄の里」として今も有名だ。街道端に県境碑があった。ここから備中国（岡山）から備後国（広島）へ入るが、いよいよ**広島**かと感無量だ。

やがて神辺宿東本陣跡に着く。この辺は「かんなべ浪漫街道」と言うらしい。街道筋には情緒あふれる旧家や店を見る。「小早川文吾旧宅跡」の石碑や史跡碑をみる。周辺には酒蔵や酒店が多い。この地は太閤秀吉が朝鮮役よりの帰途立ち寄ったとか。

江戸時代の**神辺宿**は備中高屋宿と備後今津宿の間に位置する宿驛として栄え、本陣は三日市の尾道屋菅波家（西本陣）と七日市の本荘屋菅波家（東本陣）が勤めていたという。部屋数27、畳数110枚、大名と付添い衆70人が泊まれたというから立派な本陣だ。備後の国の政治・経済の拠点として戦国時代には神辺城の城下町として栄えたという。

梅が咲いている。歩き始めると冬の寒さも忘れ、各地の梅の花など見ると希望の春を想い元気が出る。街道を離れ視界のきく芦田川堤防を延々と歩き、やがて橋を渡り一里塚跡へ。

大きな石燈籠を見るが、これは金毘羅宮の常夜灯跡だ。赤坂一里塚跡碑をみて**赤坂宿**へ入る。お天気のせいかもしれないが、ここ数日は何らトラブルもなく足も順調、快適に進みありがたい。今日はここまでとし、福山へホテルを予約した。

＊（59日目）27・71㎞　4・1万歩

60日目　1月29日（晴）0—9℃（広島県福山市丸の内）

(22) 福山から備後赤坂—今津宿—尾道宿へ

福山—備後赤坂宿—松永—今津宿—原爆死没者慰霊碑—尾道宿—大和湯—放浪記碑—千光寺公園

今日も快晴で有難いが、一瞬冷たい朝に悲鳴。だが凛とした冷たい朝は好きだ。

昨夜泊まった福山の近くに**福山城**があり、早朝から登城してみた。一部工事中だったが、福山城は徳川家康の従兄弟である水野勝成により築城した。福山藩は10万石だが、城の規模は30万石相当だったとか。早朝散歩する人たちと挨拶を交わす。

赤坂宿の「びんご畳表の里」との大きな表示板の前から街道を進む。途中民家の庭に大名行列の駕籠が置かれていたのでしばし魅入った。その中に殿さまが座り江戸を目指したか、だがそれを担ぐ人は大変な重さだっただろうなと思いやる。

史跡や常夜灯などみながら松永を過ぎると、**今津宿**本陣に着く。ここは慶長7年に神辺宿と尾道宿の間の宿として設けられ、当時の表門、塀や石垣が保存されている。

尾道の街に入る。商店街に入ると賑やかだ。大和湯という昔の香りのする銭湯があったが他にも数軒見つけた。「放浪記」の作家・林芙美子の記念館や石像を見る。

古い商家も多くあり古い家屋の酒屋などは風情がある。何気ない所に史跡や昔の表示板を見て立ち止まる。刀鍛冶発祥の地石碑など。明治時代に倉庫として利用されていた蔵を改造したという「おのみち映画資料館」は懐かしい。小津安二郎監督の「東京物語」や広島出身の新藤兼人監督、日活の古き良き時代の資料が詰まっていて面白い。

海岸沿いからケーブルで千光寺公園の尾道市立美術館を訪ねた。自然学校の友達で絵画を趣味とする伊与田さんが全国公募のビエンナーレ「第19回絵のまち尾道四季展」で優秀賞を取り、その優秀作品が展示されると聞いたので、丁度いい機会だと思い訪ねてみた。だが美術館が閉じていて案内板を見ると、開催はこれからだと知り残念だった。しかしここから遠望する尾道の街、港、海の光景は美しくしばし見とれた。

海辺に下ると堤防沿いに先ほどの絵画展の特選作品が陶板焼きされ埋め込まれていて魅入った。尾道は文化、芸術の街でもあり、海と山の自然に囲まれた魅力ある所だ。**尾道宿**は古く平安時代の荘園米の積み出し港として瀬戸内の代表的商港都市として栄えたという。今日はここまでとして尾道に宿を予約する。

広島に来たのだと、広島焼きを食べてみようと専門店に入った。大阪のお好み焼きと違い特徴があるが、店のオバサンとお喋りを楽しみつつ焼きあがった広島焼きを食べたが美味しかった。京都から尾道まで、延べ22日間、５００ｋｍ、90万歩の記録となったが、終着の小倉まではまだ難所が多く気を引き締める。

＊（60日目）21・06㎞　3・04万歩

61日目　1月30日（曇）マイナス2―8℃（広島県尾道市東御所町）

（23）尾道宿から三原宿へ

尾道宿―しまなみ海道―三原大人峠―厳嶋神社―六本松一里塚―糸崎神社―三原城東惣門跡―三原宿

今朝はマイナス気温だが、その冷たさに気分も引き締まる。寒さ対策をしっかりとして出発だ。**尾道宿**から尾道の港へ出てみる。人影はないが、漁船が一隻出港していった。

旅客船乗り場・瀬戸田、因島行の突堤でしばし「しまなみ海道」や海を眺めていたが、寒風に震え次の三原宿へ向かい歩き始める。街道に入ると旧家が点在し新旧の町並みが続く。

三原市に入り、大人峠で一里塚跡を見る。厳嶋神社の碑と燈籠で旧街道と確認する。やがて糸崎神社が見えてきた。神社境内では盛装した宮司さんが祝詞をあげていた。

三原城・東惣門跡石碑をみて神明大橋を渡る。城下町に入り善教寺の前に「文化年間・伊能忠敬観測地」なる石碑を見て感激した。かの伊能忠敬の足跡を地元大阪・箕面市で見たのは、この旅を始めた起点の京都・羅城門から歩いて四日目だった。あれから延べ19日かかり着いたが、忠敬は測量しながらどのぐらいの日数がかかったのか後で調べてみたいものだ。

東大手門跡石碑を見て**三原城址**に着く。ここは城下町の雰囲気を残すものの、城の石垣址のみでお城はない。三原城は瀬戸内海の水軍を掌握していた小早川隆景が沼田川河口に浮かぶ島とつなぎ築いたと伝えられる。城石垣と反対側の三原駅前にはその昔、三原城落城を祝い踊る「やっさ踊り」像があった。歌詞は即興で、踊りは遊行上人が広めた踊念仏を継承しているようだが、時代と共に地唄、流行り唄などの影響を受け、現在も踊り続けられているという。今日はここまでとして海辺にでてしばし散策を楽しむ。昔の旅人も海辺での休息を楽しんだに違いない。海を見ていると心身ともに癒される。

＊（61日目）19・23㎞　2・73万歩

62日目　2月14日（晴雨）1―7℃（広島県三原市城町）

(24) 三原宿から本郷宿へ

三原城址―達磨祭り―一株院跡―本郷宿―ヤッサ踊り―小早川家発祥の地―西念寺―えびす神社

今日から新しく誂えたウォーキングシューズを履く。3足目だが、これは今までと違い平地のウォーキング専用でとにかく軽いのでスイスイと歩ける。馴染むまで一ヶ月以上は毎日履いて足に慣らしてからにして下さいと店の人に言われているのだが、それを待ちきれず徐々に慣らすつもりでゆっくりと歩く事にする。

三島文化芸術センター庭園の梅林では梅の花が咲き、しばし休みながら魅入った。

本郷宿へ向かう途中、街道沿いに「幸福石ダルマ開運」の石碑と共に周辺で「だるままつり」が開かれていて、随所に達磨（ダルマ）がいろんな形で置かれ売られていた。

少し歩くと「徳川家康公宿泊所一株院跡」の石碑をみる。こんな所まで家康は遠征していたのかと想う。沼田川を渡るが、両端にヤッサ踊りの大きなモチーフがあり、この街で愛される踊りだと改めて認識する。少し街道をそれ田畑の中を歩き田舎の風情を楽しむ。


やがて**本郷宿**に入るが、本郷宿と思われる旧家屋に着く。というのも広島藩は宿を指定するにあたり、本陣などを造らず、茶屋を造り、必要に応じて参勤交代の大名や幕府役人の宿に充てていたというからその表示もない。周囲と明らかに違う造りは他国の本陣跡を思わせる。本郷宿は古代から差尿道が通過していた要地であり、平安時代は蓮華王院の荘園沼田荘の中心地であったとか。西念寺を経てえびす神社を見る。

急に激しい雨となったので、今日は足の大事をとってここまでとした。やはり新靴は慣れるまでに時間がかかりそうだが、ゆっくり歩けば大丈夫のようだ。

早めに宿をとり、熱めの風呂で足を癒した。

＊（62日目）21・07㎞　2・85万歩

63日目 2月15日（晴雨雪）マイナス3—5℃（広島県広島市本郷南）

(25) 本郷宿から西条宿へ（山道で雪の為、山上の宿へ避難）

本郷—新高山城跡—天満宮—百姓一揆横光善六の墓—梅木原古墳—温泉宿—雪の為避難

昨夜の雨も上がり、今朝は**本郷宿**から気持ちのいい出発だ。沼田川をこえて中国自然歩道を進む。本郷のマンホールデザインはユリの花だった。西側に小早川隆景居城・新高山城跡の表示を見るが、東側には古高山城（安芸高山城）の案内板があった。進むと石垣の上に天満宮があったので一休みする。

旧街道を進むが、随所に集落もあるが追分を過ぎると全くの山道となる。「百姓一揆と横光善六の墓　二十四人逆修の墓」をみる。やがて山道に入った所から再び雨となり嵐となる模様。これから山の中はかなりの上り坂で何もないとの情報にしばし戸惑う。途中歩けなくなったら全く何もない所でこの寒さに野宿もできず、念のためにネットで途中の宿を探すと山上にあるホテル見つけた。周囲に何もない所なのでラブホテルかなと思ったが、万が一の時の為に取りあえず予約をとった。これで危険だとの多くの情報を耳にする山越えで西条宿まで歩けなくとも避難所を確保したのでひと安心だ。

延々と続くような山道を上るが、上り坂の為に体は汗が出るほどに暑くなり、手や顔など表に出ているところは寒いし冷たい。この差は仕方ないが休みながら調整する。

山腹で古い住居のならぶ小さな村を通る、一軒の店もなくこの辺の人は何処へ買い物に出るのだろうか。周辺に少しある畑は段々畑になっている。やはり車がないとどうしようもない過疎地だ。天気は雨から小雪に変わったがとにかく寒く冷たいので、一休みをしても5分ほどで歩き始める。

途中から予約したホテルをどうしようかと迷っていると、急に何か促すかのように急に大雪となる。あの大雪の箱根峠越えを思い出して道を変え、先ほど予約したホテルを探す。

山を上り近づくと大きな案内看板にどうやらこのホテルは温泉宿でラブホテルではないようで一安心。フロントで車番号を聞かれたので歩いてきたと言うと、信じられないというような顔をしていた。部屋は見晴らしのいい角部屋をとってくれたが、雨と雪と霧で結局何も見えなかった。だがさすが温泉を売り物にしているだけあって大温泉場は見事だった。

コロナ禍で寒さと悪天候のなか人はまばらだったがお湯はよかった。夜中から朝方まで外は猛吹雪のようで、ホテルの窓さえ強風にガタガタと音がして余り眠れなかった。でも改めてここに避難の宿を確保しておいてよかったと安堵する。ゆっくりと足と体を癒した。

＊（63日目）15・51㎞　2・19万歩（平日）

64日目　2月17日（晴）0—9℃（広島県東広島市竹原）

(26) 山の宿から西条四日市宿—八本松

山の宿—八幡神社—羽休の松—歌謡坂一里塚—酒都西条酒蔵通り—賀茂鶴酒造—西条宿—八本松

窓から朝陽が差し込む。部屋のカーテンを開くと素晴らしい快晴に気分が高揚する。昨日は雨雪霧で全く見えなかった視界が広がり、ここが山の上の温泉宿だと再認識した。

昨夜、外は激しい嵐の模様で窓ガラスが揺れ、これが昼間の歩いている時でなくて本当によかったと安堵し、今朝の素晴らしい眺望をしばし楽しむ。朝から温泉に入り、昨日は安全の為に途中から念のためと山上の温泉宿をとり思わぬ余禄を味わう。元気に出発だ。

道にはまだ雪が積もるが深い雪でないので滑らぬように歩けば大丈夫だ。「羽休の松（白鳥伝説）」の碑が立つ。歌謡坂一里塚を経て、大きな町並みが見えてくると煙突が幾本も見える。やっと西条にやってきたのだ。「酒都西条酒蔵通り」と書かれた大きな表示板には、加茂泉酒造、賀茂鶴酒造、亀齢（きれい）酒造、白牡丹酒造、福美人酒造など八社の蔵元があり、本陣・茶屋跡の文字が見える。さらにこの地の街道表示は**西国街道**（旧山陽道）と明記され、岡山の**旧山陽道**（西国街道）との違いを感じた。

酒蔵通りに入ると白壁の酒造会社やその店舗にいろいろな店を見る。うだつや門、連子格子などのある古い旧家も見る。加茂鶴酒造の横に立派な構えの**西条四日市宿**の本陣があった。ここはお茶屋と称され、重要な宿場であったため浅野藩が直営で造ったとか。私は日本酒は夏は冷で、冬は熱燗で晩酌に頂くが、せいぜい2合止まりかな。夏はビール、春秋はワイン、冬は焼酎のお湯割りも旨い。気分によりコルビジェのラウンジチェアーに横になりブランデーを横にジャズを、またクラシックを楽しんだりと、酒の量は少ないが気分で楽しむほうだ。

「江戸期商家後間屋跡」「四日市宿継立場跡」「江戸天保井水」跡とか随所に史跡とその説明版が立ち、見て歩くだけで歴史を感じて面白い。今日は西条を経て八本松までとした。昨日と一転、最高のお天気で気持ちよく歩けた。

＊（64日目）30・35㎞　4・15万歩

65日目　2月17日（晴雪）0―7℃（広島県広島市西条本町）

(27) 西条宿―八本松から海田宿へ（突然のドカ雪に最大の危機）

八本松―山頂電波塔―大山峠（雪の行軍）―涼木の一里塚―瀬野―鳥上一里塚―蓮華寺―海田宿

昨日は快晴の街道を調子に乗って歩きすぎ、今朝は両足とももう少し休ませてくれとストを起こすので出発を一時間遅らせた。快晴の天気かと思うと急に暗くなり雪が舞い、またしばらくすると太陽が顔を出し青空が見え、目まぐるしく天候が変化する。厚着しホッカイロをいくつか服の中に入れて暖をとる。足の痛みを庇いながらとにかく歩き始めたが、その先に今回の歩き旅最大の危機が訪れようとは想像もしなかった。

一昨日から危険な山道情報を得て回避しながら、里道を歩き遠回りしたりしてそれなりに気を付けてきたが、今日は小雪程度の予報なので予定通り、**大山峠**を越えて**海田宿**へ向かう。

八本松から山道に入り登っていくと、道の真ん中に大きな土嚢が積んである。だが何の表示もなく、通行止めの看板もないので横から通り抜けて更に登る。途中土砂崩れの後があり、これが土嚢の原因かと納得する。お天気も良く青空も見えるので更に上るが、これが判断の誤りだった。山を登る毎に随所に**山道が崩落**して寸断されている。

それでもここまで登ってきたので引き返すより先に抜ける方が早いかと判断して更に進む。やがて大崩落していて道が完全に寸断されている現場にでた。万事休すかと思ったが、何とか山裾を回れば迂回できそうだと思い、藪をかき分け回り道をして何とか寸断先の道へ降りた。しかしここでしまったと思ったがもう遅い。晴れていた青空が急に暗くなり突然横殴りの吹雪となった。あの箱根峠越えの突然の大雪と同じだ。まさかこんなことが。突然の天候悪化に再び引き返す時期を誤ってしまった。

ここまできたらどこか避難する場所を探すにも難しい。まして初めての山道なのでこれから先も全く分からない。スマホのGPSも自分の位置は示すものの、周囲は真っ白で状況は全く分からなく役に立たない。さて困ったな。厚い雲で太陽の位置も分からず方向がつかめない。

だがじっとしていては雪だるまになるので前に進む。やがて山頂に着いたのか、電波塔なのか大きなアンテナが立っている。だが周りはフェンスに囲まれ屋根もなく休む所もない。

しばらく思案したが、山頂ならここを下れば山里に下りることができるかも知れないと判断し山道を下ることにしたが、これがまた大きな判断ミスだった。

ここから下る道は人ひとり通れるようなまさに細い**山の獣道**だ。それも途中から吹雪でその細道が見えなくなり、しかも急坂となり木や小枝をつかみながら、しかも雪で滑りながらで休み休み降りるが、とうとう雪の深い森の中で道に迷ってしまった。下ってきた道を見上げても雪で更に道が分からなくなり引き返すにも危ない状態だ。必死に無我夢中で滑り転がりながら下ると、少し大きな山道に突き当たった。峠道のようだが道が見つかってよかった。

ここでやっと峠道を当初から間違えて山頂に登ったことを知った。海田方向への山道を下る毎に道が見えなくなり、遂に雪の森の中を藪漕ぎしながら道なき道を下る。どこかへ出るに違いない。だが薄暗い雪降る山の中では方向が狂い迷う。まっすぐ歩いているつもりでも道なき道を下るのは容易でない。冷静にリュックを担ぎ直し一歩一歩森をかき分けて下った。雪が小降りになり、穏やかになった森から急に視界が開けた。助かった。だがそれはまたイバラの道の始まりだった。雪がやみ、雲が流れて青空が広がってきた。

視界が広がり、改めて周囲を見ると、広大な面積の**山が土砂崩れで大崩落**している現場のその谷間にいたのだ。なんだこれは……大きな樹木が無数に倒れ、大きな空が広がっているものの、その下でのその惨状は目を覆いたくなるものだった。後で知ったことだが、数年前の台風や大嵐でこの一帯の山が大崩落した谷間で、とてもその規模からまだ災害復旧が手つかずの状態だったようで、それを知らなかった。

視界は広がり見通せるが、この土砂で埋まる崩落現場の谷間、その倒木の樹海をどうやって下れば里に出る事が出来るのか分からない。ここで遭難しても見つかるまでに何年もかかるかもしれないと思い、なぜか自分の笑顔の姿を写真に収めた。子供や孫たち家族に最後の笑顔の写真をと何枚か撮った。よく見るとスマホの電池が切れる。最後にS0Sを発信しなければと思っていたがその機会も失ったかと絶望的になる。何となくチョロチョロと流れる雪解け水で泥だらけとなった靴やズボンにリュックをなぜか無心になって洗う。

山登りの靴でなく、今回ウォーキングシューズを履いてきた。準防水靴だが、斜面を滑り下りる度に雪が靴の間から容赦なく入り靴下が濡れ、足はもう凍傷かと思うほどに感覚がない。ここで暗くなれば野宿せねばならないが、今朝も0℃だったことを思えばこの濡れた衣服では命はない。まして足を挫けばそこで終わりだ。

ケセラセラ、なるようになるさとは言え、最悪の事を頭に入れ覚悟してそれも運命と受け入れ、最善を尽くすのは当然のこと。**小さな一歩が自分の信念**のはずだ。再びリュックを担ぎ、ケセラセラ何とかなるさと歌いながら気分を和らげる。今度は土砂崩れの山、谷を上り下りしつつ大小無数の倒木を乗り越えたり倒れた巨木の下を潜ったりして、一歩一歩再び泥だらけになりつつも道なき谷間を一歩一歩と滑らないように下る。

休み休みしながらもどのぐらい格闘したのか、やがて先にダム工事の現場なのか小さな重機が見えた。やっと先が見えた。だが再び突然の吹雪で視界から消える。今日はどこまで災難なのだと思いつつ、だが先が見えた嬉しさに足も体も元気が戻る。再び雪がやむとその現場は近くなっていた。やがて大型ダンプカーも見えるようになり、人がいることも確認できた。本当にこれで助かったと思った。

工事現場の中を通る時に重機の人とダンプカーの運転手に会釈をしたが、指さしてビックリ顔だった。やがて里道にでたが、人家のある村へ下りてきたら、一人の爺さんが声をかけてきた。今下ってきた山を指さしながら「あのー　まさか　あそこからですか」と。しばらく雪山で迷った経緯を話しながらこの間の話をしたが「よくご無事で」と驚かれた。

事前の情報をよく確認しなかったのが原因だが、以前からこの大山峠越えは絶対危険だからとの情報も知っていたが、実は二日前の雪の峠越えの事と間違え、事前に回避したつもりが実はここの事だったのかと後で知った。

夕暮れの海田宿に着く。**海田宿**の予約したホテルに入ると外は再び激しい雨となった。ホテルのフロントではその泥まみれの服装に驚かれたが事情を話して入れてもらった。

生還の喜びがじわじわと滲み、汚れた衣服全てをコインランドリーで洗い、宿の熱い風呂に浸かりながら、改めての無事に感謝の涙を流したが、安ど感で夕食も食べ忘れた。

＊（65日目）29・08㎞　3・92万歩

66日目 2月18日（晴雲）マイナス2―4℃（広島県安芸郡海田町）

(28) 海田宿―広島宿―平和記念公園―原爆ドーム―草津宿―廿日市宿へ

海田宿―清正寺―船越峠―猿猴橋―京橋―原爆平和公園―原爆ドーム―草津宿―桜尾城跡―廿日市宿

今朝はマイナス2℃と寒い朝だ。昨日、あそこでもし足を滑らせて足を挫いて歩けなくなり、野宿ともなれば生きておれないだろうなと、改めて神様の御恵みに感謝する。これからは更に慎重に確認して歩かねばいけないと自省し肝に銘じる。日頃使わない筋肉を使ったせいか、朝から体全体が筋肉痛で悲鳴をあげている。昨日の今日なので休むことを考える。

しかし両足共に頑張るというので、今日も重いリュックを背負う。本当に歩けるのかな。

街道に戻り、**海田宿**から歩き始める。海田宿は古くから交通の要衝で、江戸時代に幕府巡見使の視察を契機に一気に道路整備されて、参勤交代制が確立したときは海田宿として指定されたとか。長尾の才蔵寺、みそ地蔵、猿猴橋（えんこうばし）を渡り京橋を渡るが、この橋は原爆で被爆したものの、落下せずに今も現存している。繁華街に入り広島の街に着いた。

広島宿に入る。ここは福島正則が広島城を築城後、西国街道を城の南側に付け替え、町場を設けて商業地として発展させたとか。普通は城下町では止宿を遠慮することが多かったが、広島城下は賓客が多く、止宿設備が設けられたようだ。平安橋を渡って**広島平和公園**に入る。

元安橋の手前に広島市道路元標がある。当時はここに高札場があり、馬継場や藩の公式宿舎、お茶屋などがあり、広島からの里程(みちのり)は全てここからが起点地となるようだ。

今回の歩き旅で高校時代の修学旅行を思い出し、その一番の記憶がこの平和記念公園だったので寄ってみたかった。というのも当時の写真が少し残っていたからだが、思えばもう60年も昔のことだ。どう変わっているのかと興味だ。

平和公園に入り、真っ先に向かったのは詰襟の学生服写真が残る**「折り鶴の子」**モニュメント前だった。あった 今もそこにあった。まさか60年ぶりにここを訪れる事が出来るなんてとしばし感無量に浸る。当時なかった周辺の数々の表示板を見ながら改めてその悲惨な状況を見る。原爆の灯、平和の鐘、そして原爆ドーム。その姿は60年を経てもしっかりと脳裏に焼き付いた姿と同じだ。横を流れる元安川を見ながら、当時のすさまじい状況を想い涙する。決して二度とあってはならない人類の悲惨さを想い、改めて平和を祈る。ゆっくりと平和公園で浸り過ごした後は、次の廿日市宿へ向かう。

本川橋を渡り堺町に入るが、ここは大坂の堺から商家の境屋が移住して命名された町だとか。やがて海蔵寺山道前から草津へ入る。「ここは西国街道草津まち」との表示板の下に石碑がある。ここに間の宿、**草津宿**があったとか。草津宿は広島城下と廿日市宿との中継地で、その昔は征韓伝説で軍艦が終結した所だとかあった。**桜尾城址**に着くが、厳島神主家の居城址とかで桂公園にあった。やがて「芸州廿日市宿御本陣旧址」との大きな石碑をみて**廿日市宿**に着く。ここは津和野街道も通り、津和野藩の御船屋敷も置かれていたという。

思えば昨日のあの危機一髪の事態。そして今日の原爆の碑を見ながらその無残な人々の死に涙を流す。生死を分かつような日の翌日に朝から31㎞、4・3万歩を歩いている自分が何者なのか分からず不思議だった。いつまでも精神論だけで生きてはいけないが、本当に生かされている自分を思う。生きている　生かされている　不思議だ。今日はここまでとした。

＊（66日目）31・66㎞　4・31万歩

67日目　2月19日（晴）マイナス1―9℃（広島県廿日市市駅前）

(29) 廿日市宿―宮島―玖波(くば)宿へ

廿日市宿―天満宮―高庭馬家跡―火立岩跡―宮島―厳島合戦跡―四十八坂―吉田松陰腰掛石―玖波宿

今朝も氷点下で寒いが、快晴の気持ちのいい朝だ。今日は**廿日市宿**から出発だ。

出発前にホテルの鏡を見ると顔がやけに白い。あれおかしいな。乾燥肌なのでいつも教えてもらってニベアを顔に塗って出るのだが……まさか　洗面所に駆け込み鏡で改めてよく見ればやっぱりだ。またやったな　歯磨き粉を間違えて塗っていたのだ。まるでチンドン屋の顔に思わず笑う。二つとも同じサイズのチューブなので何気なくやっていると間違える。実害はないもののこんなドジのマヌケ顔に志村けんのバカ殿を思いだしてまた笑う。

近くでは梅の花がきれいに咲いていた。海岸沿いに戻り、火立岩跡(ほたていわ)を見るが、厳島合戦において、毛利軍は荒天をついて、この地から出航したとある。やがて宮島への渡船に乗り**宮島**へ向かう。約10分で対岸に着く。到着すると日本三景・宮島の石碑があり、厳島合戦跡の看板が目に付いた。お天気もよく絶好の観光日和だが、人がまばらで拍子抜けした。歩いてみると島のお土産屋さんも暇そうで閑古鳥が鳴いている。大鳥居も五重塔も現在大修理中とかで覆いで隠れていた。一台の人力車が若いカップルを乗せて走り、時々止まっては説明しているだけ。島全体に活気がなく早々にまた船に乗り戻った。コロナ禍の影響で観光業の悲鳴を実感した。コロナ禍の一日も早い終息を祈るばかりだ。

「古代山陽道の史跡」との表示板をみて、長州戦争で幕府軍が大敗した古戦場、四十八坂を上る。ここから山口、島根、広島の3県が見渡せたという。鉾の峠を越え、鳴川の石畳から玖波トンネルを経て玖波(くば)の街に入る。**玖波宿**は長州との国境に近く、戦略上重要な所で、廿日市宿と共に栄えたようだ。白壁の町並みが残り、昔の宿場とその旅人を想う。

今日はここまでとして一日を終える。ホテルに着き荷を解くと先ず洗面所にニベアと歯磨き粉は別々のところに置いた。これで明日は大丈夫かな（笑）

＊（67日目）28・1㎞　3・9万歩

68日目 2月20日（晴）2―20℃（広島県大竹市玖波）

(30) 玖波宿―関戸宿―御庄宿―錦帯橋―柱野

玖波―亀居城跡―小瀬峠―関戸宿―御庄宿―多賀大明神―山口県玖珂―関戸宿―本郷―錦帯橋―柱野

今朝は少し暖かいなと思ったら、昼は何と急に20℃になるというのでビックリだ。やっと新品の靴と足とが合体したようで、ドジも多いが毎日順調に快適に歩けて有難い。

玖波宿（くば）から街道を離れ大竹の海岸沿いを歩く。いろんな船がみえる。瀬戸内海の波が穏やかで船も滑るように進んでいる。山はもちろんいいのだが、海も見るのが好きだ。

亀居城跡入り口の石碑前からしばし大竹の旧家など見て回る。いよいよ**山口県**に入る。関ヶ浜川ぞいに「山口県玖珂郡和木町関ヶ浜」の表示があり、山口県に入ったと確認。

小瀬峠を抜けると閑散とした田舎道を延々と歩き、やっと**関戸宿**本陣跡に着いた。本陣の木版には「旧山陽道（西国街道）は大和朝廷成立の初期に開かれ、大化の改新により、奈良の都から大宰府までの官道として整備され、七道中唯一の大路であった云々」とあり、更に「この関戸宿には参勤交代のための本陣や脇本陣があり、一般旅客のために旅籠や茶店も設けられていた云々」と説明が続くがその宿場の面影はない。

御庄宿に入る。ここは錦川の河止の時の止宿用に作られた宿場で、錦川の洪水のため山裾に移転し街道の片側に屋敷がつけられたとか。屋敷114軒、庄屋が中央にあり御庄宿本陣としたという。多賀大明神は境内に大名や大使などの通行に際し、人馬の集積場所として使われたという。錦川鉄道のガードをくぐり、思案橋を渡り錦帯橋へ向かう。

旅人が街道を外れるので錦帯橋へ行こうかどうしようかと思案するので**思案橋**とついたそうだが、この辺りはお茶の名所なので西宇治橋とも呼ばれるという。川沿いに歩いて行くと名勝・**錦帯橋**にでたがさすが日本三奇橋の一つだ。橋を上り下りしながら景観も楽しんだが素晴らしい。川原に下りてその景観を楽しんだ後、足元の小石を自分への土産物として記念に持ち帰る。そんな小石が部屋に沢山溜まってきたが、一つ一つに思いが巡り、形を見れば思い出す。もう少し時間があるからと、次の**周防高森宿**へ向かう。しかし思ったより山の夕暮れは早く、山に太陽が隠れると急に暗くなり、外灯がなく足元が見え辛くなり引き返すのも難しく、途中の柱野村までとして岩徳線の柱野駅へ急ぐ。暗くなった夜道をやっと探して着いたが駅前は全くの無人駅で何もなく参った。灯りがポツンと一つある駅に一人佇んだ。山間部の夕暮れ歩きの恐さを心に刻んだ。

岩国へ宿をとることにしてホテルを予約し戻ることにした。

＊（68日目）28・38㎞　3・89万歩

69日目 3月2日(雨晴) 3―15℃ (山口県岩国市柱野)

(31) 柱野―玖珂本郷宿―周防高森宿―今市宿―高水へ

柱野―千体仏―古宿川―欽明路峠―欽明寺―武田屋屋敷跡―玖珂本郷宿―周防高森宿―中山峠―高水

昨日歩き終えた**柱野**に戻るには、時間帯により3時間に一本となるJR岩徳線で行かねばならず早起きする。だが今朝は大雨のため線路点検のために大幅に時間が遅れるとのことでガックリ。だが何とか昼前には柱野の無人駅に着き、今日の歩き旅をスタートする。

梅の花が雨の中きれいに咲き、立ち止まりその風情を楽しむ。少し進むと岩国・有形民俗文化財「千体仏」があった。雨が上がり雲の流れが速く、青空が見えてきた。

欽明寺、武田屋屋敷跡へ向かう。近くに藁葺き屋根の大きな家が廃屋となり、人もいなくて草の中に埋もれていたが、かつては栄華を誇った豪邸のようだった。横の大きな梅の木が沢山の花を咲かせていて栄枯盛衰を感じた。

やがて太陽が顔を出し、一気に春の景色が広がってきた。そんな穏やかな街道筋を歩いていると、前から軽自動車に乗った老人が車を止めて話しかけてきた。

「街道を歩いているのですか」 はいそうですが。それから小一時間、街道沿いで話し込んだ。老人は八十歳とかで、都会で生活した後にこの奥さんの故郷の村に住み、少し前までこの西国街道の岡山から山口あたりまでいつも歩いたとのことで詳しかった。更に自分のブログを見てくれと、私のスマホに送ってくれた。地元の詳しい歴史散策記は後で参考にさせてもらった。「この街道をたまに歩いている若者がいるので声をかけているのだが、このまだ寒い時期に同年配の方が一人で歩かれているのは初めてみました」と驚かれていた。

玖珂本郷宿（くがほんごう）に入る。本郷には岩国藩の御茶屋（本陣）と代官所が置かれ、新市には高札場が置かれた。屋敷数は156軒あったと記録されている。まっすぐな道を進み、「享保一揆高森裁許場跡」がある。昔は悪政による農民一揆が多かったのだと振り返る。

周防高森宿に入る。「旧山陽道高森本陣跡」と書かれた木柱が本陣前に建てられていた。お天気が回復し、快調に歩く。やがて報明寺横に「作家・宇野千代先生文学碑」があった。千代は岩国市川西で生まれ、父の生家であるこの高森市中市で伯父に育てられたという。

一軒の民家に何故か小さなデンマーク国旗が掲げられていた。振り返れば会社を起業して5年後の37歳の頃、仕事の都合上コペンハーゲンとパリに駐在員事務所を設けた。仕事では何度か訪れたが、一度家族で小さな子供を連れて行ったとき、子供が大変な腹痛を起こしたが、駐在員を通して休日の大学病院で診てもらった。海外だから相当な費用を覚悟したが、詳しい検査をしてもらい処方薬を貰い治ったが費用はなんと全てゼロ。デンマークでは医療費は全て旅行者も含めて無料との事で感激したことを想い出した。それに税金は高いが老後の施設や薬などの費用は全て国が持つので預貯金はいらないと聞き羨ましく思ったが、そんなことを思い出しながら雨の街道を歩いた。

高森天満宮から島田川の堤防を歩き、「旧山陽道丸子坂」を経て、中山峠へ向かう。最後にこの難所と言われると峠越えはちょっときついなと思いながらも一歩一歩と歩き進む。峠に到着すると郡境碑があった。「従是東玖珂郡」（周南市）、「従是西熊毛郡」（岩国市）とあり**岩国市**へ入る。「高水村塾之址」を確認して**今市宿**へ入る。ここは中山峠越えの宿場で脇本陣が正覚寺に置かれたというが、小さな宿場だったようだ。今日は**高水**までとした。

＊（69日目）31・5㎞　4・25万歩

70日目　3月3日（晴）8―23℃（山口県周南市大字原宇）

㉜ 高水から呼坂宿―久保市宿―花岡宿―徳山宿へ

高水―呼坂宿―西善寺―郡境表示碑―久保市宿―塩売峠―花岡宿―花岡八幡宮―遠石宿―徳山宿

今日はお天気も良く、昨日歩き終えた**高水**からスタートする。呼坂本町に入り櫃原神社を見ながら**呼坂宿**に入る。狭くなった街道筋は両端に旧家や蔵が並び、古い宿場町を想いながら進む。周南市の文化財・呼坂本陣跡と書かれた表示板を確認。横に史跡・呼坂駅宿本陣跡と立派な石碑が建っている。呼坂宿の西端の西善寺をみるが、旧家の続く街道の雰囲気と合致して昔の旅人の気分を味わう。「寺嶋忠三郎と吉田松陰決別の地」碑が見えた。二ノ瀬橋を渡り**久保市宿**に入る。

やがて塩売峠(しおりがたお)を上る。昔はこの周辺まで海だったとか。昔の難所も何度か歩いてくると、少し慣れてゆっくりと進む。生野屋に入り、教応寺に着き**花岡宿**へ入る。蔵造りに千本格子の旧家がある。ふるさと花壇の隅に「花岡勘場跡」があり、ここに花岡本陣があった所とか。江戸時代には萩本藩と徳山支藩領とに分割支配され、花岡は萩本藩領に属し、その統治の役所を勘場と呼ばれたという。

当時の大砲の砲身だけが置かれていたが使われたのだろうか。花岡宿は豊臣秀吉が朝鮮出兵の際、名護屋城への往復道中で花岡宿に泊まったとある。立派な花岡八幡宮を見る。

遠石八幡宮の門前町として栄えたという間宿の**遠石宿**に入る。続いて**徳山宿**に入るが、急に巨大な煙突何本かからモクモクと白煙が上がっていて驚く。

電柱に「ここの地盤は海抜0・9mです」との表示に思わず避難場所はあるのかと見回した。

今日は目的地の徳山まで順調に歩けたのでここまでとし、近くのホテルを予約した。

＊（70日目）32・75㎞　4・43万歩

71日目　3月4日（曇雨）1—13℃（山口県徳山市）

(33) 徳山宿—富田宿—福川宿—富海宿—宮市宿—新南陽から防府宿へ

徳山—新南陽—福川宿—御姫町—夜地市—赤坂峠—戸田—椿峠—防府—富海宿—新南陽—山頭火生家

徳山宿から元気に出発する。ここは毛利元就が3人の息子に対し教訓状を書いたことで知られる地だ。一本ではすぐ折れるが三本束ねれば折れる事は無いと、そんな三本の矢の話は、私が兄弟三人の長男の為に亡き父からよく話を聞いたが、それと共に先祖はその毛利元就の御殿医だったと聞き、それだけに真偽はともかく、なぜか親しみを感じていた。正面の岩には「毛利元就公　教訓状発祥の地」と石板に彫られた表示があった。

富田宿を経て新南陽市の西部、**福川宿**に入る。巌島の戦いで毛利氏と戦った陶隆房の居城、**若山城址**が福川と夜市の境にある。やがて夜地市の集落に入ると、自転車に野菜を積んだオジサンが話しかけてきた。「街道歩いているのですか　どこから　どこまで　へー　すごいですな　そうですか　私はもう70過ぎたので歩きたいけど無理ですわ　おいくつですか……」次々と質問が飛び、そのたびに驚かれているが、興味があるらしい。最後に歳を聞かれ（喜寿です）と応えたら、急にまじまじと顔を見たかと思うと黙って最敬礼して去って行かれた。そのビックリ顔が面白かった。街道を歩いていると時々声をかけられるが、大きなリュックを担いでいるからかな。まあ徘徊老人と間違えられるよりいいいな（笑）

集落を抜けて**赤坂峠**に入ると、その坂道を上るたびに汗が吹き出し、とうとう途中で下着を着替えた。崩れ落ちそうな土塀の先にハナモモの木があり、きれいに花が咲いていた。

山裾に「この山には害獣の罠が仕掛けてあるので注意してください」との表示板に驚く。この辺の害獣とはイノシシかシカかどんな動物なのかな。汗を拭いながらやっと峠を越えて戸田の集落へ下る。ここは道の両側に神社仏閣が多くみられる。途中谷間から周防灘を遠望する。遠くまで来たものだと感慨深い。

防府市(ほうふし)に入る。やはり街道に入ると旧家の町並みがあり、落ち着いた雰囲気に出会う。「富海本陣跡の門」に着きその碑を見る。**富海宿**は漁業と船運で栄えたとか。中町の中央に高札場、本陣、天下御物送り所が置かれた。ポニーテールの若い娘と海が描かれた「富海(とのみ)の愛　好きなんだもん」の大きな看板に時代格差を感じて笑ったがいいデザインだ。海岸に出てみる。海辺に「エドワード・ガントレット博士と富海海岸」と大きな表示板があった。海辺で二人の若い恋人同士が手を取り合って見つめ合っていたが思わず　いいね　青春だね　幸せだね　とつぶやいた。

しばし自分も海に向かって一休みしながら、こうして幸せな歩き旅ができる有難さに涙が零れた。思えば会社経営から引退後、それまでの激務から一転隠居生活となり、いつしかウツ状態となり家庭内でも辛い毎日が続いた。幸いにも日本有数の専門医、家族療法の淀屋橋心理療法センター（福田医師）のカウンセリングを経てすっかりと正常に回復した。近くの箕面の山や森の散策から、自然の癒しを得て新たな命をもらったのだからありがたく感謝でいっぱいだ。

海岸沿いを歩き、**防府宿**(ほうふ)に入る。「国指定史跡・萩往還宮市本陣兄部家」跡をみる。この地はかつて憧れた放浪の俳人「山頭火」出身地なので訪ねてみた。町を歩いていて感じるのは防府の人たちは**山頭火**(さんとうか)に優しく、町をあげ盛り上げているのでなぜか嬉しくなった。山頭火の墓、山頭火の生家、山頭火の径、山頭火のふるさと館など次々とその足跡を見て回った。雨がひどくなり今日はここまでとした。今日も30㎞を越えてよく歩いたが、あれだけ痛かった両足に関節、股関節に体も元気で順調な歩き旅に、我乍ら山頭火になったようで嬉しい。

＊（71日目）31・5㎞　4・31万歩

72日目　3月5日（雨雲）9―17℃（山口県防府市戎町）

(34) 防府から小郡―新山口へ

防府―長沢池―大村神社―鋳銭司―陶陶窯跡―艫綱の森―寄舟神社―日吉神社―小郡宿―新山口

昨日歩き終えた**防府**から出発する。今日は新山口へ向かうが、昨夜からの雨がまだ止まず、今日も雨かと思いきや晴れ間が見えたかと思うと、また雨と目まぐるしく変わる。

再び来ることはないかもしれないと、もう一度**「種田山頭火の生家跡」**をみる。自由律俳人の山頭火は大地主の長男として生まれ、大きな酒造蔵元でもあったとか。体が弱くて早稲田を中退し、家業に失敗してのち出家して僧になり、全国を行脚し俳人として名をなしたが、その足跡は難儀して味わいがあり、私には魅力的だった。

田畑の中に点在する村々、山や森、側道の草花を見つつ気持ちよく歩いていると、また突然の雨、それがものすごい嵐となり、何の雨宿りする場のない堤防上でずぶ濡れになった。自然の猛威に一瞬たじろぐが、これも歩き旅の味わいと大声で歌いながら歩いた。

再び雨が上がったのでゆっくりと所在地を確認し、大村神社へ向かうことにする。大きな長沢池に出たのでその東屋で一休みする。ここは防府市と山口市の境に位置する。池を一回りするように人の気配のない道を進むと神社があり、そのまま進むと大村神社とともに大村益次郎の記念館があり真益次郎の足跡をたどる。開放感のあるその景観と共に益次郎の功績を振り返る。「明治維新策源地　山口」とある表示板には、西郷隆盛、木戸孝史、井上馨、高杉晋作など幕末の志士と共に大村益次郎の事が描かれていた。池の畔にピンク色の見かけない桜の花が咲き絵になる光景だった。

「銭のふるさと　すぜんじ」と書かれた鋳銭司の横断幕下を通る。銭と言えば昔103歳の双子のお婆ちゃん金さん銀さんがよくTVに出て話題になっていたが、司会者がこの出演ギャラ（銭）は何に使うのですかと訪ねたら「もちろん老後の為に貯金します」と真面目な顔をして言っていた。日本の国は103歳でも老後が心配なのだと苦笑したものだ。

途中に「大村益次郎西洋医学開業地」碑があった。再びの雨の峠越えをし、やがて国指定文化財「陶陶窯跡」にでる。陶上市に入り、雨の日はゆっくりと見たいものが見られずに残念だが先を急ぐ。ともづなの森、寄舟神社に着くと鳥居、石祠、石碑が見られた。ここは百済（くだら）の皇子琳聖太子が上陸し、焼き物の作り方を伝え、以来この地で焼き物が盛んに作られるようになったとか。

小郡宿に入る。今日は終日雨模様で参った。今日はここまでとした。急ぎ足だったせいか早くに新山口に予約しホテルに着く。この四日間で着替えがなくなり、今日もずぶ濡れとなったため、急いで宿の洗濯機と乾燥機を利用したが便利な世の中だ。

＊（72日目）25・35㎞　3・51万歩

73日目　3月6日（雲晴）7―16℃（山口県山口市小郡）

㉟ 小郡宿―山中宿―から厚東へ

小郡宿―三原屋本陣跡―正福寺―雨乞山―熊野神社―おいはぎ峠―周防長門国境碑―山中宿―厚東宿

今日はお天気がよさそうなので嬉しい。小郡（おごおり）の町から出発だ。

小郡宿は山陽道と山口、萩、石見国へ通じる街道が交わる交通の要衝で、その宿場町として栄えたようだ。三原屋本陣跡との小さな表示板が銀行の植え込みにあった。街道筋を進むと「蔵元**山頭火**醸造元」との大きな煙突が建っていた。山頭火の酒があるとは知らなかった。

雨乞山（あまごいやま）を見ながら進むと、偶然憧れだったキャンピングカーをみる。このカーキャビンはＵＳＡ製だが、キッチンからベッド、生活用具全てが合理的に収まっているコンパクトなもので、仕事をリタイアしたらこれを買い、マイカーで引いて日本一周をするのも夢の一つだった。しばしそのキャビンを覗き見た。今はもう免許証返納で車には乗れないが、この歩き旅で十分満足だと納得する。

おいはぎ峠を越える。昔は追いはぎが出たのだろうか。そんな雰囲気のする峠を越えるが、その名前通りの「おいはぎ食堂」が峠にあったが人は入っていなかった。やがて「周防長門国境碑」を見るが「東周防國吉敷郡　西長門厚狭郡」と刻まれ、小瀬川より二十二里、赤間関より十四里との表示。赤間とは下関の事なので先が見えてきて嬉しい。小郡宿の次の**山中宿**に着くが、ここは間宿で何もなかった。

天気が回復し、穏やかな春の日差しの中をゆっくり味わいながら歩く。二俣瀬渡し場跡に出る。国道沿いから厚東川水路橋を見るが珍しい光景だ。やがて**厚東**(ことう)の町に入るが、田畑が広がるだけで周辺には何もないが田園風景は好きだ。今日はここまでとした。

テント持参の歩き旅ならここでキャンプできそうだが、今の荷物に更にテント・寝袋などキャンプ用品を持てば重くてもうとても歩けないからやはり無理だと諦める。

＊（73日目）24・39㎞　3・3万歩

74日目　3月7日（晴）4―13℃（山口県宇部市吉見）

(36) 厚東から―船木宿―厚狭宿―埴生へ

厚東―どんだけ道―正覚寺―吉見勘定跡―船木宿―西見峠―厚狭宿―鴨神社―酒蔵―寝太郎橋―埴生

今朝は青空で気持ちよく歩けそうだ。昨日歩き終えた**厚東**(ことう)へ戻り、旧山陽道の道標「どんだけ道」からスタートする。面白い名だが表示板によると、もともとは殿様が通る道が後にどんだけ道云々になったとの説明がある。

近くの正覚寺の正面に「今日は一日恵まれた命二度とない尊い一日」とあり、その言葉をかみしめる。気持ちのいい田園地帯を進む。道端に水仙の花が咲くのでしばし足を休め春を感じる。小さな川沿いの道を進み行く。国道沿いに史跡・吉見勘場跡石碑をみる。坂道を上り吉見峠を越える。山陽街道一里塚跡碑があったが、ここでは**山陽街道**とあった。時代や地域により呼び名が違うようだ。「船木宰判御高札場跡」碑を見て**船木宿**に入る。

西見峠を越え雑賀神社から**厚狭**(あさ)**宿**に入る。厚狭は旧街道の面影を残す宿場跡で、大屋根の商家や格子戸の家が点在しているし、お茶屋さんは白壁に大きな虫籠窓で趣があり昔の雰囲気が伝わる。酒蔵が目に付く。「男山」や「山猿」などの表示が見える。寝太郎橋(ねたろうばし)に着くが面白い名前だ。

足元を見るとマンホールの蓋デザインが鴨の絵となり**うべ市**とあった。厚狭川の鴨橋を渡り、町はずれの道を歩き進むと七日市に入る。道標に「右吉田道左はぶ道」と刻まれていたが、埴生へ向かう中世の山陽道だとか。街道を離れ国道の峠を越えると海が見えてきた。

埴生（はぶ）の町に入るとやけに爆音が響く。何かわからぬまま進むが気になる音だ。

やがてそれが公営ギャンブル・山陽オートというオートバイレース場の開催日でそのバイク音だと分かった。自分はギャンブルを若い時から一切やらないのでその魅力は分からないが、この雑音、騒音は近隣住民の生活破壊の公害だなと実感した。今日はここまでとした。

＊（74日目）27・82㎞　3・86万歩

75日目 3月8日（晴）3—16℃（山口県山陽小野田市）

㊲ 埴生から吉田宿—小月宿—長府宿—赤間・下関宿へ

埴生—小月基地—吉田宿—小月宿—長府宿—忌宮神社—乃木神社—長府毛利邸—関門海峡大橋—下関—長州藩下関前田台場砲台跡—平家の一杯水跡石碑—壇ノ浦砲台跡—阿弥陀町—赤間神宮—下関宿

今日も天気は晴れて気持ちのいい朝だ。昨夕歩き終えた**埴生**から歩き始める。遠くにかすかに関門海峡大橋が見えてきた。いよいよ終着地が見えてきたようだ。

吉田宿は山陽道と萩街道の分岐点に当たるため本陣も置かれ宿場町として栄えた。幕末には上杉晋作率いる奇兵隊も駐屯して訓練に励んだとか。付近には晋作の墓、東行庵がある。また**小月宿**は江戸時代、間宿として栄えたというが面影はなかった。

長府宿に入る。周防國の国府が置かれた防府に対し、**長門國の国府**が置かれたので長府とよばれるようになったとか。中世には長門守護所や長門探題が置かれ、西国防衛の要衝で近世には長府藩の城下町として栄えたようだ。幕末には砲台場も設けたという。

忌宮(いみのみや)神社をみる。その裏手にある乃木神社を見るが、明治天皇に殉死した乃木希典を祀る。乃木将軍は10歳から16歳までこの長府で過ごしたという。

惣社町の長府毛利邸を見る。長府毛利家14代毛利元敏の邸宅で、明治天皇行幸の際、行在所としても使われたとか。立派な長州藩侍屋敷長屋跡や武家屋敷があった。

海沿いを歩く。遠くにあった関門海峡大橋が徐々に近づいてきた。海岸沿いに「史跡長州藩下関前田台場跡」と「前田砲台跡」を見る。ここは毛利綱元により山荘（御茶屋）が造られ、風光明媚な所だが、海峡を望む重要な場所だったので砲台が造られた。だが下関戦争では連合国軍に徹底的にやられてしまったという。


海岸に戻り進むと「平家の一杯水」跡石碑が建つ。目の前に大橋が見えてくると、「壇ノ浦砲台跡」碑があった。長州軍が使用したカノン砲の模型があったが大きな大砲だ。これも下関戦争では連合軍との砲撃戦に大敗し、これをきっかけに長州は攘夷から開国、近代化へと発想転換していくのである。またここ壇ノ浦は**源平合戦の古戦場**でもあり、砲台横には源義経と平知盛が戦う像があるが、平家滅亡の地である。

いよいよ関門大橋の下を通るが、見上げればその大きさは凄いものがある。本州と九州を結ぶ大動脈だ。下を大型船舶が沢山行きかう光景に時を忘れしばし見とれた。

とうとう**関門海峡大橋**まで歩いてきたのだと感慨深い。壇ノ浦町から阿弥陀寺町へ向かう。高台に赤い色の神社、赤間神宮が見えてきた。

下関（赤間）宿は東の周防國熊毛郡上関とを対にした呼び方で下関になったという。

赤間神宮は楼門な竜宮城をかたどり、海峡を望んで建てられている。向かいに「朝鮮通信使上陸之地」碑がある。亀山八幡宮の鳥居横に「山陽道」と刻まれた石碑が立ち、ここが**山陽道の起点地**と記され、山陽道（西国街道）の終着地のようだ。古い江戸幕府の公文書には、山陽道は**九州の大里**（だいり）**が終着**との記述があり、私はその説をとり、明日はいよいよ関門海峡トンネルを歩いて通り、北九州の**大里宿**を目指し今回の旅の終着とする。

今日はここまでとした。下関でホテルを予約したが、やはり港町らしく旧下関英国領事館など古くもエキゾチックな建物が随所にみられた。終着地を前に下関港から九州を眺め乍ら、遠くまで歩いてきたものだと感慨に耽る。

＊（75日目）34・48㎞　4・71万歩

76日目 3月9日（曇）4―13℃（山口県下関市）

(38) 下関宿から関門トンネルを経て門司―大里宿へ（終着地）小倉・常盤橋

下関宿―壇ノ浦―関門人道トンネル―門司関址―門司港レトロタウン―西生寺―判行寺石碑址―大里宿―高札場跡―長崎奉行所跡―赤煉瓦―大里宿―小倉・常盤橋（長崎街道・起点地）

いよいよ山陽・西国街道の歩き旅も終着に近づいてきた。昨日歩き終えた**下関宿**から壇ノ浦へ向かう。「関門トンネル人道入口」に入る。歩いて渡るのは無料だそうだ。

二基の専用の大型エレベーターがありそれで下へ降りる。トンネルの資料板をみていよいよ念願の海の下を歩き始める。少し傾斜はあるものの、人道なので人専用だが、自転車は押して通れるようで20円とあり有料だが安い。10分程ゆっくり歩くと、県境界線があり、本州、九州の分かれ道だ。山口県下関から福岡県門司へと渡ることになるので記念に足元の境界線の写真を撮る。この上は海だと思うと少し怖い感じもする。今度は緩やかな上りとなり10分弱で門司口へ出たがなんとあっけない事。目の前に「**関門トンネル突破**」という大きな表示板があった。また大型のエレベーターで地上に出るがここはもう九州だ。

表に出ると関門海峡大橋が逆になり、対岸に下関を見る。**門司関址**を見て海沿いに門司港へ向かう。門司港レトロタウンが見えてきた。門司駅はまさにレトロでしばし見とれる。

駅前に「バナナの叩き売り発祥の地」と石碑があり、子供の頃のバナナの叩き売りを想い出すが、ここが発祥の地とは知らなかった。重要文化財が詰まったようなまさにレトロタウンで面白い。昼時となり焼きカレーが有名だというので、レトロな商船ビルの店に入る。

「ロータリークラブ例会場」とあり、会社を経営していた40代の頃はそのロータリアンだったので毎週豊中の例会場でランチをし、ロータリアンとの交わりをもったので、懐かしく入ってみる。赤絨毯の上でシャンデリアが輝く由緒ありそうな老舗で焼きカレーランチを食べたが実に美味かった。ゆっくりとまた来てみたい街だ。港町らしい町並みを通り、坂を上がり下がりして大里の宿へ向かう。西生寺の前には「判行寺石碑址」とあり、徳川幕府による宗門改めの政策により、キリスト教は禁制となり、その踏絵が実施されたとある。いよいよ最後の大里宿に入る。

大里宿は源氏に追われた平家がこの地に御所を定めたことから「内裏（だいり）」と名付けられ、享保年間に「大里（だいり）」に改められたと。この大里宿は長崎街道に沿った町並みで、本陣、脇本陣、番所、郡屋、人馬継所、旅籠屋が並んでいた。

「史跡　御高札・南群屋敷跡」「史跡　豊前大里宿跡」石碑、そして煉瓦造りの門司赤煉瓦プレイスの角には「史跡　長崎番所址」石碑を見る。しばし赤煉瓦プレイスの広場で足を休ませながら、京都から歩き始め幾多の困難を乗り越えてよく九州の大里まで無事にたどり着いたものだ。静かな達成感を味わいながら、なぜかボーとして海を見つめていた。

しばらく海を眺めた後、次の**長崎街道の起点地、小倉の常盤橋**へ向かって歩く。

小倉の街にホテルを予約し、ゆっくりと足を休めつつ38日間の足跡を振り返る。今日は乾杯日とし、宿の前の居酒屋に入り、「清酒・山頭火」の文字に魅かれ、味わいながらひと時を憩う。今日で終わりかと思うとやはり寂しい気がするが、次は長崎街道をという目標ができ嬉しい。熱い風呂で冷えた体を癒しつつ、いつしか心地よい満足感と共に眠りについた。

＊（76日目）　24・72㎞　3・46万歩

山陽・西国街道歩き旅　38日間　累計　951・06㎞　148・76万歩

3 長崎街道24次 歩き旅

＊福岡県・小倉常盤橋を起点地とし、長崎・出島までの24次

＊延べ15日間、352.6㎞　48.1万歩　旧宿場24

小倉
武雄
佐賀
大村
長崎

長崎街道

目次

福岡県・筑前国から佐賀県・肥前国へ

佐賀県・肥前国から肥前・長崎県へ

77日目 10月1日（晴） 21―34℃（福岡県北九州市小倉）

（1）長崎街道起点地　小倉・常盤橋から黒崎宿へ

小倉・常盤橋―旦過市場―白象看板―小倉城―八坂神社―到津口門跡―清水口門跡―筑前街道―水かけ地蔵―茶屋川橋―板堰川渡―荒生田の一里塚―三条の国境石―国境石―前田の一里塚―黒崎宿東構口跡碑―御茶屋跡―黒崎宿1―桜屋跡―黒崎宿人馬継所跡―興玉神―黒崎西構口跡

今日から長崎街道24次歩き旅のスタートだ。

ここ小倉・常盤橋は長崎街道の起点地であり九州の各街道がこの**常盤橋**と繋がり、九州の日本橋となっていた所。橋の周辺には幕府の役人や旅人の宿が立ち並び、海と陸の玄関口とし賑わっていたようだ。橋周辺の標示案内板を一通り読みまた絵を眺めた。橋の西詰めから室町店街に入る。「白象饅頭」の店の表示板を見ると広南（今のベトナム・ホーチミン）から、時の将軍・徳川吉宗に献上する大きな象が長崎港に着きこの常盤橋を通り長崎街道、山陽道、西国街道、東海道を経て遥々江戸城まで歩いたという。その道を昨年、江戸城まで歩いてきたので、その大変さを思うとこの光景は信じられない。

小倉城に向かう。まだ朝が早いのか余り人の姿を見かけない。**小倉城**は細川忠興により築城され、紫川を天然の壕にした南蛮造り、平城で立派な天守閣を持つ。周辺を歩きその雰囲気を楽しんだ。

街道に戻りしばらく歩き足元をみると「小倉城下　長崎街道黒崎宿　北九州市」と書かれたプレートが道路に埋め込まれていた。この街道は筑前街道とも呼ばれ、昔から官道だったようだ。板堰川を渡り、荒生田の一里塚跡、三条の国境石をみる。昔は国境の争いが絶えず、多くの国境石を建てて自国の境界を明示していた。ちなみにここは小倉藩（豊前国）と福岡藩（筑前国）の紛争地だったそうだ。

最初の**黒崎宿**に入る。気になっていた台風が九州を逸れて去ったとかで有難いが、そのフェーン現象で気温が予想値より高く34℃にもなった。風がなく蒸し暑く、歩き旅の厳しい条件下でいっぱい汗をかいた。厳しい条件と言えば、今日福岡の町で古いポスターを見ていて感謝で思わず涙と共に頭を下げた人がいる。アフガニスタンで人道支援に尽くし、昨年志半ばで凶弾に倒れた中村哲医師の事。ペシャワール会講演会の古い案内だった。生前、ＴＶのドキュメンタリー番組で知り、すごい日本人がいるものだとその活動を知る度に深く尊敬の念を抱いていた。「武器でなく命の水をおくりたい」など著作をみるたびに飢えと渇きは薬では治せないと酷暑の中、井戸を掘り65万人の人々を救った人。改めてその献身的な奉仕に涙した。自由な歩き旅で次元は全く違うが暑いとか言っておれない。高見神社を経て今日はここまでとした。

＊（77日目）21・75㎞　2・98万歩

78日目 10月2日（曇晴） 22―29℃（福岡県北九州市黒崎）

（2）黒崎宿から木屋瀬宿―直方へ

黒崎宿―黒崎城址―黒崎の宿場各所―曲里の松並木―幸神の一里塚跡―古街道の道標―涼天満宮―立場茶屋銀杏屋―香徳寺―大日如来茶屋―茶屋の原一里塚跡―追分道標―木屋瀬東溝口跡―木屋瀬宿―郡屋跡―問屋場跡―木屋瀬宿記念館―ふれあい宿―舟庄屋跡（梅本家）―村庄屋跡（松尾家）―町家の遺構（旧安田家）―須賀神社―木屋瀬宿西構口跡―感田・阿高宮―日の出大橋―円徳寺―直方

今朝は先ず**黒崎宿**の要、**黒崎城址**を訪ねるが、山城なので朝からの山登りがきつい。汗だくでやっと到着。城址でもその城の面影は全くないが、丘の上から黒崎の街が一望できた。一休みして山城を下り、昨日探しきれなかった史跡を探し歩く。黒崎宿の史跡を見た後、乱橋、曲松の並木道へ向かう。この見事な松並木をゆっくりと散策気分で歩いたが昔の人の知恵にも感服する。黒田官兵衛ゆかりの黒崎宿との提灯が並ぶ。

長い坂道を上ると汗が止まらないが、峠道の神社で一休みする。昔の人もこの場所で一休みしたと言い、それで涼天満宮と呼ぶらしい。途中から旧道に再び入ると立場茶屋銀杏屋に着く。その昔は参勤交代の諸大名や長崎奉行、巡見使らが休憩したという。

次の木屋瀬宿との間にある間宿を経て峠に着く。一休みをして後石坂を下るときれいな草花があちらこちらで咲いていて心癒される。茶屋の原を過ぎて**木屋瀬宿**に着く。ここは旧宿場町の雰囲気が残る。この宿場には船宿、村の各庄屋が置かれそれぞれが村を統括していたようだ。宿場の横には大きな遠賀川が流れ、しばし堤防で座りながらその風景を眺める。ここから中島橋を渡ると唐津街道だ。ゆっくりとしすぎたのか早くも夕暮れとなり、今日はここまでとして直方にホテルを予約した。一日歩けたことの感謝と歩いてくれた足膝腰肩の体を揉みながら一つ一つにありがとうと声をかけた。

＊（78日目）　27・1㎞　3・7万歩

79日目　10月3日（晴）19―30℃（福岡県直方市）

（3）直方から飯塚宿―天道へ

直方―栄永の鳥居―多賀神社―直方城址―貴船神社―岩鼻―観音堂―小竹―地蔵堂―地蔵堂―道標・郡境石―鯰田渡―三軒家―幸袋―旧伊藤伝右衛門邸―許斐神社―建花寺川・二瀬橋―竹園寺―オランダ屋敷跡―問屋場跡―中茶屋跡―御茶屋跡―飯塚宿―白水橋跡―飯塚宿南構口跡―常楽寺―天道

今日は昨日歩き終えた**直方**からスタートする。朝陽を浴びて気分もよく元気に出発だ。遠賀川の日の出大橋を渡ると4羽のサギが中洲で狩りをしていた。一瞬の動作で小魚をとらえ、思わずお見事と手をたたいた。

長崎街道に戻り、次の飯塚宿を目指す。宝永の鳥居から多賀神社、**直方城址**をみるがその面影は余りなかった。国道と並ぶ長崎街道は狭くなり、だれもここを歩く人はいないようで両側から繁り覆う背高の野草をかき分け通る。やがて遠賀川の堤防にでると、今度はサイクリング道路が整備されていて心地よい風を受けながら気持ちのいい歩き旅を堪能する。だが全く太陽を遮るものは何もなく、何㎞も炎天下を歩く事になり少し参った。

小竹の町から再び旧道に入り田園地帯を抜け、道標の郡境石を経て飯塚市内へ入る。許斐神社で一休みをした後、建花寺川の二瀬橋を渡り**飯塚宿**に着く。

古道を進み、楽市から天道宮へ着いたので今日はここまでとした。今日も30℃以上だが、炎天下の外気はもっと上がり、路上からの跳ね返しもあり、一日中サウナに入っているようだった。こんな時は冷やしたスイカをガブガブ食べたいなと。思い出したのは東欧を旅した時、ハンガリーからチェコに入り、あの「プラハの春」の広場を歩いたが、余りの暑さに露店の冷えたスイカを買って食べた時の感激の清涼感が忘れられない。暑い暑いといっても今日も一日中楽しく歩けて感謝。ホテルに入り冷たいビールで喉を潤した。

ああ幸せだなー　心地よい足の疲れと共に一日歩き終えた満足感に浸る。

＊（79日目）　27・23㎞　3・72万歩

80日目 10月4日（晴）16—32℃（福岡県飯塚市天道）

（4）天道から内野宿へ

天道—老松神社—横山峠—旧内野宿北構口跡—人馬継所跡—土蔵の旅籠・肥前屋—御茶屋跡—内野宿

今朝は珍しく今迄左足を庇いつつ歩いていたのか、今度は右足が悲鳴をあげている。「ケセラセラ何とかなるさ　ならなければその時は何とかするさ」自作の歌を歌いながら長崎街道へ戻り田園地帯をゆっくり歩く。**内野宿**の北溝口跡に着く。内野宿は往時の風景を彷彿させるような落ち着いた宿場だが、他に特別の建物は見当たらない。その昔ここには旅籠があったとか、鍛冶屋、炭屋などの標示看板が各戸に掲げてありその当時の様子が伺えた。

今日は今までになく体調がおかしく、更に膝や腰の痛みもひどくなり、無理しないでおこうと早めにホテルを探す。だが田舎の為に周辺は何もなく、仕方なく駅を探すと筑前内野駅がありそこまで歩く。やっと探し当てた駅は全くの無人駅で自販機さえもなかった。更に時刻表を見ると電車は前が10時40分、次が14時40分と4時間の空きでビックリ。32℃と暑いが小屋のような駅舎で横になる。待ちくたびれてやっと電車が来たので鳥栖駅まで乗り、駅前のホテルに入りバタンキューとなった。まあこんな日もあるさ。

＊（80日目）15・05㎞　2・08万歩（半日）

81日目 10月5日（晴）15―33℃（福岡県飯塚市内野）

(5) 内野宿から山家宿―原田宿へ

筑前内野―冷水峠越道―鳥居―三体の地蔵―石畳―首なし地蔵―冷水峠―郡境石―山家宿（やまえ）―大庄屋役跡（東構口）―旧山家宿―敬士義塾跡―郡境石―杉馬場―猿田彦―筑紫―筑紫神社―元禄の鳥居―代官所跡―原田宿北構口跡―伯東寺―長崎屋跡―御茶屋跡―番所跡―南構口跡―原田宿

昨日は参ったが、ぐっすり寝たので体力が回復した。と言っても今朝は15℃と秋らしいが、昼は33℃と気温差が18℃もあり、注意して歩かねばならない。昨日ダウンし動けなくなった所まで時間をかけて戻る。長崎街道に戻り、再び歩き始める。

今日は長崎街道一番の難所と資料にある**冷水峠越え**なので少し体調と併せて心配だ。これこそ山の中で動けなくなったら大変なので、地図を確認しながら体調とも相談しつつ進む。快晴の青空、秋の始まりを肌で感じる。街道沿いには秋の草花が実をつけ黄葉が目に付く。やがて冷水峠に入る所に大きな鳥居があり一休みしつつ最後の体調確認をする。大丈夫だと体が元気に応える。

さあ出発と声をかけ立ち上がる。どのぐらい大変な峠越えなのか分からないが、全く見知らぬ土地では緊張する。山道に入ると徐々に道も細くなりしかも箱根峠で難儀したような玉石が敷かれているところはまさに昔の街道そのものだ。いつも思うが昔の人はこの重い石を一つ一つ手で持ってきて埋めていくので大変な労力だったろうと思いやる。つるつると滑り歩くのが大変だが戦国時代の敵の侵入を少しでも阻止するための工作とすれば頷ける。滑って転ばないように慎重に進むが、滑って足を挫いたらおしまいだ。ぬかるみにはイノシシやシカその他の動物の足跡がいくつもたくさん残る。それも新しい足跡なので朝方のものらしいと判断し周囲に目を配る。

木洩れ日の差し込む森の中を進むが気持ちのいい峠道だと満足。だが玉石の苔に足を滑らせて思わず転ぶ　危ない！　何度か苔に転びながらもやっと首無し地蔵に着く。ここで一休みだが、何となく胴地蔵もあるとかで資料で経緯を読めば不気味なので早々に立つ。

冷水峠と名の通り、冷たい山水が流れ汗まみれの顔と腕を洗う。冷たくて気持ちいい。気分一新で再び山道を上る。やがて**三県の森**という表示板があっが、福岡県、佐賀県、長崎県に跨る森のようだ。

一里塚を越えて更に登ると、突然途中で山崩れの後が見える。まさかまさかの光景だ。

細い山道だが**谷へ崩落**して道が消えている。少し先の続く道まで山肌を上り迂回せねばならない。これはどうやら土の具合からして最近のもの、というよりつい前日の崩落のようすだ。なんとか滑りながらも山肌を上り迂回して先の道へ辿り着く。一つ間違うと自分も谷へ落ちるので無事に渡れてよかった。ここまで人一人にも出会わないが、あの崩落道はもし前から来るハイカーがいたら知らせねばと思いつつ最後まで誰とも会わなかった。

相変わらずぬかるみに動物の足跡を多くみる。やはり猪と鹿の足跡が一番多かった。

やっと冷水峠に到着した。難所と言われていたので覚悟してきただけに意外と早く着いて一安心だ。

峠の表示板にはかつて吉田松陰やシーボルトが歩き、貝原益軒やケンベル、ツュンベリーや河井継之助なども紀行文の中でこの峠越えを書いているようだ。

あの山道の崩落現場は行政へ連絡せねば、もしマウンテンバイクで山を駆ける人がいたら谷へ一直線で落ちて死を招くかもしれない。丁度前から一人のハイカーが登ってきたので事情を伝えておいた。地元の人とかで伝えておくとの事で一安心した。箕面の森を歩いている時も何度かそんな自然災害に会い、その都度行政に連絡し対処してもらった。

山を上り下りしてやがて**山家宿**に入る。山家宿東溝口跡を経て山家宿郡屋跡や本陣跡、番所跡を経て追分石から旧道を進む。筑紫神社に着き、夕暮れの**原田宿**に着く。

とにかく難所と言われ緊張していた冷水峠を何とか通り越して安堵した。今のところ予定より一日遅れだが、ゆっくり楽しんで歩けているので大丈夫だ。今日も一日ありがたい感謝の日となり、足腰肩体を揉みながらホテルの風呂で癒した。

＊（81日目）　22・72㎞　3・06万歩

82日目 10月6日（晴）17—32℃（福岡県飯塚市原田）

（6）原田から田代宿—轟木宿—中原宿へ

原田宿—番所跡—南構口跡—国境堰—佐賀県に入る—三国境石—けやき台—陣屋跡—基山—高島橋—庚申尊天—代官所跡—田代宿—高札場跡—桜町追分石—鳥栖（とす）—轟木宿番所跡—御茶屋跡—轟木宿—日子神社—朝日山城跡—鳥栖一本松—太刀洗峠—中原宿—旅籠・岡崎屋—祇園神社—中原宿

今日も暑い一日になりそうだ。昨日歩き終えた**原田宿**から出発する。国道へ出ると歩道に国境石があり「従是東筑前国」「従是西肥前国」とあり、ここより福岡県から**佐賀県**に入る。関屋川を過ぎ、高札場跡、問屋場跡の標柱を経て久留米へ分かれる追分石をみる。ここから分岐して**薩摩街道**へ入るが、いずれここから鹿児島城まで歩いてみようと確認する。早々に次の目標が見つかり嬉しい。

長崎街道には昔の佇まいがあり、家屋も古いが趣のある建物が点在する。これを維持管理するのは大変だと思いつつ、今それを味わい見せてもらえることに感謝し前を通る。

日子神社から**轟木宿**に入る。**田代宿**と轟木宿とは3㎞ほどしか離れていないが、これは対馬藩（田代宿）と肥前鍋島藩（轟木宿）の境界になっている国境の宿場町として番所が設けられ各々が検問していたからだとの事。江戸時代の日本にはそれぞれの国境があり検問していたのだと知る。この鳥栖

の街には　久光製薬の九州本社があるが、その田代宿には対馬藩の飛び地があり代官所があり、朝鮮通信使が立ち寄る場所から朝鮮貿易から漢方薬の実物と知識が豊富に供給されたことと、佐世保、広島といった軍都が近い地の利から薬商が発展したとの事。久光本社横には大きな整備された公園と創業家なのか大きな屋敷があった。**中原宿**の石柱を確認し宿場に入る。祇園社、岡崎屋御宿をみる。

今日はここまでとした。連日の暑さで体力の消耗が激しく距離が歩けず、ここまで予定の2日遅れとなった。だがこうして元気に歩けることが嬉しい。

＊（82日目）　26・82㎞　3・64万歩

83日目　10月7日（晴）23―31℃（佐賀県三養郡中原）

⑺ 中原宿―神埼宿―境原宿―佐賀宿へ

中原宿―久留米分岐―祇園社―本戦橋―田手・追分石―大神宮―櫛田神社―御茶屋跡―神埼宿―浄光寺―真光寺―神埼橋―新宿―矢代橋―六地蔵―境原宿―原の町えびす―道路元標―問屋場跡―佐賀神埼郡境石―一里塚橋―溝口橋―思案橋―追分石―龍造寺八幡宮―佐嘉神社―佐賀城―佐賀宿―旧友宅

今日は昨日歩き終えた**中原宿**から出発だ。見事な田園地帯が続く。所々で稲の刈り取りが始まっている。国道34号線と併走する街道を進む。佐賀・成田山の境内で一休み。

しばらく歩くと頭上をヘリコプターが次々と何機も飛ぶが何かあったのかな。だがどうやら訓練機のようで、次々と発着を繰り返している様子。見ればすぐ近くに「防衛省目達原駐屯地司令」の文字。また近くに「大刀洗陸軍飛行学校目達原教育隊」の門柱が立つ。

「桜咲く基地を飛び立ち南海に　散りし若鷲の門柱」と大きな石板があり、若き特攻隊に思わず天を見上げた。今のこの平和日本があるのは貴方がた若鷲の尊い犠牲の上にあるのですと呟いたが、なぜか涙がポロポロ流れ出た。少し前の8月、終戦記念日に合わせて純粋に祖国を思い戦陣に散った若き学徒らの映像をいくつか見たことで思い出したからだ。自分は77歳になるが、この間日本国が戦場になった事は無く本当に有難い事だと感謝。

広大な吉野ヶ里歴史公園に着き、その古代遺跡群を見るが凄いものだ。一日ゆっくりと過したいが先を急ぐ。長崎街道・**神埼宿**と書かれた看板と石碑を見て神埼の宿場町に着いたことを確認する。真光寺の脇本陣跡など史跡をみて、神埼宿西木戸口の前にある茶店で一休み。城原川の堤防を進む。川風が気持ちいいが太陽は容赦なく照り付ける。堤防に腰を下ろし、田園地帯の風景を楽しむ。しばらく歩いてやっと佐賀の中心部に入る。明治・大正きっての傑物と言われた大隈重信旧宅を見る。やがて夕陽に輝く**佐賀城跡**に着く。

その夕陽を眺めつつどうしようか迷っていた。というのも佐賀と言えば彼だ。彼と言えば佐賀だという大学時代の学友・井崎君がいた。千葉にいる同じ学友の嶋田君から彼の消息も電話番号も聞いていたが、コロナ禍で迷惑かなと思い素通りするつもりでいた。佐賀城旧二の丸跡に建つ名君・鍋島直正公銅像の前で思案しつつ、どうしているかな、元気でいるかなと何度か迷ったが、せっかくだから声だけでも聞きたいと思わず電話をした。

懐かしい声だ。だが説明する間もなく「今どこにいるのだ」と。何とそれから30分もしないうちに奥様と二人して佐賀城址までかけつけてくれたのでビックリする。聞けば私のブログを聞いて追っていてくれたそうだが、驚く間もなく車でご自宅まで連れて行ってもらい、突然にも関わらずまさかの大歓待を受けた。汗まみれ、埃だらけの歩き終えた服を着替える間もなく、何とも旨い酒に奥さまの実に美味しい手料理を沢山ご馳走になり、もうありがたくて感謝と感激の涙でいっぱいになった。

学生時代からもう数十年ぶりだというのにこの感動、嬉しさ、幸せは計り知れないものとなった。夜遅くまで歓談した後、予約しているホテルまで奥様の運転で送って頂いた。長崎まで歩き終えたら帰路必ず寄るようにと何度も言われて嬉しかった。

心からありがとう　ありがとう　本当に嬉しかった。しみじみと幸せ涙を流した。

＊（83日目）27・35㎞　3・74万歩

84日目 10月8日（晴）16—31℃（佐賀県佐賀市）

（8）佐賀宿から牛津宿—肥前山口へ

佐賀城址—さがのき塀—善左衛門橋—伊勢神社—洋式反射炉跡—別れの松—刑場跡—喜瀬川（橋）—香椎神社—祇園社—牛津・千手観音—正満寺—高札場跡—問屋場跡—牛津宿—乙宮神社—砥川・牛津大橋（牛津川）—最勝寺—砥川小前—永福寺—八幡宮—カンカン石—石碑石仏—肥前山口

昨夜の旧友との再会の感動と余韻を胸に、一歩一歩と有難さをかみしめながらスタートする。朝は少し秋らしい気温だが、昼間は相変わらず30℃越えとか覚悟して出発する。

佐賀市内の史跡巡りをして後、昨日の**佐賀城址**から佐嘉神社を経て佐賀城北の門跡の前で「さがのき塀」を見た後、日清小学校校庭に築地反射炉を見る。これは日本で初めての鉄製大砲鋳造用の洋式反射炉で、ロシア国、英国船の長崎港侵入事件から長崎台場の防備用の大砲を製造したという。佐賀藩十代藩主・鍋島直正により嘉永3年（1856年）独自に築造したものだ。その後ペリーの来航により幕府は江戸城防備の為にその品川に設けた台場の大砲を佐賀藩に注文したというから凄い技術力をもっていたようだ。我が国最初の鉄製カノン砲もあった。街を抜け刑場跡から喜瀬川を渡る。川原の枯れ草刈りをみる。

香椎神社から長崎街道に戻りやがて小城市に入る。道案内板には芦刈海岸ムツゴロウ見学地まで

6・6㎞の標示。大きな牛津川を渡る。「宿場ようかん」と暖簾のかかる店があり、江戸時代の南蛮貿易からシュガーロードとも言われた長崎街道だが、その砂糖からようかんを作った老舗だという。相当歩いた国道沿いに「カンカン石」との表示と共に大きな石がいくつかあったが、これは磁鉄鉱を含む讃岐岩で、小石で打ってみたらカンカンと音がするので納得。こうして自由に歩き旅ができることの感謝と有難さにまた自然と涙が零れる。夕暮れとなり今日はここまでとした。肥前山口へ向かい予約したホテルへ入る。

＊（84日目）　25・87㎞　3・50万歩

85日目 10月9日（晴曇）17―31℃（佐賀県杵島郡江北町）

（9）肥前山口から小田宿―北方宿―武雄温泉口

肥前山口―小田宿―追分石跡―伝馬屋敷跡―大ケヤキ―横辺田代代官所跡―恵比須峠―焼米橋―稲主神社―土蔵重要文化財・土井家―北方八幡神社―問屋場跡―北方宿―大崎八幡社―天満宮・大神宮跡―享保橋―閻魔大王石像―阿弥陀仏六地蔵―武雄市―僧庵橋―夜泣き地蔵・八並の石塔―武雄温泉

数日前からスマホの機嫌が悪いがなぜかな。何とかなだめながら使ってきたが、今朝遂にダウンしてしまい慌てた。考えてみたら今の時代毎日スマホに頼り動かされている感じで、何とも映画じゃないがロボットに左右されていると感じる事がある。と言って今更歩き旅を足の向くまま超アナログで歩き始めても、どこへ行くやら糸の切れた風船か凧になるかで分からない。直前まで昔の旅人になったつもりで情報も何の現代ツールも持たずに足の向くまま歩こうかと思ったが、多分徘徊老人と間違えられすぐに家に送り返されるだろうなぁーと、田舎で何もなくスマホ店など全くないので大阪の息子にやっと連絡する。

「多分写真の撮りすぎで容量オーバーだから全て写真を消してみたら」と訳の分からない事を言う。「Google photoは消しても写真は残っているから」とまた理解できない事を言う。せっかく撮った写真を消せと。だが何度も言う通りにあれこれいじっていたら何とか動き出した（息子よ、仕事中なのに半ボケ親父に何時間も付き合わせてスマン）と言うことで今日は昼前からのスタートだ。新たな長崎街道の情報を得て半日遅れで再出発する。

広大な田園地帯を歩いて進む。似たような地形に迷うもののやっと**小田宿**に着く。小さな宿場だが、伝馬屋敷跡、馬頭観音、ここには樹齢1200年という楠木がありシーボルトが参府した時の紀行文にもあるそうだ。小田横辺代官所跡を過ぎ、土壁づくりの旧家をみながら街道を進む。北方を過ぎ、旧道から稲主神社の先に、土蔵造り風のお屋敷前に「旧長崎街道　北方宿本陣」表示板があり確認する。

北方宿をあとにして高橋川に沿い歩き享保橋を渡る。田園地帯を歩き小高い丘を越え武雄市に入る僧庵橋を渡り旧道を進む。地蔵堂の横に「八並の塔」があり、虎御前が曽我五郎、十郎の冥福を祈るために建てた石塔婆で室町時代以前のもの。諏訪神社を過ぎ、鍵形道路の標石に着くと、長崎街道の各宿場風景の陶板が道の所々に埋め込まれていた。札ノ辻を曲がり**武雄温泉**の本陣跡、塚崎宿に着く。**塚崎宿**本陣はこの武雄温泉の楼門を入った湯屋と隣接してあったとか。

湯つぼは身分別、階級別に区分されていたようだ。御前湯は前もって馬の尾で作った細かいふるいでこした湯をたたえた藩主・領主専用の最高級の湯つぼがあったとかいうが、こした湯とは初めて聞いた。武雄温泉の開湯は約1200年前と古く、武雄温泉と楼門は国重要文化財になっている。この周辺は宿場時代の面影がそれなりに残り風情があった。

武雄の街に入り、偶然本物の古い蒸気汽関車が置かれた公園に出た。自由に機関室も出入りができる廃車だが、子供の頃、安曇野の国鉄篠ノ井線と大糸線に蒸気機関車が走っていてその勇姿に憧れ、機関士になる夢を見たものだ。それに祖母は遠くで響くその汽笛の音で今日の天気を晴だ雨だと言っていたがその通りになった。思えば今なら湿度や気圧の関係からその汽笛の音の違いは理解できるが、昔の人の知恵には驚く。機関室に入り当時の夢を想いながらその内部を見て触りしばし浸った。まさに夢にでてきそうだ。今日はここまでとして予約したホテルへ入る。

＊（85日目）　22・43㎞　3・07万歩

86日目　10月10日（晴）22―33℃（佐賀県武雄市武雄温泉）

(10) 武雄温泉口から塚崎宿―嬉野宿へ

武雄温泉口―塚崎宿―本陣跡・脇本陣跡―代官所跡―高札場跡―牛鼻山善念寺―下馬地蔵―五輪塔―薬師堂―
石橋―渕の尾峠―渕の尾水源地―老松社―中修寺橋―末広橋―東川登公民館―越川橋跡―貴船神社―藤津郡塩
田町―小田志追分石―嬉野追分―嬉野宿東溝口跡―継場跡―本陣跡―嬉野宿

人から見れば毎日厳しい暑さの中、汗まみれで重荷を負うように歩き、何故に苦行か修業のような事を毎日しているのかと思われるが、自分は**究極の贅沢旅**をしているのだ。

一言でいえば好きな事をして自分らしい自由な放浪の旅なのだ。夢に見た籠の鳥から大空に飛び立った。実感として伝えにくいが、自分の意思で思いのまま自由に采配ができ、自分らしい最高の生き方をしているのだから、こんなありがたい感謝と幸せの日々は無い。その割には暑い寒いと言いすぎだと言われそうだな。トホホ

今日は武雄温泉口から塚崎宿、山間部を抜けて**嬉野温泉口**へ向かう。車で行く温泉好きな人にはいいコースにちがいない。竜宮城のような武雄温泉施設を見ながら、再び**塚崎宿**の史跡を巡る。宿場町を離れ、稲穂の垂れる田園地帯を通り山間部に入る。
沿道にはコスモスの花が咲ききれいだ。日陰になる所がなく、道の照り返しを浴びながら炎天下を歩くが眩しくてサングラスも役に立たないぐらいだ。あそこの日陰で一休みをしようと山に向かって歩き木陰を見つけた。こんなことを数回繰り返している間に道を迷い、とんでもない方向に向かっていることが分かった。引き返せる距離でもなく大幅に街道を外れた。
こんな時に悪いことは重なるもので急にスマホの電源が切れた。予備の充電器の電源を入れたがこれもダメ　何で？　更にまさか　まさかを連発。連動するapple watchの時計も見れば真っ黒でダメ
時間もわからないし頭が真っ白になる。どうやら記憶を辿ると昨夜疲れてボーっとしていたのか充電を忘れていたようだ。こりゃ大変と周囲を見るが、全く民家はなく人ひとり見当たらない山間部だ。どうするかな　困ったな。こうなったら勘を働かせて進むしかない。またもやデジタルの最新機器で

この不便さを実感。手巻きの古い時計が懐かしく思えた。これからの旅にはその対策も考えねばと思いつつ、いまのこの迷い道を何とかせねばと暑さで鈍い頭を捻る。とにかく勘で進むしかない。山や峠や森を幾つか越えた。

やがて遠方に高速道路が見えてきた。近づくと西九州自動車道と長崎自動車道の分岐点のようで武雄ICが近くにあるらしい。とにかく人のいるところへと近づくと遠方にインターチェンジの管理建物が見えたので下り、建物の中に入って道を聞く。留守の年配の女性が一人いたが歩いてきたのでと言うとビックリし、地図を手に親切に教えてもらい位置を確認しやっと本来の街道を探しホッとする。すると「まあ嬉野産の美味しいお茶を飲んでいって」とわざわざ湯を沸かして入れてくれた。暑いので冷えた麦茶が良いのだがそうも言えず、出してもらったお茶を頂きながらしばしお喋りを楽しむ。嬉野温泉の裏話（中国人が買収したホテルなどが組合にも入らず好き勝手にしてるとか）を次々と話し1時間以上もお邪魔してしまった。だが何度かお茶をお変わりしたが、本当に美味しく改めて嬉野産のお茶を知った。

感謝しお礼を伝えて歩き出す。教えてもらった道も少し迷ったものの、何とか温泉口に到着した。考えたら先ほどの所でお喋りの間に充電させてもらったらよかったのにと悔いるが頭が回らなかった。とんだドジばかりだ。関係は無いのだが、電気自動車ももし充電を忘れたら大変だなと思った。

疲れていたが目的は街道歩き旅なのでその史跡を探し訪ね嬉野本陣跡を確認した。

やっと嬉野温泉の**嬉野宿**に入る。コロナ禍で人は少なく、と言うよりほとんど見かけない状態だが、多くの温泉宿からは湯けむりが上がっている。

予約したホテルが先ほどの裏話にあったホテルで少し警戒するが、疲れて温泉にゆっくり浸る余裕もなくベッドに倒れ込む。今日は忘れずまず先にスマホもapple watchも充電器もしっかりと充電確認をして眠りについた。まあこんな日もあるさ。途中から手探りの旅だったが、無事に歩き着いてよかった。ありがたく感謝です。

＊（86日目）24・77km　3・38万歩（平均値より概算）

87日目　10月11日（晴）24—32℃（佐賀県嬉野市嬉野温泉町）

(11) 嬉野宿から彼杵宿—千綿へ

嬉野温泉街—東構口跡—豊玉神社跡—丹生大明神—平野渡し場跡—俵坂関所跡—領界石—東彼杵—俵坂峠—愛宕神社—彼杵神社—彼杵宿—大村湾—千綿

今朝は素泊まりなので夜明けとともに早く出発し、嬉野温泉中心部を散策する。「シーボルトの湯」という公衆浴場があった。ここへ入ればよかったなー　とその情緒のある温泉町を巡る。豊玉姫神社の豊玉姫は海神の娘で竜宮城の乙姫で美肌の神様とか。
山沿いの旧道を進む。靴も慣れて順調快適に歩く。今日も朝からじわりじわりと暑さが増すが、不思議なもので体も徐々に暑さに慣れ、数日前より体調はいいようだ。

平坦な街道から山道へ入る。やはり坂道はきついので息を整えながらゆっくりと進む。峠を越え谷間を下ると集落があり、小さな小川が流れていたが、史跡を見ると台風でこの小川が氾濫し多くの被害者を出したとの碑があった。江戸時代の渡し場跡もあったので昔はもっと広い川だったようだ。人家は点在しているものの、全く人影もなくひっそりとしている。野に咲く草花にきれいだね　げんきだね　とか声をかけながら歩くが、人がいたら徘徊者と間違われるなと一人笑う。

いくつか峠を越えて江戸時代の関所跡に着く。周囲の地形を確認し納得する。関所は旅人にとって避けては通れないようなところに設けられているからだ。また道端の野花と話しながら進むと、「ここより**長崎県**」との表示板があった。やっと来たか。長崎の文字があるので感激だった。もうすぐだ。

少し歩くと茶畑が広がりその先から風に乗ってピーシャラピーシャラと笛太鼓が聞こえてきた。お神楽のようだが、近づくと村の集会場のような所で秋の収穫のお祭りか、少ない人たちだが村人が集まっていた。その風景に昔田舎の秋祭りを思い出しながら、しばらく遠くからその歌や踊りに昭和を想い懐かしく魅入った。

再び山をいくつか越えて峠にさしかかると、遠くに海が見えた。すごい　**大村湾**だ。長崎を実感する。山を下ると**彼杵宿**だ。彼杵（そのぎ）と呼ぶが難しい地名だ。彼杵神社から大村の街に入るとすぐにキリシタン弾圧の史跡が随所にみられ心が痛む。

天文18年（1549年）にキリスト教が伝来し、領主・大村純忠が初のキリシタン大名となり、領内に布教したことから領民のほとんどが改宗した。だが豊臣秀吉とそれに続く徳川幕府の禁教政策により踏み絵などによる厳しい弾圧、仏教への改宗を迫られ、信者は隠れキリシタンとなった。だがその後潜伏キリシタンが発覚し、大村で603人も捕まり、うち女子供を含む406人が打ち首獄門の処刑を受け、しかも街道沿いの獄門所に一か月間もさらし首となり、復活を恐れ胴体は切り離されて別の所に埋められたと。その悲惨な村の情景を知る度に、なんとむごいひどい政策を実行したのかと涙がこぼれた。

気分一転、大村湾の松原に出て思い切り深呼吸をする。松林に座り穏やかな紺碧の海と真っ青な空に浮かぶ白い雲。実に絵になる光景が広がり、なんて美しい海なのかと感動する。その素晴らし光景にキャンバスを立ててゆっくりと絵筆を持ちたい気持ちになる。

大村湾沿いを歩きながら旧道を上がり下がりしながらもその風景を満喫した。夕暮れとなり、やがて小さな無人駅の千綿に着いたので、今日はここまでとしたが、ここから見る海とその景観は素晴らしくその絶景に魅入った。この光景も絵に描いてみたいな。

周辺には全く泊まる所はなく、大村駅前のホテルを予約した。いくつも山を越えたので歩いたように思えたが、草花と遊んだ時間があったのか目的地まで歩けなかった。予想外の暑さで予定より3日湃れだが大丈夫だ。今日は切支丹弾圧の碑に何度も涙を流した。

江戸時代の街道を歩いていると地域により凶作から飢餓による餓死供養塔とか、国内戦争による戦死者を弔う碑などを多くみるが、長崎は切支丹弾圧の悲劇の碑だった。気分が滅入るばかりだ。幾度も手を合わせながら、現代のこの平和な社会に自由に生きる自分たちを改めて幸せに思う。

＊（87日目）21・7㎞　2・96万歩

88日目　10月12日（曇）24—32℃（長崎県東彼杵郡千綿）

（12）千綿から松原宿—大村宿へ

千綿—大村湾—芝取石—駕籠立場跡—江串三郎入道塚—千部塔—鹿の嶋弁財天—松原宿—八幡神社—郡川—庄屋屋敷跡—福重橋—長崎兵衛の墓—極楽寺跡—聖宝寺跡—首塚—胴塚—八坂神社—千葉卜枕屋敷跡—獄門所跡—斬罪所跡—放虎原殉教地—追分石—妻子別れの岩跡—鈴田牢舎跡—正法寺—観音寺跡—水主町口石垣跡—脇本陣—高札場跡—本陣跡—大村宿—水主町口—本町軒灯籠—八幡神社

今日は久々の曇り空だが蒸し暑さは変わらない。昨日歩き終えた千綿へ戻りスタートする。駅前に店は一つもないが、レトロな駅舎と目の前の大村湾が素晴らしく絵になる光景だ。後で知るがこのJ

R大村線からみる大村湾の美しさや夕景は日本有数の絶景との事。昨夕は何気なくただすごくきれいだな！　と、その光景に感激しながら見ていたが、やはりそうだったのかと知る。今日は曇り空で昨日とは風景が全く違い残念。

昨日は一つ大きな失態をしたようだ。夜に気づいたが**薬袋**をどこか休憩したときにリュックから飛び出したのか行方不明になってしまった。とても探しに戻れるわけでなし、諦めたもののさてどうしようか　どうしてもという時は病院に行くか、薬局で似た薬を求めるか、または途中で帰阪すると決めて出発する。旧街道を上り下りして**松原宿**に着いたが、規模の小さな宿場だったようだ。郡川を渡り原口一里塚を過ぎるとまた首塚跡があった。更に胴塚、獄門所跡、斬罪所跡、妻子別れの岩跡、鈴田牢獄跡といった凄惨なキリシタン殉教史跡が続き目を覆う。

大上川を渡り、宿場の出入り口を示す「大村宿水主町口」を経て脇本陣跡、本陣跡の標識を確認して**大村宿**に入る。当時の宿場建物のあった場所を示す表示板は随所に見られたが、ここも宿場の面影はなかった。今日はここまでとした。

＊（88日目）　21・08㎞　2・85万歩

89日目　10月13日（晴）24—32℃（長崎県大村市）

（13）大村宿から永昌宿—諫早—市布へ

大村宿—長崎街道碑—狼煙場跡—番所跡—日置峠—白鳥橋—駕籠立場跡—鈴田峠—番所跡—破籠井—岩茶屋跡—永昌問屋場跡—永昌宿—東大川・佐代姫橋—お馬ノ水—旧茶屋跡—赤松坂—久山茶屋跡—一里塚—郡境石—峠の茶屋跡—駕籠立場跡—椎の木坂—井桶尾茶屋跡—領境石—藤棚茶屋跡—市布

昨夜は早く眠り体を休めたので元気に目覚める。一晩眠ると体力が回復するのは有難く、健康に育ててくれた両親にいつも感謝だ。両足をしっかりサポートし、服装とリュックを確認し、機器の充電を確認、靴紐をしっかりと締める。何度も身の回りを確認する。

更に出発前にいつも今日の予定を息子にメールして知らせておく。日頃はぶっきらぼうな会話しかできないが、この安心感と有難さがいつも歩き旅を支えてくれて心強い。

今日は**大村宿**から出発だ。大村市の図書館と歴史資料館前を通るが、そのモダンな建物群に見入る。「旧長崎街道是諫早道」の標柱を確認し、円融寺庭園から江戸時代初期創建の円融寺（今は大村護国神社）を見て坂道を上る。武家屋敷「旧楠本正隆屋敷」に着く。今日はきれいな空で何度も思わず立ち止まり見上げる。相変わらず夏日が続くがもうすっかり秋空だ。史跡「長与専斎の旧宅」があり、その質素ながら昔の建物をしばし眺める。

道に迷いナビで確認するとその脇の道を示すのでそのまま進む。ところが活水女子大学の女子寮構内を示すが、まさか女子寮の庭の道をこの爺がこんな格好をして歩けばすぐに徘徊者か犯罪者扱いになるではないか　とナビを怒りながら来た道を戻り山道を上る。

今日も道端の無人露店で100円のミカンを買い昼食代わりとする。暑さで食欲がなくても美味しく食べられて助かった。山麓から眺める秋の空と雲に魅了され、しばしその美しい自然界の動きを追いながら自分の今の有難い歩き旅を思う。

諫早の町に入り岩茶屋跡をやっと探し当て、**永昌宿**場跡を探したが、住宅街の一角に小さな石碑がありやっと確認する。その地域により街道宿場の保存、管理はまちまちだ。

長崎街道・鈴田峠と書かれた道の駅から進み峠を越える。秋の鱗雲がきれいだ。珍しく昔ながらの人力による刈り入れ作業をしているご夫婦をしばし眺めて郷愁にふける。

再び峠道を上っていると山裾に初めて見るきれいなスカイブルーとオレンジ模様の蛾をみる。しばらくその自然の配色に見とれていたが、早速グループラインで自然学校の仲間に写真を送り問い合わせる。しばらくして詳しい仲間の細川さんから返信があり教えてもらった。「サツマニシキ」と言う名の蛾だとの事。歩き旅の間も何かと皆さんから応援のメッセージを貰いこれも大きな励みになる。

4年前に初めて出会った同期のシニア自然大学校の仲間達だが、アシスタントのFさん、Hさん、Mさん、Tさんを加え、会えばビールを飲みながらいつまでも楽しい話が続く。それに人生の山や谷を越えてきた個性的で魅力的な人が多く、この歳になって心開ける自然大好きな飲み友達が沢山できるとは思いもよらなかったので嬉しい。

峠を上り終えると鎮西学院の大学学舎があった。峠道を学生がフーフーいいながら上ってくる。学生が元気に挨拶するので「暑いね　ご苦労さん」と会話する。ふっと仕事を引退後に大阪の某大学にレクレーション学とスポーツ医学の履修生として通学したことがあるが、私も同じ学生なのだがいつも先生だと思われ常に挨拶された事を思い出してクスっと笑う。国道と街道を交互に歩きながら**市布**へ向かう。市布の無人駅は電車が出た後、その後まさかの乗り過ごしアクシデントでホテルに着いたのは夜11時近くだった。トホホ

無人の暗い田舎のホームで一人、秋の虫の音を聴きながら座り込む自分の姿を顧みながら、思えば遠くまで歩いて来たもんだ……な〜んて唄ってみる。

＊（89日目）　27・02㎞　3・68万歩

90日目 10月14日（晴）24―32℃（長崎県諫早市多良見）

（14）市布から矢上宿―網場道へ

市布―古賀の藤棚―地蔵菩薩―長正寺橋―領境石―役行者神社―清藤橋―江戸長崎街道碑―八郎川―教宗寺―矢上神社―大楠―役屋敷―番所跡―矢上宿―濱大王―領境石―腹切坂―網場道―日見峠

昨夜は歩き終えてホテルへ向かうのに電車を乗り越してしまい、戻る電車が来ずに何時間も真っ暗な無人駅で待ち四苦八苦した。昨日歩き終えた市布の無人駅まで着くのに時間を要したがやっと到着し、今日はここから出発だ。

先ず江戸時代にもその旅人を癒したという古賀の藤棚を通りしばし一休み。次いで刈り入れが終わった田んぼのあぜ道に立ち、落ち穂をついばむ多くの雀を見たりして秋の風情を楽しむ。山を上り下りして峠の茶屋で一休み。街道を下り矢上の街に入ると「小鳥の診療所」という家屋があったがニーズがあるのかな。やがて矢上神社に着き**矢上宿**跡の石碑と番所跡碑を確認する。延々と坂道を上り腹切峠の網場道に着いた。

ここから長崎街道の難所の一つという日見峠道に入るが、時間は14時半だ。どうしようか迷うがここは無理をせず明日にする。資料によれば冷水峠越より更に厳しいとの情報もあり、もしもの時は山中で野宿もできないから大事をとり、今日はここまでとした。

＊（90日目）21・26㎞　2・93万歩

91日目 10月15日（晴）22―31℃（長崎市宿町網場道）

(15) 網場道から日見宿―長崎・出島へ（到着）

網場道―腹切坂―継場跡―日見宿―歯痛観音―梨の木茶屋跡―亡塚―日見峠―文政道・シン峠―本河内高部貯水池―追分石―青銅の塔―蛍茶屋跡―一の瀬橋―古橋―シーボルト通り―威福寺―諏訪神社―高木作右衛門屋敷跡―長崎奉行所立山役所跡―英語伝習所―長崎会所跡―末続平蔵宅跡―桜町老屋敷跡―唐通事会所跡―医学伝習所跡―高島秋帆宅跡―本木昌造宅跡―長崎奉行西役所跡―海軍伝習所跡―イエズス会本部跡―出島オランダ商館跡―出島―長崎街道・起点地到着

朝一番で昨日歩き終えた腹切坂へ着き、今日はここからスタートだ。今日で長崎街道を歩き終えそうだと思うと感慨深い。朝日に輝く橘湾の海、そのキラキラする輝きを遠望しつつ峠道を登る。だがここは一番の難所かもとの資料があったが、さすが楽に登らせてはくれない急坂を一歩一歩踏み上る。山裾に点在する住居は草ぼうぼうの空き家も多いがまだ住んでいる人もいるようだ。時おり庭に出て畑の手入れをしている老人を見かけた。地形が分からないもののこの細い坂道は車も入れず大変だなと思うが、買い物はどうするのだろうか。

やがて人家もなくなり、眼下に芒塚（すすきつか）トンネルを見下ろせる所まで登った。下を昔の旅人が驚くような高速道路が走る。何度も息を付き一休みを繰り返しながらやっと**日見峠**の山頂に着く。この**日見宿**

は参勤交代で江戸へ向かうため長崎からここを通る諸大名の一行が最初にぶつかる難所と言われるだけあって、当時はもっと大変だったろうなと思う。少し下った所に小さな朽ちかけた茶店跡があった。旅人には有難い休憩所であったに違いない。難所を越えてホッとする。急な坂道を下りつつ、今日は気持ちのいい秋空が広がるが、昔は土道だし雨が降れば大変な山越だったと想像する。

里に下りるとダム湖が見えてきた。長崎市街地へ下りてくると、その山麓に沢山の住宅が建ち並び坂の長崎を見上げる。やっと平地に下りてくると懐かしい路面電車が走りその違うデザインの電車に見とれる。江戸時代に活躍したドイツの医学者シーボルトの宅跡（国指定史跡）を訪ねる。しばしその庭で一休みしながら想いを巡らす。江戸時代にここ長崎から江戸まで歩きながらのシーボルトの見聞録は当時の日本を知る上でも面白い。横に建つシーボルト記念館をゆっくり見学しつつ江戸時代の長崎に浸る。長崎の街中に入り、長崎街道と関わる史跡を訪ねる。更に長崎歴史文化博物館では当崎の奉行所を再現した建物を見る。サントドミンゴ教会跡、末次平蔵宅跡など史跡を訪ねた後、長崎出島に向かう。

遂に**長崎宿**を経て長崎街道の起点地・**出島の和蘭商館**へ入る。門をくぐると当時の出島の様子が忠実に再現されたという町並みを見学する。まるでタイムスリップしたかのような江戸時代の風景だ。その異国の文化や様子に当時の人は驚いたに違いない。並ぶ家屋の内部は商店やお土産店、資料館もあり、楽しめるテーマパークのようだ。徳川幕府の長い鎖国時代に唯一海外との交易を図り、新しい学術、文化と共に砂糖などの商品も多く入り、新しく日本を目覚めさせた場所でもある。また出島和蘭商館長は長崎街道、西国街道、東海道を江戸幕府へ参上して将軍に謁見し、多くの貢ぎ物をしていた。

「史跡・出島和蘭商館跡」をみて到着地とした。小倉の常盤橋を起点地に長崎の起点地に無事着き、長崎街道歩き旅の完歩を確認した。

＊（91日目） 20・1㎞ 2・76万歩

長崎街道歩き旅 累計 15日間 326・42㎞ 44・57万歩

長崎街道を歩き終えて

平均気温31・8℃ 15日間休まず、炎天下もありよく歩いてきたものだと思う。

その足で夕暮れの港へ出てみた。ヨットハーバーから夕暮れの海を見れば、まるで何度か味わったハワイのサンセットクルーズを思い出し、その光景に思わず感嘆の声をあげ、自然界から完歩のお祝いをもらったようだ。ありがとう。今日のディナーは港で食べてみようと、港湾にあるオープンレストラン街にでかけた。港に係留されたヨットを眺めつつ街の夜景を楽しみ、テラスで心地よい秋の風・浜風を受けながら一人乾杯し至福の余韻に浸った。

今回の長崎街道では、佐賀で学友の井崎君と奥様に思いもよらぬ歓待をして頂き、生涯心に残る幸せな思い出を頂いた。帰路立ち寄れないが改めて感謝の涙を流す。友よありがとう。

④ 日光・奥州道中35次 歩き旅

＊日光街道は日本橋から宇都宮を経て栃木・鉢石—日光東照宮

＊奥州道中は日本橋から宇都宮を経て福島・白河まで

＊日光街道と奥州道中は日本橋から宇都宮までは同じ道

＊延べ13日間、379.3㎞　51.6万歩　旧宿場35

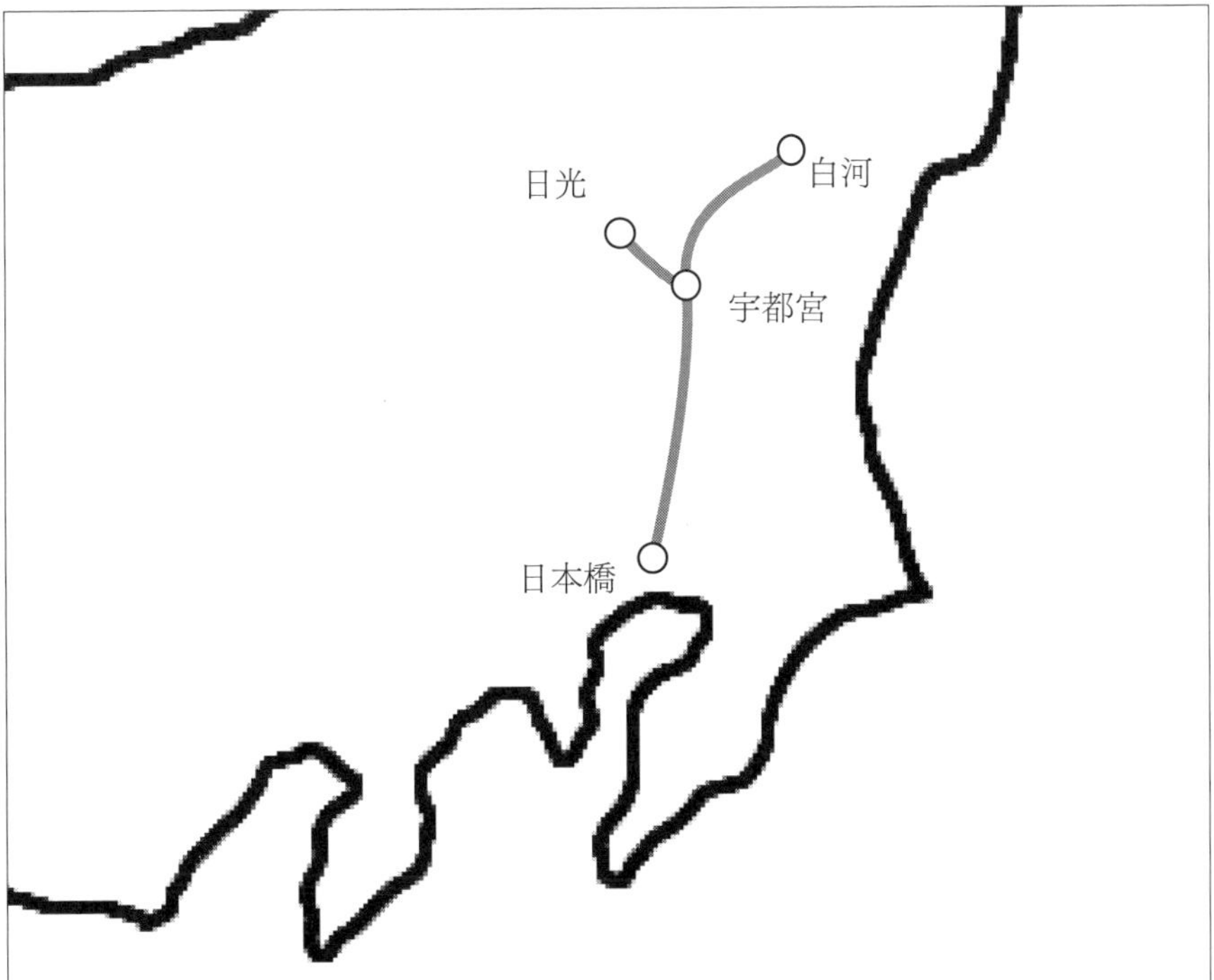

日光・奥州道中

目次

日光・奥州道中　プロローグ

江戸・日本橋は日本国の街道起点地だが、日光街道、奥州道中は徳川家康が慶長5年（1600年）に関ケ原の合戦に勝利して天下人となり、天下の掌握の根幹は通信、物流の確保と考えて主要5街道（東海道、中山道、甲州道中、奥州道中、日光道中）を整備したその一つだ。日光道中の名は明治新政府が「日光街道」と改名したのでこれを用いる。日光街道は終着地の「鉢石宿」から徳川家康公ゆかりの日光東照宮まで歩くとする。

日本橋から宇都宮宿までは奥州道中と同じ道。奥州道中は日本橋から宇都宮宿を経て福島・白河宿までを言い、同じく幕府直轄の「道中奉行」が置かれたという。

宇陽略記　文久4年（1864）
宇都宮の歴史と文化財https://utsunomiya-8story.jp/より

92日目 11月5日（晴）12―21℃（東京都中央区日本橋室町）

（1）日本橋（起点地）から千住宿へ

江戸・日本橋―日本国道路元票―高札場跡―晒し場跡―魚河岸跡―大伝馬町―旧日光街道本通り―馬喰町―郡代屋敷跡―神田川―浅草見附跡―須賀神社―天文台跡―蔵前神社―浅草寺駒形堂―浅草寺雷門―姥ケ池跡―江戸猿若町市村座跡―今戸神社―駿馬塚―泪橋―小塚原刑場跡―回向院―千住大橋―墨田川―奥の細道矢立初めの地碑―芭蕉句碑―千住高札場跡―千住一里塚跡―千住宿本陣跡―千住宿

夜明け前・始発の新幹線で新大阪から3時間弱、昨年3月に東海道57次を38日間で歩き終え、その完歩に感涙した江戸・日本橋に着く。あの後、山陽・西国街道を歩いた。更に今回長崎街道を歩き終えて3週間目だが、寒くなるので天気予報を見ながら、雪の降る前にと「日光・奥州道中」の予定を早めて歩く事にした。

先月歩いた長崎街道は326㎞を15日間かかり、毎日31℃以上の夏日で参った。やはり歩き旅には夏場は厳しく冬場が最適だと実感した。今月は朝 0℃の寒い日もあるとの事で、その寒暖差に体調管理を万全にせねばならない。

さあ「日光・奥州道中」歩き旅の出発だ。この日本橋の最初の架橋は400年以上も昔の事とか。橋の中央には**日本国道路元標**が埋設されており、車の合間をぬって道路中央へ渡り「日本国道路元標」を再確認する。「旧日光街道」との石碑を確認しつつ、大伝馬町から小伝馬町、馬喰町を経て神田川の浅草橋を渡るが、袂に浅草見附跡をみる。江戸城外の城門で浅草御門と呼ばれた。かの伊能忠敬の師匠で天文方高橋至時の天文観測地「天文台跡」を見る。

隅田川沿いに蔵前国技館を訪れる。相撲場所は行われていなかったが周辺を散策する。やがて蔵前神社から**浅草寺雷門**へ着く。いつもＴＶでその賑やかさを見るが、やはりここもコロナ禍で人は少なく、外人さんは殆ど見かけない。閉じている店もあり静かな印象の浅草寺境内をゆっくりと散策した後、伝説の姥ケ池跡、江戸猿若町市村座跡を経て泪橋でまたしみじみと昔を顧みる。泪橋は小塚原刑場に引き立てられる罪人と身内の者がここで泪の別れをした所。その先には小塚原刑場跡があり、当時の処刑場を想う。

歴史街道を歩くと否応なしにその様な昔の現場を目の当たりにしてしばし気分が落ち込む。近くの回向院には安政の大獄で斬首された吉田松陰の墓をみる。蘭学者・杉田玄白らが刑死者を解剖し「解体新書」を書いた旨などの表示物があった。

隅田川にかかる千住大橋を渡る。この橋の袂に「奥の細道矢立初めての地碑」があり、松尾芭蕉が深川から舟で千住に着きここから**「奥の細道」**へ旅立つが、矢立初の句「行く春や鳥啼き魚の目は泪」と詠んだ。今日はここまでとした。

＊（92日目）22・4㎞　3・09万歩

93日目　11月6日（晴）9—20℃（東京都足立区千住）

（2）千住宿から草加宿—越ケ谷宿へ

千住宿—千住絵馬屋吉田家—荒川—善立寺—御成道松並木跡—法華寺—善福寺—火あぶり地蔵尊—今様草加宿碑—草加神社社標—回向院—大川本陣跡—清水本陣跡—草加宿—札場川岸跡—奥の細道碑—藤助河岸跡—蒲生の一里塚—越ケ谷御殿跡—虎屋脇本陣跡—玉屋脇本陣跡—香取神社—越ケ谷宿

昨日歩き終えた千住の街へ戻り今日も元気に出発だ。

昨日は夕暮れとなり千住宿の確認ができず、今朝は一番にその確認に史跡を探し回る。道には昔の千住の絵をイラスト化したタイルが随所に埋め込まれているし、また街灯柱などに「千住宿を通った大名とその家紋」なる表示パネルが随所にみられる。一枚ごと読んでいたら先に進めないが面白く、次々と表示物を読みながらやがて**千住宿**の標示とその広場に辿り着く。千住宿本陣跡碑もやっと見つけ確認した。

旧日光街道と旧下妻道の分岐点石碑を見ながら進むと大きな荒川堤防に出て千住新橋を渡る。**埼玉県草加市**との道路標示をみる。とたんにどこからか香ばしいお醤油を焦がしたような匂いがする。「今様草加宿」と書かれた大きな立て看板が道路際に立つ。

草加神社からほどなく「草加宿　清水本陣跡」の石碑を確認し**草加**（そうか）**宿**に着く。宿場の雰囲気を残しつつ、やがて「草加せんべい発祥の地」なる大きな石碑があった。

小さな川沿いに水辺の安全・河童の碑なる石碑があったが面白い。やがて1㎞以上続く立派な松並木を歩く。矢立橋を渡り、その見事な江戸時代の風物詩を味わう。草加宿には松尾芭蕉、水原秋桜子、高浜虚子などの句碑が多くみられた。綾瀬橋を渡り越ケ谷市へ入る。店先に日光街道・**越ケ谷宿**とあり確認。

今日は4万歩ほど歩き、草加せんべいを1枚だけ食べたがお昼は抜きだったのでお腹が空いた。越ケ谷駅前のホテルを予約し、近くの中華店で餃子にニラレバ炒めにキムチと生ビールでしっかりと栄養補給をした。

＊（93日目）29・25㎞　4・02万歩

94日目 11月7日（晴）9—20℃（埼玉県越谷市大沢）

(3) 越ヶ谷宿から粕壁宿—杉戸宿—幸手宿へ

越ヶ谷宿—宮内庁埼玉鴨場—阿弥陀堂—秋田炉跡—歓喜院—称名寺—備後の一里塚跡—小沢本陣跡—粕壁宿—関根本陣跡—佐渡屋跡—高札場跡—大落古利根川—小渕の一里塚跡—堤根立場跡—九品寺—鹿島神社—三本木の一里塚—万福寺—杉戸宿高札場—旅籠扇屋跡—長瀬本陣跡—杉戸宿—幸手宿

昨夜の餃子で口が匂うが、まあ一人の歩き旅なので気にする事は無いか。昨日は自分では4万歩は少し歩きすぎなので、今日は少しペースをゆっくりと落として歩くつもりだ。少し肌寒いが気持ちのいい秋空にルンルン気分で出発。「古奥州街道道標」を確認するが、日光街道と宇都宮宿までは同じ道だ。地図にある宮内庁埼玉鴨場へ向かう。広大な鴨場のようだが、中の池は見ることができず周辺の梅林などみて想像する。

春日部市に入る。史跡備後一里塚跡の石碑をみた後、**粕壁宿**に着く。同じ「かすかべ」でも文字が違うと別の所に感じる。この宿場各所には脇本陣跡、高札場跡、浜島家土蔵とか街道各所に標柱が建つので分かりやすい。大落古利根川を渡り杉戸へ向かう。途中きれいな薔薇の館があり、その庭先には沢山のバラの花が咲き乱れていて思わず入ってみたくなったが、今日は結婚イベントの為入場できないとあり残念。

やがて**杉戸宿**と大きく彫られた石碑を確認する。復元された江戸時代の高札場を見上げていると、一人の同年配の方が話しかけてこられた。「歩いているのですか　どこからですか　どこまで行かれるのですか」云々。いつも声をかけてくれるのは同年配の方々で、最後には「羨ましい限りです」と言われるが、後で歳を聞かれ応えると自分より年齢が上だと驚かれる。その度「年齢で諦めないで下さい。私もそうでしたが、目標を持って一歩踏み出すともう青春が始まりますよ」と夢を語る。みなさん年齢で自分を枠にはめてしまうのはもったいない気がする。

「日光道中・日光御成道合流点」に着く。この御成道は中山道・本郷追分から川口、鳩ケ谷、岩槻を経て日光道中・幸手宿に至るが、徳川家光の時代に整備され、それ以降は歴代将軍の日光社参道となったという。太陽が沈むと急に暗くなって秋の夕暮れの速さに季節を感じる。幸手の街に入るが**幸手宿**の史跡探しは明日として今日はここまでとしたが、また4万歩と歩きすぎた。予約したホテルに入り明日の準備をしだすと洗濯の山。こりゃいかんと洗いだしたがベッドインはまた午前さまになってしまった。トホホ

＊（94日目）31・55㎞　4・35万歩

95日目 11月8日（晴）11―20℃（埼玉県幸手市中一丁目）

（4）杉戸宿から幸手宿―栗橋宿―中田宿―古河宿へ

杉戸宿―幸手宿―雷電神社―権現堂公園―幸手の一里塚跡―正福寺―道標跡―八幡神社―行幸是之碑―筑波道追分道標―雷電社湯殿社―真光寺―小右衛門の一里塚跡―川通神社―会津見送り稲荷―炮烙地蔵―顕正寺―旧家門と築地塀―池田本陣跡―栗橋関所跡―栗橋宿―房川渡し中田宿―鶴峯八幡宮―中田の松原―十九夜塔―古河城御茶屋―古河藩使者取次所跡―古河本陣跡―古河宿

前夜遅く寝たが余り眠れなく、5時の起床ベルもうっかり。だがすぐに気が付き起床。ホテルの朝食はバイキングスタイルでしっかり腹ごしらえをすると元気になった。

昨夜後回しにした**幸手宿**を歩く。いろんな表示物で宿場跡を確認する。昔あのお札にある板垣退助や伊藤博文が宿泊した「旅館・あさよろず」を訪ねたがその面影はなかった。

幸手の名物は桜並木だというが、秋で何も見られないだろうが覗いてみることにした。

その権現堂公園は春になり桜の咲く季節にはぜひ来てみたいと思うぐらい立派な桜並木が川沿いの十手に植えられていた。風が吹く度に落葉が舞う。だがふっと振り向くとコスモス畑が広がり、きれいだなーと思わず感嘆の声をあげた。茶店があり、焼き立てのパンが売っていたので買い、珈琲と共に少し早いがランチとしたが本当にいい所だ。この桜の咲く春に来たいものだなとしみじみと眺めた。

行幸橋を渡り、次の栗橋宿へ向かう。日光街道道標のある三叉路を左にとると、収穫を終えた田畑が広がる。久喜市に入る。

旧日光街道の高架上を東北新幹線が超高速で交差し通り抜けた。その時代格差が面白いが、日頃文明の利器を利用しているだけに何ともアンバランスな風景そのままに気分もアンバランスだった。

その後「会津見送り稲荷」関所破りが火焙りの刑の処せられた「炮烙地蔵」を経て**栗橋宿**へ着く。池田本陣跡、栗橋関所跡、番士屋敷跡などを確認。

利根川にかかる利根川橋を渡り**茨城県古河市**へはいる。秋空に雄大な雲が浮かびしばし見とれる。日光街道鎮守・鶴峯八幡宮で一休み。

次いで**中田宿**へ入る。次の世代に楽しみな松並木道が続く。周辺には茶畑が広がる。

古河宿に着く。古河宿と書かれた燈籠があちこちで見られ、その下には史跡案内が書いてある。史跡古賀城御茶屋口と立派な本陣址の石碑も確認する。宿場や街道の管理は市町村にて違うがこの町はよく整備されている。夕暮れになると風が急に冷たくなってきたので、今日はここまでとして近くのホテルを予約した。明日の天気予報は終日雨のようだ。

＊（95日目）23・86㎞　3・29歩

96日目 11月9日（雨）13—20℃（茨城県古河市本町）

（5）古河宿—野木宿—間々田宿—小山宿

古河宿—金毘羅宮—日光街道古河宿道標—古河宿燈籠—栗橋道道標—塩滑地蔵菩薩—下野國（栃木県）国境—野木神社鳥居—木戸跡—熊倉本陣跡—野木宿—脇本陣跡—野木の一里塚跡—猿田彦大神—長屋門—とろ屋跡—乙女の一里塚跡—若宮八幡宮—仏光寺—逢の榎—琴平神社—問屋場跡—間々田宿—間々田本陣跡—千駄塚古墳道標—大橋とつぁん旧居跡—長屋門—若松脇本陣跡—控本陣跡—小山宿

昨日は利根川を渡り武蔵国（埼玉県）から下総國（茨城県）に入り、今日は早くも下野國（栃木県）を目指す。外は朝から土砂降りの雨。こんな日はホテルでゆっくりと身体を休めたいものだと別の自分が言う。だが雨風だと言ってその日を休んだことは一度もないので頑張って着替える。雨の準備をするが大概下着までずぶ濡れを覚悟せねばならない。

早速歩き始めたものの雨の中街道を勘違いして反対側へ歩き、おかしいなと気付いたが1時間ほどロスしてしまい泣く。**古河宿**の本陣跡、高札場を確認し、金比羅宮、神宮寺を経て近くの**野木宿**へ向かう。

熊倉本陣跡、脇本陣跡を見て街道を進むと野木町立野木小学校があった。町立とは珍しいなと思ったが、そう言えば自分は長野県南安曇郡南穂高村の村立小学校だったと笑う。

しばらく雨が横殴りとなり、かなり激しく降り立ち往生するもゆっくりと歩く。途中「乙女の一里塚」に着くが、エノキの大木の根元に鳥居と関燈籠があり前に畑が広がる。その情景が雨と霧に霞み何とも言えない郷愁を誘う光景で見惚れた。雨で人影はなく、雨音だけが激しく響くが、その光景は全く静かで不思議だった。

やがて**間々田宿**に着く。小山市立車屋美術館が登録文化財・小山家の敷地内にあった。間々田宿本陣跡、問屋場跡を確認する。体は厚着をして歩くので汗をかき、顔や手など外に出ている肌は冷たい雨に打たれ寒い。いよいよ雨で上下とも服が濡れて疲れてきた。

だがまさかと思うような田舎道にマクド（マック）店があったので飛び込む。濡れた服で席に座るのは気が引けるが、後でタオルを出して拭くとして先ず熱い珈琲を注文。まさに砂漠の中のオアシスといった有難さだ。もう動きたくない居心地だが少し雨も小止みになってきたので思い切って後片づけをして外へ出る。とたんに今まで以上に激しい雨が降ってきてすぐにまた元の木阿弥で寒くなってきた。

やがて小山宿の江戸南口だった天満宮に着く。一休みもできず進むと若松脇本陣跡　控本陣跡をみて**小山宿**に着いた。薄暗くなってきたので今日はここまでとして予約したホテルへ向かう。余りの寒さと終日の冷たい雨に体が冷え切ってしまったが無事に歩けた。

＊（96日目）25・25㎞　3・36万歩

97日目　11月10日（曇晴）11—21℃（栃木県小山市中央町）

(6) 小山宿から―新田宿―小金井宿―石橋宿―雀宮宿へ

小山宿―小山城址―愛宕神社―元禄・蛸屋総本店―日枝神社―喜沢の一里塚跡―青木本陣跡―新田宿―橿原神社―石仏石塔群―小金井の一里塚跡―領主陣屋跡―俳諧の句碑―大越本陣跡―小金井宿―大越屋の蔵―笹原旧道―石仏石塔群―星宮神社―伊沢脇本陣跡―伊沢本陣跡―石橋宿―雀宮宿

いつもの5時に起床しカーテンを開くと曇り空。よかった　これなら歩けそうだ。幸い風邪も引かず大丈夫のようで、いつも丈夫な体に感謝する。食欲がなく朝食を食べたくないが、それでは歩けないぞと無理してでもしっかり食べる。今日も元気に出発だ。濡れた靴は中が半乾きだが、これくらいなら大丈夫だ。

先ず徳川家康が会津の上杉景勝を討つべくこの小山に着陣すると石田三成挙兵の知らせに急遽軍議を開き、三成打倒に評議し大返しとなったという「小山評定碑跡」を見る。

元須賀神社を経て**新田宿**へ着く。青木本陣跡など確認し**小金井宿**へ向かう。小金井の一里塚を経て領主陣屋跡、大越本陣跡などへて**石橋宿**へ向かう。蛸堂新田村の鎮守、人々の背負う星々（一生）を守護するという星宮神社へ　途中元禄時代の創業と言う御菓子司・蛸屋前を通るが３００年以上前の店が今も現存し営業しているとはすごい。

ここを過ぎるとやっと秋空が広がり太陽が顔を出した。その大きな雲の形が次々と変化するので面白く、何度か秋空を見上げ、歩きながらも雲の変化を楽しんだ。

やがて**雀宮宿**に着き、雀宮本陣跡、脇本陣跡を確認する。ここにグリム通りがあり、まさにグリム童話に出てくるような装飾があり驚いた。

今日は淡々と歩いてきたが、早い夕暮れに目的地の前だがここまでとし、予約したホテルに向かう。日々大きなトラブルもなく歩けることがありがたく感謝だ。

＊（97日目）30・21㎞　4・10万歩

98日目　**11月11日（晴）5—10℃（栃木県宇都宮市雀宮）**

(7) 雀宮宿から宇都宮宿へ

雀宮宿—雀宮本陣跡—脇本陣跡—馬頭観音—雀宮神社—寿鶴薬師堂—不動堂—蒲生君平勅せい碑—台陽寺—熱木不動尊—歌橋番所跡—一向寺—天満宮—材木町木戸跡—上野本陣跡—宇都宮宿

今日は**雀宮宿**から出発だ。昔の日光道中宿村大概帖によれば、雀宮宿の宿内家数は72軒、宿内人口は268人（男138人、女130人）とあり、当時の様子が詳しく記されているが、各宿帳も詳しく資料が残されていてその管理に驚く。街道を進むと街道沿いに陸上自衛隊北宇都宮駐屯地が見えてきた。**宇都宮宿**に入る。

路線橋の下を走るＪＲ日光線を見ながら宇都宮の史跡、旧跡を訪ねるが、ここも近代的に整備され、宿場のあった所にはその旨の表示板が小さく標されているだけだった。本陣跡も小さなプレート一枚が柱に貼ってあるだけで面影は全くない。

「日光街道と奥州街道の追分」との表示が見えた。持ち歩く資料には「江戸日本橋からここまでは同じ道で、ここから日光街道は鉢石宿から日光東照宮まで、奥州街道はここから福島県の白河宿までが幕府直轄の奥州道中となり、以降仙台までは仙台道、また盛岡道、松前道へと北海道松前宿まで続く」とある。宇都宮二荒山神社で一休み。大きな神社だが長い階段を上ると都心のオアシスで、境内ではランチ時なのか多くの会社員が弁当を広げ休憩していた。

宇都宮宿の史跡、名所など訪ねた後、少し早いが半日として今日はここまでとした。

今日のランチは宇都宮名物の餃子定食にしたがボリュームたっぷりで美味しかった。さすが餃子の街として有名なだけあり、ＪＲ宇都宮駅前には大きな餃子の像が立っていた。宇都宮駅前のホテルに宿をとったので夕食も餃子にしたが、ニンニクで少し精力がついたのか元気モリモリだ。

＊（98日目）16・61㎞　2・33万歩（半日）

99日目 11月12日(晴) 6—19℃(栃木県宇都宮市傳馬町)

(8)宇都宮宿—(日光街道へ入る)—徳次郎宿—大沢宿へ

宇都宮宿—宇都宮城址公園—三峯神社—宝勝寺—桂林寺—鍵の手—勝善神—柿塚神社—薬師堂—柿塚神社—高尾神社—桜並木—上戸祭の一里塚跡—光明寺—大谷道道標—徳次郎城址—痣地蔵尊—智賀都神社—徳次郎六本杉—徳次郎宿—徳次郎城址—石那田の一里塚跡—十九夜塔—馬力神—猪倉街道分岐—金勢様—お願い地蔵—新渡神社—上小池の一里塚跡—六十六部塔—桜並木—並木寄進碑—大沢宿

今日は朝から真っ青な秋空が広がり気持ちがいい。朝7時半、少し肌寒いが**宇都宮宿**、宇都宮市役所の夢時計前からスタート。ここはその名の通り、夢のある時計台があり整備されている。**宇都宮城址**を訪れる。まだ早くて施設はまだ開いていないが、掃除をしていた女性に尋ねると施設はまだ開店前だが城内はご自由にとの事で入る。しかし石垣はあっても城の址はなく、広い公園が広がっている。ここより日光街道へ入る。戦火を免れたという大きな銀杏の木を見つつ栃木県庁前にでるが、名前の通り栃の木が街路樹に多く、今は丁度落葉の時期のようで大きなトチの葉が路上に舞う。

長い街道並木道が続く。**徳次郎宿**(とくじら)に着く。史跡にある**徳次郎城址**を探すが、何と森の中にそのこん跡があったが、僅かなそのこん跡を見ながら昔の人はこんな所にも城を築いたのかと感慨深かった。徳次郎宿の本陣を確認し宿場跡を見る。

やがて智賀都神社で大きな欅の木を見上げる。これは樹齢700年ほどの「長寿の夫婦欅」と呼ばれる二本対の巨木で風が吹く度に大量の葉を散らしていた。石那田の一里塚を経て「二宮尊徳先生遺跡・石那田堰」を見る。周辺にはリンゴ園が広がる。

大沢宿に着く。長い日光街道が続き、その並木道にはヒノキ、桜、もみじ、銀杏、リョウブなどいろいろな木々が植えられていて四季折々を楽しめそうだ。

日光市に入ると「並木寄進碑　今市市」が建つ。何キロかに渡りいよいよ杉林が続く。花粉症なので春歩きに出なくてよかったと安堵する。だがさすがに日光の杉並木は箱根の杉並木道と比べてもスケールが違い、延々と続くその並木道は見事だ。

ちなみに日光杉並木は37㎞に及び、20年の歳月をかけて20万本植えられたと記録にある。現在は1・6万本ほどあり、樹高30mを超す杉並木は勿論ギネス世界一だ。

周囲には何もなく、ただ冷たい風が吹き抜けるだけ。やはり朝夕は急に寒くなってきた。油断すると風邪を引きかねないので今日はここまでとした。

＊（99日目）33・4㎞　4・53万歩

100日目 11月13日（晴）3―16℃（栃木県日光市大沢町）

（9）大沢宿から今市宿―鉢石宿（起点地）―日光東照宮へ（終着地）

大沢宿―王子神社―将軍休息所跡―大沢御殿跡―水無の一里塚跡―山伏千手院跡―来迎寺―日光杉並木街道―桜杉―七本桜の一里塚跡―和尚塚―高橋本陣跡―今市宿―脇本陣跡―報徳役所跡―瀧尾神社―朝鮮通信使今市客館跡―砲弾打込杉（戊辰戦役の激戦地）―代々馬力神―旧幕府軍陣地跡―日枝神社―戊辰戦争隊士の墓―尾立岩―日光杉並木碑―木戸門跡―入江本陣跡―高野本陣跡―鉢石宿（起点地着）―盤裂霊水・天海大僧正銅像―大谷川の日光橋―神橋―日光東照宮（日光街道 完歩）

今日も気持ちの良い青空に心もワクワク　体調も良く問題なし。いよいよ日光街道歩き旅も今日で完歩なるかと張り切って出発する。朝夕が急に寒くなってきた。

昨日歩き終えた**大沢宿**の王子神社からスタートする。ここは小さな神社だが1200年代の創建と言うから古い。ここよりまた昨日に続き、日光杉並木が延々と続く街道を歩くが、改めて街道の杉の木立を見ていると、まさに世界遺産の一翼を担うものだと見つめる。倒木し切倒された老木の年輪を数えてみたがかなりのもので数えられなかった。

今市宿へ入る。「例幣使杉並木街道」と表示板。近くに二宮尊徳公終焉の地とあった。

少し先に「日本のこころうたミュージアム・船村徹記念館」がありしばし休憩。多くの年配の方々で賑わっていた。船村徹作曲で舟木一夫歌の「夕笛」など懐かしく口ずさむ。

きれいな公園にでたが、朝鮮通信使今市客館跡とあり、かつてここに朝鮮通信使が3回来て、東照宮を参拝したことが書かれていた。九州から上陸し日光まで遠くを歩いて来たものだと思う。この公園の紅葉がまさに今盛りと美しく、しばしその素晴らしい光景を見惚れた。砲弾打ち込み杉との表示板に足を止めたが、戊辰戦争の激しい戦地で、官軍の放った砲弾が杉に当たりそのまま埋め込みながら成長していた特異な跡光景だ。

日光**鉢石宿**の起点地が見えてきた。とうとう日光街道を完歩できたようだが、その先の東照宮まで歩く。夕暮れとなり、急に寒くなりダウンジャケットを取り出しきると暖かくありがたい。やがて日光橋渡り詰めが**日光道中起点地**とあり、やっと到着した。

更に日光東照宮まではここから少し上りとなり急ぐ。板垣退助の銅像、磐裂霊水・天海大僧正銅像を見つつ、紅葉の境内を上り**東照宮**に到達。それはなんと豪華絢爛、金箔の東照宮は別世界だ。説明では徳川家康は日光へ来た事は無く、ただ遺言により陰陽の世界観から、この地で万民の平和を祈るとしたらしい。それにしても壮大、荘厳で時の権力者の力を垣間見た思いがする。

隣の輪王寺ではその境内に入り、僧侶の説明を聞きその時代から今に至る歴史と存立意義等を聞いたが、歴史の重みを感じた。4時を過ぎ太陽が沈むと一気に山の中は暗くなった。山を下るともう真っ暗となり、お土産店などの灯りが街を照らしている。

予約したホテルに入り、足膝腰肩など体をよく揉みながらよく歩いたな　ありがとうと労る。そして支えてくれた人たち一人一人を想い熱燗で感謝のありがとうを繰り返し乾杯していたら何杯も飲んでしまった。この達成感と共に感謝と嬉しさの時間は言葉で表現のしようもない至福感でいっぱいになる最高の時間だ。江戸・日本橋から9日目にして日光・東照宮に着き、日光街道を完歩できた。大雨の日もあったが、ほぼ毎日秋空のもと元気に歩けたので感謝でいっぱいだ。歩き旅を始めて今日で丁度100日目だった。

＊（100日目）30・91㎞　4・18万歩

日光街道歩き旅　累計 9日間 243・47㎞　33・24万歩

101日目 3月26日（曇雨）11―19℃（栃木県宇都宮市伝馬町）

(10) 宇都宮宿―白沢宿―氏家宿

宇都宮宿―日光街道追分―朝日坂―宇都宮城址―琴平神社―おしどり塚―清巌寺―鳥山道追分―首切り地蔵―日吉神社―桜並木―稚児坂―白沢地蔵堂―旅籠高砂屋跡―白髭神社―番所跡―宇加地本陣跡―白沢宿 ―薬師堂―白沢の一里塚跡―鬼怒川の渡し跡―船玉神社―與作稲荷神社―高尾神社―男女双体道祖神―逢坂―将軍地蔵―勝山城址―お伊勢の森―古町薬師堂―平石本陣跡―氏家宿―西導寺

日光街道を歩き終え、今日からその途中、**宇都宮宿**から続きの奥州道中を歩く。今日は昼から雨との予報にしっかりと朝食を摂り、早めにスタートする。

今日の予定は白沢宿から氏家宿まで。朝未だ早いので人も少ないが、早春の気持ちのいい空気を胸いっぱいに吸いこみながら、歩けることの幸せに感謝しつつ快調に進む。

水仙など春の花を見る。早くも「ここから白澤宿内」との古い表示板。更に古い休憩所がありｰ「白澤宿・ここは江戸より三十里」とあった。慶長時代からあるという街道の道標夫婦榎があった。「やげん坂」を上るが椿の花がきれいだ。やがて「江戸時代の公衆便所」と書かれた古い小屋がある。近づいてみると余りにも粗雑で驚くが、江戸時代の旅人にとっては必需的な場所だったのだろうなと覗いてみる。こんなものが残っているというか、残していることも凄いなと思う。しかし旅人にとって必要不可欠のものなのだ。

やがて**白沢宿**に入るが、奥州街道の第一宿として江戸時代から栄えたという。江戸時代当時にあった店の名前などが、現代の家の前に掲げてあり、昔はここに米屋があり鍋屋があり油屋があったのだとわかる。宿場の中心街は整備され、街道の左右には小川が流れ水車が回り、当時の風情がしのばれる。

九郷半川の畔で流れを見ていると自転車に乗った女性が停まり話しかけてこられた。「歩き旅ですか」と。何でも宇都宮でボランティアガイドをしていて、こんどこの白沢宿へお客さんを連れてくるのでその下見に来たとか。長い時間お互いのお喋りをしつつ、近隣のガイドをしてもらったが、コロナ禍で会話を控えてきたので楽しかった。

白沢の一里塚を経て鬼怒川堤防を進む。小雪が舞い寒くなってきた。古い表示板に「ここは鬼怒川の渡し場　右白澤宿、左氏家宿」とあった。江戸時代はここから渡し舟で鬼怒川を越えたようだ。「シルビアシジミ発見の地さくら市上阿久津」の表示板を越え**さくら市**に入る。巨木の「堂原の銀杏」を見る。いつものように数百年を経た巨木の精気をもらいたく、幹に両手を当て心静かに深呼吸し何度か繰り返しながら森の精、巨木の精を胸いっぱいに頂くと不思議と心身ともにリフレッシュするから不思議だ。

勝山城址へ向かう。城跡は特に何もないが整備されたその遺構を見る。前の鬼怒川を望み桜の木が多く、もうすぐここも多くの人出に賑わう事だろう。空を見上げればウグイスが鳴いて春を感じる。**氏家宿**に入る。江戸時代の「御本陣・平石六右衛門邸跡」は平石歯科とあり、子孫は歯科医のようだ。名所旧跡を訪ね氏家宿を歩く。今日はここまでとした。自分の体ながらそれぞれが頑張ってくれて頼もしい。

＊（101日目）26・13㎞　3・59万歩

102日目　3月27日（晴）12―23℃（栃木県塩谷郡氏家町）

(11) 氏家宿―喜連川宿―佐久山宿―八木沢宿―大田原宿

西導寺―氏家宿―石井脇本陣跡―脇本陣跡―狭間田の一里塚―勝善神―喜連川宿―本陣跡―喜連川城址―専念寺―金鶏神社―御膳水碑―佐久山城址―実相院―本陣跡―佐久山宿―正浄寺―八木沢陣屋跡―湯殿神社―忍精寺―本陣・高札場跡―幸矢の与一像―金燈籠―大田原宿

今日は朝から快晴のよいお天気だ。昨日歩き終えた**氏家宿**の西導寺前をスタートする。氏家宿には大きな屋敷跡、本陣や脇本陣跡などが今も残る。氏家宿の南、鬼怒川左岸には「小江戸」と称され賑わった阿久津河岸があり、仙台藩、米沢藩、二本松藩や近郊の大田原藩、宇都宮藩などの諸藩が天領で収穫された米を江戸へ出荷する水運の一大拠点だったという。山々に残る残雪を見ながら街道を進むと「日本三大美肌の湯　喜連川温泉さくら市」との大きな看板。また峠越えの道には「古戦場天文18年那須氏喜連川塩谷氏500余騎と宇都宮尚綱率いる宇都宮郡2000余騎戸が戦ったが、宇都宮軍勢は大将が討たれ退散した」とあるが、昔から同じ民族が隣同士で戦っていたことを改めて知る。

奥州街道の標示杭を確認しつつ古道に入る。木洩れ日が森の道を照らし、二羽のウグイスが交互に鳴き恋の季節かな。木々の枝先に新芽が顔を出しそよ風に揺れる。本当に見るもの聴くもの自然の素晴らしい営みと演出に見とれながら浸る。人ひとりいない森の中で自然と一体になって過ごせる幸せに涙が溢れる。

いま日本森林保健学会の会員だが、森の中での心身へ及ぼす効用が科学的に分析され、また発表される世界の先進各国の研究成果を学ぶ。ベートーベン、夏目漱石、堀辰雄、ジョンレノン、山本五十六、坂本龍馬、フロイトやアリストテレスなど森の自然から心癒され影響を受けてきた人は数知れない。自分はその効用を箕面の森の散策で20余年実感してきただけに自らも実証できるので、森林療法の第一人者、上原 巌博士（東京農大教授）の活動、研究に共感し期待している一人だ。

古道を抜け**喜連川城址**へ向かう。城跡へは坂道を上るが一気に汗が出る。天守閣はなく遺構があるだけだった。里に下ると道祖伸があり、水を張った水田に山々の残雪が投影され美しい。大田原市に入る。峠道の途中、小さなバス停があり時刻表を見ると朝7時25分一本だけ、反対側は18時36分とあり、一日一本の往復のみとあり驚く。

大田原宿に着くが、大田原は源平合戦の屋島の戦いで名を馳せた那須与一ゆかりの地だ。よく整備された宿場町で気持ちがいい。今日は少し歩きすぎたようだ。でも不思議と調子よく歩けるときは足は疲れないものだと実感する。

＊（102日目）42・68㎞　5・71万歩

103日目　3月28日（晴）春の嵐　2—12℃（栃木県大田原市新富町）

(12) 大田原宿—鍋掛宿—越堀宿—寺子宿—芦野宿

大田原宿（おおたわら）—旅籠・上州屋跡大田原城址—大久保木戸跡標石—平家の豪族・瀬尾家居館跡碑—那須湯道追分道標—桶沢の大沼—鍋掛の一里塚—鍋掛宿—正観寺—那珂川の渡し—枡形跡—問屋場跡—本陣跡—加茂神社—越堀宿坂本屋碑—越堀宿—冨士見峠—余笹川の渡し—番太坂—館山城址—芦野氏居館跡—三光寺—芦野氏陣屋跡—脇本陣跡—平久江家門—番所跡—本陣跡—芦野宿

昨日は5月の気候とかで23℃と暖かく42㎞　5・7万歩と順調に歩いた。今日も同じような天候かと外へ出たら昼間も12℃と寒くてびっくり。しかも一転　春の嵐か　朝から晩まで冷たい強風が吹き荒れ終日震える。昨日歩き終えた**大田原宿**の金燈篭に着き、すぐにスタートして**大田原城跡**へ向かう。昔の龍体山大田原城の図を見つつその遺構を見る。城跡を下り、街道を進むがどうやら道を間違えたようだ。しっかりしろと檄を入れる。

早くも田植えの水張が始まっている。「芭蕉の道おくのほそ道」との石碑が立つ。芭蕉はこの道を通って旅をしていたのかと感慨深い。桜が咲き始めたが「桧木沢のサクラ」とあり初めてみる品種だ。鍋掛牧場に着く。風に飛ばされ澄んだ空気の中大きな牧場があり、牧草畑が周辺に広がる。北海道の日高に似て悠然としている。

「伝説の大うなぎ　樋沢の大沼」との表示前から**鍋掛宿**へ向かう。芭蕉の句碑が各所に見られる。「此の地奥州街道**越堀宿**桝形の地　鍋掛村役場跡」と大きな石碑を見る。

広大な牧草地を通り寺子の一里塚へ、次いで夫婦石の一里塚へ。「日本三所芦野聖天」で一休み、**芦野宿**場へ入る。ここも当時の店の看板「ぬり屋」「足袋屋」「丁子屋」「上州屋」などの標示が各家に付いているので当時を想う。今回出発前に読んでいた「流人道中記」浅田次郎著（中央公論新社刊）にこの奥州街道から芦野宿界隈の事があり、ここがその舞台かと小説の中の江戸に帰り懐かしい思いがした。今日はここまでとして予約したホテルへ向かう。終日冷たい強風に体の芯から冷えたが、熱い風呂に入り体を癒やした。

＊（103日目）　36・54㎞　4・87万歩

104日目　3月29日（曇雨）3―13℃（栃木県那須郡那須町芦野）

(13) 芦野宿―板谷宿―寄居宿―白坂宿―白河宿

芦野宿―建中寺―遊行柳―湯泉神社―岩倉右大臣歌碑―べこ石の碑―諭農の碑―板屋の一里塚―高徳寺―脇沢の地蔵様―観音坂―座り地蔵尊―湯殿山常夜燈―泉田の一里塚―初花清水碑―住吉明神―白河二所之関址碑―山の神―おくのほそ道道標―丁津屋跡―本陣跡―白坂宿―大垣藩士戦死之跡碑―本陣跡―旧陸羽街道―廿三夜燈―金売吉次兄弟墓―名号碑―戊辰の役古戦場跡―八雲神社―西宮大神―藤屋―奈良屋―山木屋―松河屋―敷教舎跡―脇本陣柳屋跡―白河宿　（奥州道中・完歩）

今日は曇天　寒の戻りのようだがとにかく寒い一日。だが歩き旅にはこの冬場が最適で一番好きだ。昨日歩き終えた**芦野宿**へ戻り、ここから元気に出発。**芦野城跡**へ向かう。山城のようで城壁はなく、城址下の一軒の民家で朝の掃除をしていた人と挨拶を交わししばし話を聞くが、親切に芦野周辺の歴史を教えて頂いた。

「那須の名木　武家屋敷のしだれ桜　推定樹齢400年」を見るがもうすぐ蕾が開くようで咲けば見事だろうなと見上げる。「那須町指定・武家屋敷門旧平久江家」を見つつ江戸時代の光景を楽しむ。「現代の石の美術館」を見る。遊行柳、脇沢の地蔵様から林道沢口豆沢線を進む。泉田の一里塚を経て玉津島神社で一休み。福島県**白河市**に入る。峠道で白河二所関址碑を確認する。馬洗場もあり、ここから宿場に入ったようだ。

奥州道中・白坂宿木戸跡南入り口から**白坂宿**場に入る。
間もなくして終着地の**白河宿**に入る。白河と言えば「白河提灯まつり」と言わんばかりに大きな表示板が掲げられている。史跡・**小峰城址**（別名**白河城**）に着く。立派な天守閣があり、石垣もしっかりと組まれ、前御門跡には頑丈な木造門が建つ。

奥州道中を無事歩き終えた。快調に飛ばして歩いたのか予定より2日早く到着した。

徳川幕府が道中奉行を置いて管理した江戸五街道の一つ奥州道中は江戸日本橋から宇都宮宿を経て福島県白河宿の女石追分まで。白河宿は江戸幕府の道中奉行が直接管轄した最北の宿場だった。尚、下野國（栃木県）から陸奥國（福島県）への国境を超えると**白河関所跡**があり、この山間部にある関所は関東と奥州との境界をなした要衝だった。その廃墟となっていた白河関所跡を復活させたのは白河藩主・松平定信。歌僧西行、芭蕉はじめ多くの文人墨客が歌に詠んだ歌枕の地としても名高い。

奥州道中を無事に完歩でき乾杯だ。

＊（104日目）30・22㎞　4・13万歩（奥州道中　完歩）

奥州道中歩き旅4日間　累計　135・57㎞　18・3万歩
一日平均　33・89㎞　4・57万歩

宇陽略記　文久4年（1864）
宇都宮の歴史と文化財https://utsunomiya-8story.jp/ より

5 薩摩・豊前街道22次 歩き旅

＊福岡・筑前山家から熊本までは豊前街道、熊本から鹿児島までが薩摩街道、併せて薩摩・豊前街道と呼称

＊鹿児島薩摩藩・鶴丸城址を終着地とする

＊延べ19日間、492.5㎞　68.5万歩　旧宿場22

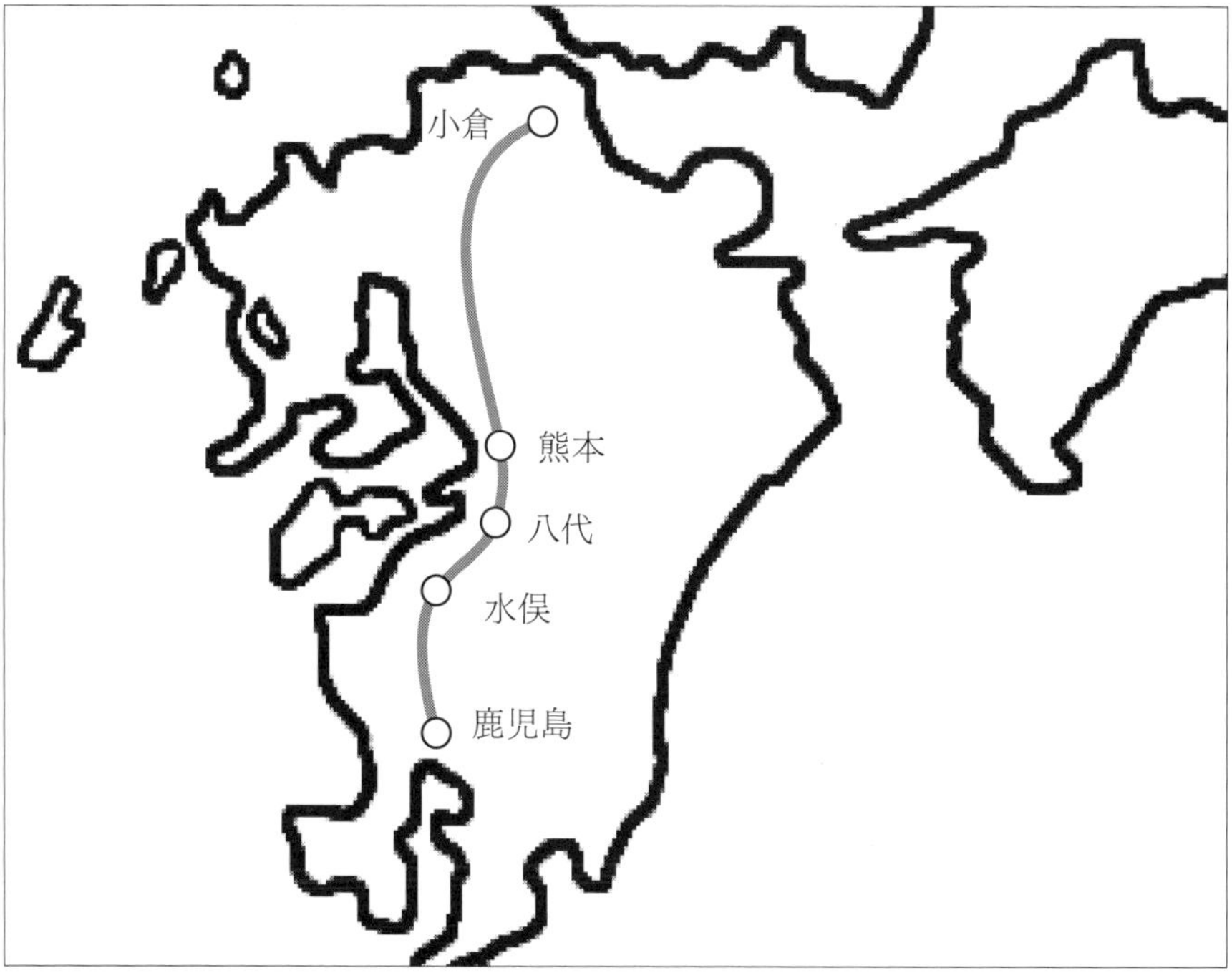

薩摩・豊前街道　目次

薩摩・豊前街道プロローグ

今回は筑前国の福岡藩・山家宿から肥後國の熊本藩・熊本城までの豊前街道と熊本から薩摩國・薩摩藩の鹿児島城（鶴丸城址）を終着地とした薩摩街道を歩く。

薩摩街道は豊臣秀吉が島津氏征伐の為、20万人の大軍団を率いて進んだ道として名高い。また薩摩街道は九州諸大名の参勤交代で江戸へ上り下りする道。薩摩藩の島津氏、八代藩の松井氏、人吉藩の相良氏、肥後藩の細川氏、柳川藩の立花氏、久留米藩の有馬氏の6藩が利用し、宇土支藩の細川氏が利用した豊前街道を含めると7藩が薩摩街道を行き来したという。

105日目　1月21日（曇晴）1―7℃（福岡県筑紫野市山家）

(1) 福岡県・筑前山家宿―（豊前街道へ分岐）―松崎宿

山家宿―薩摩街道干潟野越堤―草場川―七板遺跡―三原家洋館土蔵―旅籠・油屋―御茶屋本陣跡―松崎宿―北構口―旧松崎旅館―旅籠・鶴小屋―南構え口―石堰の追分―筑前・筑後の国境石―松崎宿

昨年、長崎街道を歩きつつこの**筑前山家宿**を通った。ここが薩摩・豊前街道の分岐点だと確認し、いつかこの街道も歩きたいなと思っていた。あれから長崎街道、日光街道・奥州道中を歩き終え、続いてこの分岐点に再び戻ることができて嬉しい。

今朝は4時前に起き、新大阪駅から始発の列車で博多駅へ、福北ゆたか線で桂川(けいせん)駅へ、更に原田線で無人駅の筑前・山家駅に一人降り立ったのは昼前だった。


さあ出発だが、今回はいつもと違い慎重なスタートだ。と言うのも出発10日前に重い荷物を持ってギックリ腰になり、足も痛めるというアクシデントがあったからだ。

未だにまだ痛むがこれも歩き旅の警告だと荷物を減らし、より慎重に準備した。何とも心もとないスタートだ。かかりつけ医からは、コロナ禍で家にばかり籠っていてもリスクは変わらず、むしろ最近は老人の家庭内事故も多く、健康的な生活を阻害され病気やケガの確立が高くなっていると聞いた。後は万全を尽くしながら慎重に歩く事でしかない。

途中から道を間違えたのか疑念だったが、やっと「薩摩街道干潟野越堤」との表示板にホッとする。七板遺跡、祇園神社を経て最初の**松崎宿**に入る。松崎宿本陣の御茶屋跡など巡り**小郡市**に入る。冬の田園地帯を延々と歩くが何もなく、すべての動植物が厳しい冬をどう過ごしているのかと思わせるがどっこい　小さな春の芽を見つけた。

自然界はこの寒さの中でもしっかりと営みを続けている。今日はここまでとした。
＊（105日目）22・34㎞　3・06万歩（半日）

106日目　1月22日（晴雨）1―8℃（福岡県小郡市松崎）

（2）松崎宿―久留米・府中宿―羽犬塚宿

松崎宿―旅籠油屋―下岩田の一里塚―筑後川―神代浮橋之碑―神代天満宮―久留米・府中宿―筑後川―高良大社―田中久重鋳砲所跡（からくり儀右衛門）―白布観音像―筑後市―羽犬塚宿―御茶屋跡

朝8時前、昨日歩き終えた**松崎宿**からスタートする。凛とした冷たさが気持ちいい。西郷隆盛が泊まり、乃木将軍が休憩したという**「旅籠・油屋」**や、随所に残る史跡を巡りつつ、松崎宿・南構口から次の府中宿へ向かう。冬場の花は限られているが、田畑のあぜ道に黄色いアブラナの花が沢山咲いていて目を奪われる。広大な麦畑が広がる。何キロにも及ぶ桜並木を見つつ、春になればその満開の桜と景観を想像した。筑後川を渡り**府中宿**へ入る。筑後川の水源は阿蘇山で有明海へ注ぐ九州最大の河川で「筑紫次郎」と呼ばれているとか　面白い名前だ。**府中宿**に着くが、そのこん跡を探す方が難しく、府中宿北構口と坊津街道府中宿本陣跡と書かれた木片を一つ見つけただけだった。大きな高良大社を見るが、この辺りが府中宿場で本陣跡もここにあった。町の随所に江戸時代の商いの名称板、「米屋」「鍋屋」「油屋」などが掛けられていて当時の様子を想像できた。

筑後市に入る。大きな文字で**薩摩街道（坊津街道）**と表示板があり、別に**豊前街道**ともあり街道の名称はまちまちだ。やがて山頭火、伊能忠敬の足跡碑を見る。

犬の塚碑をみて筑後市羽犬塚へ入り**羽犬塚宿**御茶屋跡をみる。羽犬塚宿に羽犬塚の伝説碑と共に、羽根をつけた犬が飛び立たんとする像があり不思議に眺めた。羽犬塚小学校あたり一帯が羽犬塚宿の宿場だったようだが、今はその面影は何も残っていない。また冷たい雨が降ってきた。友達のフォトCスタジオのIさんから励ましのメッセージを頂いた。一人雨の中を歩いていると嬉しく元気が出る。今日はここまでとして予約したホテルへ入る。足も靴と合体して順調に歩き旅を続けられることがなんとも嬉しい。

＊（１０６日目）33・5㎞　4・72万歩

107日目　1月23日（雨）1―6℃（福岡県久留米市羽犬塚）

（3）羽犬塚宿―瀬高宿

羽犬塚宿―羽犬像―六地蔵尊―六所宮―羽犬塚恵比寿像―石碑（北上妻郡・南下妻郡）郡境石―史跡一之塚源平古戦場跡―薩摩街道標識―日本第一秋津島浪右衛門の墓（力士）―聖母宮―瀬高宿

今朝は予報通りの雨、しかも本降りだ。雨支度をして様子を見るが益々激しくなるので少し遅れて出発する。昨日歩き終えた**羽犬塚宿**から今日はスタートだ。

羽犬塚の町を歩き始めた途端、もの凄い突風に傘は反転し骨が折れて役立たず。直後から激しい雨に一瞬にして服は上下ボトボト。びしょ濡れだが着替えるところもなくこのまま前へ進むしかない。十砂降りの雨の中**瀬高宿**に向かう。一面の麦畑が広がり、ビニールハウスが続く。小川ではシラサギが舞う。舗装していない土道の田舎道では多くの水溜りを避けながら歩くが結構神経も使う。靴の中に上から水が入り込みすでに靴下は水浸しで足が冷たい。

一之塚源平合戦古戦場跡に着くが、かつてこの地で源氏と平家が戦ったのかと周辺を見渡す。前を国道が走り、大型車が列になって通って行き、当時の面影を想像もできない。

やがて筑後公園休憩所で雨宿りしながら一休み。着替えなどはせずに次の日本第一秋津島浪衛門の墓を探す。江戸時代の力士で強い大男で日本一だったとか。激しく降る雨の中、民家の角にその碑を見つけた。かつては先代の若乃花や横綱・大鵬、柏戸などが巡業の時には訪れたとか。昭和の懐かしい名前だ。船小屋温泉大橋を渡り**みやま市**に入る。船小屋は有馬藩の舟小屋が置かれた。聖母宮に着くが聖母マリアではなく聖母神社とのこと。

やっと**瀬高宿**に入るが宿場史蹟を探すのは明日にして、早めに予約したホテルに入る。

ボトボトに濡れた衣服の洗濯に時間が取られる。最近の雨は何か異常な降り方で不気味ささえ感じるが、外を歩く旅なだけに肌身で実感する。ハックション

＊（107日目）16・4㎞　2・38万歩（半日）

108日目　1月24日（曇晴）0－8℃（福岡県みやま市瀬高町）

（4）瀬高宿―山川宿―南関宿

瀬高宿―来迎寺―祇園宮―菊美人酒造―矢部川―伊能忠敬測量基点の地碑―萬福寺―石塔群―平家野町五輪塔群―日当川地蔵―要川公園（源平最後の激戦地）―松風の関―筑後國と肥後國の湯谷川領境界石―熊本県に入る―城原官軍墓地入り口―正勝寺（西南戦争時・官軍の本営地）―南関宿―御茶屋跡

今朝は昨日の雨も上がり、気持ちのいい朝だが0℃と風がとても冷たい。

昨日歩き終えた**瀬高宿**前からスタートする。昨日は雨でよく見なかったが、ここは改めて**古代卑弥呼の邪馬台国の所在地**との碑文を見る。ここは江戸宿場町の雰囲気はなく古代卑弥呼を町のシンボルにしているようだ。禅寺・二尊寺に着き境内への階段を上がる。きれいに整備されていて瀬高の町を一望する。

今朝のホテルは素泊まりで朝食がなく、店を探しつつ歩くも益々僻地と一面の畑で自販機一台もなくお腹が空いた。前夜の夕食は濡れた服なのでコンビニ弁当にしたが物足りなかった。山道に発酵パン店とか古びた表示板を見つけたので喜んで山道を上ったがすでに倒れかけの廃屋で店どころではなく余計に腹が鳴った。まあこんな日もあるさ。

冷たい風を受けながら山道を黙々と登る。辺りにはみかんの木が多くあるが産地のようだ。すると峠道に古いみかんの自販機があった。何はともあれ300円を入れて取り出すが何という量だ。早速朝食にと7つ食べたがそれ以上は無理だ。まだ20数個残る。有難くリュックサックに押し入れるが急に重たくなってこりゃ大変だ。

山川宿に入る。ここも宿場の雰囲気はないが、大きな表示板に「ここは山川みかんの産地」とその説明が書いてあった。そう言えばあちこちの家の軒先でみかんの山が売られていたがもういらない。境界石に右柳河、左隈府とあった。農道を散歩する老婆と挨拶し話を交わすが、まったく方言が理解できなかった。お元気でお過ごしください。

悲劇の「**古戦場・要川源平合戦最後の決戦場**」に着くが、この野山川一帯が血で染まり、川も血波川と呼ばれたとか。同じ日本人同士の戦いで、今の世の中でましてこの田園風景からは想像もできなかった。平家の特徴ある屋根なのか、民家の屋根が同じ形で同じデザインだった。山奥の川の袂に民話「はなたれ小僧」なる説明板があった。

いよいよ熊本県南関町の表示板があり**熊本県**に入るが、途中竹で通行止めにしてあるので迂回して**南関宿**に入る。南関宿御番所跡と大きな表示板に史跡・豊前街道南関宿ののぼり旗がたつ。ここは参勤交代の大名が休憩した由緒ある御茶屋だとの事。

山に上り、**南関城址**と薩摩軍と戦い戦死した南関戦争官軍犠牲者兵士の墓や城ノ原官軍墓碑鷹ノ原城跡本丸跡地などをみる。随所に官軍、薩摩軍の犠牲者の墓を見る。歴史街道には多くの悲しい戦争墓碑があり、それを見ると気が滅入る。樹齢数百年の楠の巨木を見るが、この木も当時の戦の様をみてきたに違いない。

南関宿石碑前に着く。正勝寺は官軍の本営と野戦病院が置かれた所だ。今日は終日冷たい風が吹き、体感温度は非常に冷たく底冷えする寒さだ。終日みかん食だったので夕食はしっかりとすき焼き定食にした。ホテルに大浴場があったので久しぶりにしっかりと湯につかり冷えた体を癒し、足も体も十分にケアする。寒いが毎日こうして風邪も引かず元気に歩けることが嬉しくて涙が出るほどに幸せだ。

＊（108日目）22・42㎞　3・24万歩

109日目 1月25日（曇晴）0—7℃（熊本県玉名郡南関町）

（5）南関宿—小原—山鹿宿

南関宿—高札場跡—八塚の碑—姫塚—豊前街道十一里木跡—小原茶屋—肥猪町官軍墓地—肥猪御茶屋跡—池田右京邸跡—日本赤十字発祥の地—下岩官軍墓地—豊前街道永ノ原石碑—西南の役古戦場跡—郡境石碑（従是西玉名郡、玉名・山鹿郡境碑）—史跡・西南の役鍋田戦跡の木碑—山鹿宿—八千代座

今朝も寒い朝だが、雨は上がり徐々に晴れて暖かくなるとの予報。

ホテルの朝食はバイキングスタイルで、今日はお腹いっぱいに食べたが、歩き旅を始めてその量は自然と多くなり、朝食の食べ具合でその日の体調が計れるようになった。

早速 昨日歩き終えた**南関宿**に戻り、今日はここから次の山鹿宿へ向かう。南関町役場の背後から朝陽が昇った。きれいだなー しばし見とれる。「南ノ関宿溝口跡 豊前街道（薩摩街道）」と表示された石碑を確認する。一本道を違えるととんでもない所へ行くのでスタートは慎重に確認する。

山道にさしかかると森の木立の間から朝陽が輝く。その木洩れ日を見つつ深呼吸して新鮮な空気を胸いっぱいに吸い込む。気持ちいいな あー幸せだなー 感謝だなー ありがたいなーいつものことだがその自然の営みに畏敬の念を抱く。

真っ青な青空が広がる。杉木立の間に大きな赤い実りの木を見る。近づくと昨秋の柿がたわわに真

っ赤に熟し、食べ頃になったのか小鳥たちが盛んに啄んでいる。賑やかで小鳥たちの井戸端会議の様相で楽しそうだ。「旧豊前街道道しるべ」と書かれた木柱が随所に立ち案内してくれるので歩きやすい。

山道から里に下りるがまたすぐに山の中へ入る。やがて西南戦争の肥猪・官軍墓地に出る。熊本県内だけでも21ヶ所もあると言い、同じ日本人同士が熾烈な戦いをした爪痕を垣間見て悲しい。天満宮を経て里に下りると「参勤交代の道・豊前街道」と書かれた大きな説明板を見る。この道を江戸時代の大名たちは通り、熊本また鹿児島から江戸を往復したのだなと周辺を見渡した。風景は違っても地形は江戸時代とそう変わらないだろう。南関御茶屋跡に着くが、ここは大名が参勤交代の折に休憩する場所で宿場とはまた違うようだ。

再び山道を進むと菊池川にでた。江戸時代はこの川を利用した水運事業が盛んだったようで渡し川場の石碑があった。菊池川の土手に座り昨日少し故障した左足を見るがもう大丈夫のようだ。一休みしつつ、川の流れを見ているとキラキラと輝き見飽きない。

山鹿宿(やまが)に入る。随所に史跡が見られ、山鹿の温泉宿も多くみられる。コロナ禍の前は相当な人で賑わっていた様子が伺える。八千代座を見た後、「細川綱利公初の参勤交代街道・豊前街道山鹿宿」と大きく書かれた石碑を確認。今日はここまでとした。

＊(109日目)26・34㎞　3・61万歩

110日目　1月26日（曇晴）0―12℃（熊本県山鹿市山鹿）

（6）山鹿宿―植木町

山鹿宿・人馬継所跡碑―山鹿燈籠屋―金剛乗寺―石の山門―灯篭民芸館―山鹿温泉足湯場―西南の役・山鹿口の戦い薩摩本陣跡―山鹿温泉―宮本武蔵像―火除け地蔵―光専寺―千代の国酒造所―菊池川山鹿大橋―惣門―南嶋菅原神社―郡境碑―浦山坂―郷原八幡宮―比丘尼坂―善行寺―乙貝坂―三十六のお茶屋跡―四里木跡―放牛地蔵―内空閑城跡―山頭火石像―ほたて坂―植木天満宮―植木町

今朝も0℃と寒いが昼から暖かくなるとの予報　ホテルの朝食をしっかり食べて満腹。いつもそうだがその分お昼は軽食だ。スタート前のローテーションを念入りに行う。

山鹿宿から間もなく山鹿大橋に着き朝陽を浴びる。橋桁に燈籠飾りがあり、山鹿の灯籠祭りは有名らしいが一度見てみたいものだ。六里木跡・豊前街道の碑を見て進む。

比丘尼坂（ひくにさか）を上り南島菅原神社を経て山を上る。吐く白い息に冷たさを感じつつ坂道を上ると郷原の村に着く。持松塚原古墳入り口から広町、参勤交代の大名が休憩をとった善行寺に着き一休み。ここは参勤交代の大名行列が一休みした所のようで、多くの随行者もここで一息ついたにちがいない。そこへ同年代の旅人が後方からやって来てしばし挨拶しお話をする。休日に薩摩街道を一宿毎歩いておられるようだ。善行寺の掲示板には「これからがこれまでを決める」とあり納得。

元広の豊前街道里数木跡碑を経て比丘尼坂を上り下りする。この辺りは何もない所だが、持松塚原古墳など古墳が多くあり、古代から人の営みがあったようだ。

この先から**内空閑城址**へ登る。畑仕事をしていた村の人に道を聞きつつ結構な坂道を上り到着。かなり古い築城だが、石碑以外城の痕跡は何も残っていなかった。城址を色々とみてきたが、いずこも当然ながら敵に対する防御と抗戦に適した地形が選ばれている。

冷たい風が吹く中でも汗をかき、じっとしていると余計に寒くなるので早々に山を下る。小さな村に入ると昔の火の見櫓があり懐かしい。村で2人のおばさんがお喋りをしていたので挨拶をして道の確認をしたが、親切に詳しく教えて頂いた。感謝です。

大きな碑文石があり日露戦争出征兵士の活躍を称えるものだった。その昔、日本とロシアの戦争があったが、こんな田舎の村からも出征したのだ。一本榎跡から**熊本市**に入る。

熊本・**植木町**に入る。町には馬刺し店がいくつかあった。熊本は馬刺しが有名なようだが故郷の信州にも馬刺し店があり、何度か食したがあえて食べたいとは思わない。馬の肉を薬味と一緒に食べるが、どうも馬を思うともう食べられない。牛や豚も同じなのに（笑）

今日はアップダウンの連続で予想外に足が疲れ、距離も伸びず悲鳴をあげたが、ここ植木町までとして早めに予約したホテルに向かう。熊本城へはもうすぐだ。

＊（110日目）25・62㎞　3・55万歩

111日目　1月27日（曇雨）2―13℃（熊本市北区植木町）

(7) 植木町―熊本宿―川尻宿

植木町―官薩両軍緒戦の地碑―佛巌寺―明徳官軍墓地―菅原神社―緒形小四郎屋敷跡―四方寄六地蔵―阿蘇宮―山伏塚―往生院―池田屋醸造店―熊本城―二の丸広場―札ノ辻一里程元標跡―明八橋（眼鏡橋）―長六橋―薩摩屋敷跡―一里木跡―松之本神社―河尻神社―くまもと工芸館―河尻宿

今朝もホテルの朝食をしっかりと頂く。余りの量に隣の席の若者二人がびっくりした顔をして指さしていたが、みれば彼らの10倍位だ。自分でもよくこれだけ朝から食べられるなと思う。やはり歩き旅は予想以上にエネルギーを使うようだ。

天気予報が外れ朝から雨模様だ。**植木町**を出発してほどなく、また巨大な楠木に出会う。樹齢数百年、その生命の魂に唖然として見上げる。この木こそ諸々の歴史を見て来たことだろうと思うと思わず手を合わせる。小さなお社が設けられていた。

貢町を経て上熊本駅前に着く。駅前には旧制第五高等学校英語教師として赴任した**夏目漱石**の銅像と当時の木造駅舎があり、「吾輩通り」には店が並び昭和の町を楽しむ。

熊本城へ入る。あの大地震の時のハラハラするような悲惨な映像を何度も見てきただけに感慨深い。みればまだその時の修理中で、雨の中工事が行われていた。崩れた石垣も一つ一つ解体して取り出し整理し、また元通りに一つ一つ確認しつつ積み上げられていく気の遠くなる作業が何年も続けられている。平櫓・不開門、北十八間櫓などその説明板が大きくみえる。二の丸公園で一休みするが、ここにも大きな楠木があり、その根元に座り精気をもらう。お城の周辺を巡りながら、その歴史遺跡をゆっくりと見てまわる。

熊本城、**熊本宿**を以て**豊前街道完歩**を確認。ここから鹿児島宿まで**薩摩街道**が続く。

河尻神社を経て**川尻宿**へ入る。今日はここまでとし予約したホテルに向かう。7日間の溜まった洗濯物を2回に分けてコインランドリーで洗濯。終わったのは午前さまだった。

＊（111日目）26・71㎞　3・78万歩

112日目　1月28日（曇晴）3—12℃（熊本市南区川尻）

（8）川尻宿—宇土宿—小川

川尻宿—高札場跡—無田川—川尻本陣跡—川尻薩軍本営跡—瑞鷹酒造—緑川橋—西安寺—宇土宿—船場川の眼鏡橋—正栄寺—温知館跡（宇土細川藩陣屋跡）—高札場—宗方小太郎屋敷跡—宇城市へ入る—夜泣き地蔵—山伏塚—線刻の石仏—景行天皇遺跡—豊福阿蘇神社—三軒家番所・関所跡—小川宿

とうとう履いてきた2足目の靴がすり減り、別の靴に切り替えて出発だ。ここまで京都羅城門から山陽西国街道を小倉迄と、長崎街道の小倉—長崎間の計1260㎞ほどをこの靴で歩いてきたので、ご苦労さんでしたと一旦仕舞い、3足目を履く。

昨日歩き終えた**川尻宿**からスタートする。川尻宿は薩摩街道に入って最初の宿場だが、緑川・加瀬川を活用した水運業に関わる所から始まる。ここには御船手渡し場跡とあり、江戸時代から藩船の乗組員らが住み、参勤交代の際は江戸へ向かう藩主の御座船・波奈之丸や御召替船・泰宝丸が停泊して細川藩の海軍基地として栄えたとの事。川辺には年貢の米蔵があり沢山の鴫の群れがあった。川尻薩摩軍本営跡がある。西郷隆盛ら明治新政府に反対する不平士族の最大かつ最後の内戦となった西南戦争。この地から熊本城総攻撃の為の本陣をしいたとか。それらの史跡を見て回り当時の光景を想像する。

宇土宿に入り、船場川の眼鏡橋を見る。宇土の史跡を見つつ**宇土城址**へ向かう。

ここには中世宇土城跡（西岡台）と近世宇土城跡（城山）があった。近世城跡を散策して次の小川宿へ向かう。史跡・塚原平古墳をみつつ**小川宿**へ入り、今日はここまでとした。

思い違い、勘違いに忘れ事とまさかと思うほど嫌になるほどに毎日何かをやらかし歳を感じるが、気にしていても始まらないと笑ってごまかす。これが今の自分なのであるがまま、ケセラセラ なるようになるさと諦めると気が楽になる。前を向いて元気に歩くのみ。

＊（112日目）29・38㎞　4・04万歩

113日目　1月29日（曇晴）3—13℃（熊本市宇城市小川町）

（9）小川宿—八代宿—日奈久宿

小川町—正善寺—小川郷土資料館—刈萱橋—氷川橋跡—高札場跡—旧井斧家—金海山釈迦院道—宮原歴史資料館—栫集落—光徳寺—八代城—河童像—札ノ辻・十一里木跡—球磨川—肥後高田—日奈久宿

今朝は**小川宿**から元気に出発だ。前を肥薩オレンジ鉄道のくまもん列車が一両走って行った。河江神社前から南新田保全隊と書かれた広大な畑の中を進む。見上げると電線に数十羽のカラスが一列に並び、なぜか暗い空と併せて不気味。あのヒッチコック監督映画「鳥」を思い出して一瞬ぞっとする。この周辺の村の墓地は面白く、街道沿いに左右一列に横並びで延々と続いているが、その供え物を狙っているようだ。やがて空が明るくなりホッとする。マンホール蓋デザインは竜北町と代わり、きれいな鳥と花とミカンのデザインだ。一面黄色いアブラナの咲くきれいな草原にでたが春近しだな。畑に大量のミニトマトが放棄されていたが、規格外なのかな　もったいない光景だ。

八代宿に入り**八代城址**へ向かう。北参道神橋、八代城跡廊下橋門、宝形櫓跡、小天守跡、大天守跡などを見る。この地は河童の発祥の地とか、大きなカッパのモニュメントがあり、周辺の店には河童の置物が売られていた。前川、球磨川を渡る。やがて**日奈久宿**（ひなく）へ入る。ここには日奈久温泉があり、随所に温泉の標示がある。日奈久の駅前には放浪の俳人・山頭火の等身大の人形があった。ダルマ眼鏡に僧侶の袈裟と杖を持ち、何故か懐かしい人に出会った感じだ。それにしてもこの山頭火の句碑と全国を測量した伊能忠敬の足跡碑をもう各地で何度も見てきたが、全国を巡り歩いた昔の足跡には驚き感動する。今日はここまでとして予約したホテルへ向かう。近くの町の食堂で夕食の魚定食を食べるが旨かった。靴と足が合体したようで順調に歩けて嬉しい。

＊（113日目）32・24㎞　4・38万歩

114日目 1月30日（曇晴）4―10℃（熊本県八代市日奈久）

（10）日奈久宿―田浦宿

日奈久―十三里木跡―日奈久阿蘇神社―肥後二見―日奈久温泉発祥の地碑―山頭火碑―ばんぺい湯―西南戦争衝背軍上陸地標柱―新免眼鏡橋―御駕籠据処跡―赤松太郎峠―合戦場の首塚碑―浜町八幡宮―赤松館―田浦川―田浦宿―天子宮―景行天皇行幸船舶地跡石碑―小田浦阿蘇神社―肥後田浦

今朝は霧に覆われ曇天模様　昼から晴れてくるとの予報に元気に出発。強い風が予想以上に冷たく、手袋やネックウォーマーを持ってきてよかった。**日奈久宿**の日奈久温泉の大きな看板塔を目印に温泉街に入る。古い町並みが続き、古くからありそうな商店が並ぶ。この温泉は相当古くからあるようだ。再び山頭火の石像や句碑をみる。いつみても俳句の常識からはみ出たような面白い句にクスっと笑う。「どうしようもないわたしが歩いている　山頭火」とあるが、季語もなくこれが俳句かと思ってしまうが、自分の事かと苦笑する。

日奈久温泉は目の前が海で竹輪が名物とあり、早速小さな300円盛りを頼むと店主のお爺さんはおもむろに竹輪用のすり身にゴボウやニンジンを加えて揚げ包んでくれた。サービスだ、更におまけだと言いながら見本の倍以上を包んでくれた。早速前のベンチで揚げたてを食べてみるが、これがピリ辛で実に旨い。ビールが欲しいが朝から飲んだら今日は歩けなくなるので我慢だ。お腹が膨れてきたが、まだ半分以上も残りこれはお昼用にとリュックサックに入れた。お爺さんありがとう。とても美味しかったよ　と言ってから、自分も同じ爺さんなのにとクスっと笑う。

山奈久の温泉街を抜け、随所にある西南戦争時の碑文を見ながら次の田浦宿へ向かう。有明の海岸沿いを肥薩おれんじ鉄道が走る。昨年、夏の「青春18切符」の鈍行列車で西日本を一周した時にここを列車で通ったが、この道を歩きたいなと車内から見ていた所を今歩いているので何か不思議な感じがする。黒に赤いくまモンのデザインされた列車が走り熊本を実感だ。気持ちのいい海岸沿いを進む。漁船が暇そうに繋留されていたが海流の変化なのか海が異変で漁業も大変だと各地で聞いた。

上空ではピーヒョロヒョロとトビが舞う。湾外沿いを歩くとやがて道が山手へ向かう。いよいよ難所の山越え街道だ。寒風に外は冷たく寒いが、山道を上るとすぐに汗ビッショリとなる。坂道の上り下りを繰り返していると、**有明海**がだんだんと大きく見えてきた。山の斜面を利用し大規模な特産の甘夏みかんを栽培しているようで果樹園が広がる。

やっと峠を越えて山を下り**田浦宿**に着く。今日はまた足が悲鳴をあげたのでここまでとし、田浦の夕景を楽しむ。何ときれいな光景なのだろうか。

＊（114日目）26・05㎞　3・56万歩

115日目　1月31日（曇晴）2―10℃（熊本県葦北郡芦北町田浦）

(11) 田浦宿―佐敷宿―湯浦

肥後田浦―街道迂回―伝説・佐敷発祥の地木碑―乙千屋―佐敷城跡―佐敷宿―薩摩屋跡――岩永醤油蔵―土蔵造屋敷―佐敷本陣・枡屋石碑―豊臣秀吉宿泊の地碑―実照寺―湯治坂―湯浦川―湯浦温泉

今日は**佐敷宿**へ向かうが、薩摩街道の難所・佐敷太郎峠を越え、薩摩往還石畳道を期待しつつも問題が発生。ここは現在管理する鉱山会社の砕石場で通行には許可が必要だとの事。また砕石を搬出するのに頻繁にダンプカーが通るので危険との情報。あえてそこを通ることもなく一般道へ迂回することにした。と言っても一般道とて峠越えの坂道には変わらず覚悟せねばならない。今日も食事はしっかりと摂ったので体調に問題はない。最近の一般ホテルは朝食無料が多く、食べても食べなくてもよく、食事の内容に文句は言えない。昨日歩き終えた肥後**田浦宿**からスタート。早春の有明海、八代湾は凛とした冷たさの中で空も海も青く輝いている。冬の海もいいなー

畑の中に大きな「大豪雨災害の碑」があった。碑文を読みながら相当な被害があったことを知る。事前の許可がいるとの薩摩街道難所の手前まで来たが、仕方なく迂回路へ回る。佐敷太郎峠と人の名前のような看板のある一般道を行くが、車ならギアをローに入れれば難無く上れるが、歩くとなると結構な坂道が続き息継ぎが何度も必要だ。やっと峠を抜けると海と小さな集落が見えてきた。

佐敷へ向かう。この地は「甘夏生産日本一　甘夏の里」とあり、甘夏みかんがいま野山いっぱいに沢山の実りをつけている。

やがて最大の難所とある赤松太郎峠だが、街道を歩けず不本意ながら一般道のトンネルを抜ける。こんな峠道で人が通る構造にはなっていないのか2km弱の長距離のトンネルを車の合間をぬって何度も走って前進する。車が来たら止まる。だが大型トラックが横を通るとその爆風で危なく巻き込まれそうで危険だ。四苦八苦しながらやっと通り抜けてホッとする。狭いトンネルは歩き旅の鬼門だ。トンネルを抜けると擁壁工事をしている人たちがいて、みんなに驚いた顔でみつめられた。こんな長いトンネルを歩いて通る人はいないのだろう。

やっと**佐敷宿**に着く。ここは整備された宿場の雰囲気が漂い、江戸のデザインを取りいれ、行政の力の入れ具合が分かる。ここにも山頭火の大きな句碑があり、「捨てきれない荷物のおもさ　まへうしろ　山頭火」とあった。俳句か川柳か何かと頭を捻るが、自分と合わせ理解できて面白い。

佐敷城址へ登る。城は大概が丘や山の上にあることが多いので城址巡りは山登りだ。16世紀後半、肥後國（熊本）を治めた加藤清正が薩摩国（鹿児島）や球磨、天草地方へつながる交通の要であったここ佐敷に築いた近世城郭とある。城跡を下り、峠道を幾度か上り下りして**湯浦の町**に入る。今日はここまでとした。

最近歩いていると、大阪の旧大和田東小学校の同級生から温かいメールを頂き驚く。

昨年出版した「箕面の森の本」を読んで頂き、U君やMさんが中心となって輪が広がったようで有難くなんと懐かしいこと。私がみなさんと初めて出会ったのはもう70年近くも前のこと。会えばお互い歳とったな 何歳になったんや 何言ってるの みんな同じ歳やないのと笑い合う。信州の田舎からの転校生だった私を当時からみんな温かく迎えてくれた。その小学校の同級生との交わりが今も続くなんて何と奇跡的なことだろう。嬉しくて涙を流す。みんなありがとう。

＊（115日目）22・57㎞ 3・16万歩

116日目 2月1日（曇雨） 1—10℃（熊本県葦北郡芦北町）

⑿ 湯浦—津奈木宿—水俣

湯浦—芦北町立星野富弘美術館—十九里木跡—湯治坂—津奈木太郎峠（危険回避）—一般道へ迂回孝女・千代塚—薩摩街道と合流—津奈木城址（舞鶴城公園）—津奈木温泉—重盤岩—つなぎ美術館—城址公園—戦没者慰霊塔—薩軍慰霊碑—陣内官軍墓址—水俣宿

昨日は歩き疲れて早くに寝たが、それでも撮った写真の整理やリュックサックの整理にブログの更新にmailやLineのチェック、更に洗濯などもあり、結局4時間ほどの睡眠だが元気に回復したので有難いことだ。**湯浦**から津奈木宿へ向かう。

この先から難関路の津奈木太郎峠道に入るが、ここも昨日と同じ鉱山会社の許可がいるようだ。だがそれ以外に近年の災害関連工事で頻繁にダンプカーが走る事や、水俣芦北森林組合作業現場との表示があり、この先で間伐作業や伐採作業をしているようなので、通行止めで歩けないので仕方ない。特に伐採作業は一度 箕面の森を歩いていて突然目の前に伐採した杉の大木が倒れてきて驚いたことがあった。監視の作業員がそれ以上に驚いて低姿勢で詫びていたが、時には避けられないような谷間もあり、間伐や伐採作業の山に入るのは危険だ。

迂回した一般道の山道を上り下りし、津奈木トンネルを抜け**孝女・千代塚**に出る。ここで本道の薩摩街道と合流したが、その碑文を読めば千代の親孝行ぶりに涙が零れた。自分が色々あって何一つ親孝行ができず、特に苦労を目の当たりにしてきた母親にその後悔がつのりいつも涙が零れる。偶然だが今日は亡母の101歳の誕生日だった。昨年は姫路を歩いていて回顧したが、母を想い後悔の涙にくれながら坂道を下る。

薩摩街道二一里木跡を経て舞鶴公園の**津奈木城址**へ登る。山上の城跡から下界を眺めれば四方八方が見渡せて防御にはもってこいの立地だと思った。次に向かう水俣方面を見れば水俣湾が見える。山をトリ津奈木温泉町に入る。ここで突然の豪雨にリュックから雨具を出す間もなくまたずぶ濡れになる。最近の雨は突然で南国のスコール並みで慌てる。

最初にスコールを味わったのは30年ほど前のグアム島でのこと。社員旅行でみんなを連れて行ったが、突然の大雨・嵐に驚き慌てたが全員ずぶ濡れになりその初体験に大笑いした。地球温暖化が叫ばれて30年、いよいよ日本も南国化してきたようだ。以前箕面の森で南国の鳥を見かけたと同僚の自然観察指導員から聞いたが、もう驚かなくなったのが怖い。

津奈木温泉と**津奈木宿**を経て水俣へ向かう。水俣病資料館の標示をみて、かつての悲惨な水俣病発生の地を歩く。**水俣宿**に入り**水俣城址**公園に着く。雨は降ったりやんだり続くが、濡れた衣服が冷たくなってきた。公園には西南戦争の薩軍、官軍のそれぞれの墓碑があった。また戦没者慰霊塔には日清戦争、日露戦争、上海満州事変、支那事変の犠牲者まで記されていたが、よく見れば日本は近年でもロシアと更に清・支那の中国とも侵略戦争をしてきて、こうして犠牲者が多く出ていることを再認識した。歩き旅で様々な碑文を垣間見、その歴史を学んできたが、圧倒的に多いのは国内外の戦争の歴史碑文だった。

今日はここまでとし、水俣の予約したホテルへ向かう。雨降る公園の梅林に各種の梅の花が咲き始めていた。夕食は適当な店がなく、雨に濡れた衣服を早く脱ぎ明日までに乾かさないといけないので、コンビニ弁当を買って部屋で済ませる。冷たい体には熱い風呂が最大の癒しだ。冬の冷たい雨はちょっと辛いが、これも自然界では季節の贈り物だ。

＊（116日目）27・17㎞　3・65万歩

117日目　2月2日（曇）1—10℃（熊本県水俣市桜井町）

(13) 陳町・水俣—米ノ津宿—出水宿

水俣—シラス坂—陣内阿蘇神社—徳富蘇峰記念館—鶴田橋—史跡・南福寺貝塚—冷水集落—袋御番所跡—袋天満宮—米ノ津宿—乙女塚—不知火海の水銀汚染を悼む石碑・慰霊塔—境川眼鏡橋—薩摩街道出水筋表示板—笹原の御茶屋跡—切通—有村雄助首実検之地碑—野間之関跡—出水宿—西出水

今朝は冷たい風が身にしみる。昨日歩き終えた**水俣宿**、水俣公園から出発する。防寒対策をしっかりとして歩き始める。特に寒暖を肌で実感する薄頭にはホッカイロは乗せられず、毛糸のキャップをしっかりと被る。だがそんな時に限って坂道、峠道が多くあり、登りは汗が出て薄頭からはきっと湯気が上っているだろう。激しい白い息と共に肺や体の老廃物が吐き出され、新しい空気と入れ替わるので気持ちのいいピストン運動だ。汗が出れば一枚ずつ衣服を脱いで調整する。この作業も外気に左右される歩き旅には重要だ。

いつものように後で記憶を蘇えらせる為にも随所で写真を撮り記録するが、今日は歩元にこの寒い日にも関わらず水仙や草花が咲き始め、自然の営みに魅入る。季節の変化を感じる。

大きな岩があったが、これが**肥後國（熊本県）と薩摩国（鹿児島県）の国境**で軍事上の要所だったとか。途中、「侍街道はぜのき館」があり、侍茶屋、三本松跡などの昔の標示があった。薩摩街道二四里木跡を経て街道を進むと、鹿児島県出水市の標示が見えてきた。

いよいよ**鹿児島県**に入った。峠道から対岸の天草を見るが霞んでいる。**出水宿**に入る。野間之関址石碑、古井戸、薩摩国二之宮加紫久神社など経て出水麓武家屋敷群（かごしまロマン街道）に向かう。ここの地図を見れば武士の屋敷がきれいに区画され整然と並んでいて、現代の住宅地と変わらないのに驚く。家屋を囲む石垣はそんなに高くなく、玉石を積み重ねた様式で統一され植栽されているが、一歩中へ入ればそこは武家屋敷で日本庭園があり、日本のよきワビ・サビの世界が表現されていて親しみやすい。

ＴＶドラマ「篤姫」のロケ地にもなったようで、その雰囲気を楽しんだ。親友だったという西郷隆盛と大久保利通の資料館などもありゆっくり過ごしたい所だが夕暮れとなり、今日はここまでとし出水駅前のホテルへ向かう。ホテルのコインランドリーで衣服を全て洗濯機に入れ回したものの、うっかり夕食に出かける服まで洗ってしまった。またドジだなと我乍ら呆れる。気を張って歩いていても、ホテルに着くと安堵して頭も一休みなのか回らなく困ったものだ（笑）ホテルにも飲食店はなく仕方なく昼に食べ残したミニアンパン一つで済ませる。寒くて空腹で足も痛いが、まあこんな日もあるさと早く寝る。ふと思い出して夜中に乾燥機の洗濯物を取り出しに行き目が覚めたが、やっぱりお腹空いたな。トホホ

＊（117日目）27・74㎞　3・84万歩

118日目　2月3日（曇）2─13℃（鹿児島県出水市上鯖渕）

（14）出水宿─阿久根宿

西出水─出水御仮屋門─竹添邸─税所邸─野田武家屋敷跡─平良橋─出水兵児─観音寺─三百塚─高尾野川─野田川沿い─別府田の神さあ─小松神社─野田川沿い─大山神社─桑原城址─桑原城橋記念碑─牧内公民館─阿久根港─恵比須大明神─阿久根宿

今朝のホテルモーニングはバイキングスタイル。昨日の夕食がほぼ抜きなのでお腹が空いた分も含めてしっかりと食べる。雨上がりの冷たい風が、しかもかなり強風で吹くのでしっかりと防寒対策をする。昨日終了した**出水宿**から歩き旅をスタートする。歩き始めてしばらくすると三百塚をみる。碑文を読めばなんとも悲しい。主君と共に殉死した家来の塚とのことが詳しく記載されている。昔の武士の忠義と殉死が何とも悲しく涙が零れた。高尾野川を渡り次いで野田川沿いを進む。

鹿児島県に入って感じたのは酒蔵の多い事。店前で銘柄を見ていると、どうぞと試飲を勧められても朝から飲めば歩けないので丁重にお断りするが少し残念。高尾野小学校前を通ると、創立１４６周年、しばらく歩くと野田小学校創立１４８年とあった。昨日の出水小学校もそうだったが、この地域の小学校は相当古い創立だ。

雨上がりの街道を進むが、冷たい風が容赦なく吹き付ける。一休みしようかなと思ったら広大な養鶏場にでた。鳥インフルエンザの消毒の為か広大な敷地周辺が真っ白い粉に覆われているので休むどころではなかった。早々に通り過ぎ次の野田武家屋敷群に向かう。

かごしまロマン街道と大きな表示があり、野田武家屋敷群の案内板に沿って進むと、昨日歩いた出水の武家屋敷群より少し規模は小さいが、同じような玉石の擁壁で統一されている武家屋敷町にでる。早咲きの桜が咲き、武家屋敷の庭先には梅の花が咲き、寒さを忘れる。よく手入れをされた武家屋敷から今まさにまげ姿の武士がでてきそうだった。いずこも現代人が居住しているとのことだが、たまたま掃除をしていた人と挨拶を交わし、しばしこの武家屋敷群の話を聞く。やはりこの景観維持と建物管理などが大変なことを話されていたが、見せてもらう方は感謝です。ありがとうございました。

次の**阿久根宿**へ向かう。昼過ぎとなったがコンビニはおろか店一軒もなく、自販機一台もない街道で、今日も昼は抜きかと思っていたら、また無人の露店があった。見れば大根やキャベツなど野菜類だが、全て100円とありすぐ食べられるキュウリとパプリカにした。この量なら食べられそうだと、歩きながら野菜バリバリの丸かじりのランチとする。何とも野生の動物みたいにワイルドになってきた自分にクスっと笑う。

鹿児島県阿久根市に入る。梅の花がきれいだ。梅と言えば自然学校の友達で農業を兼業される寺阪ご夫妻から、ご自宅の庭で採れるという大きな梅の実を思う。いつも梅酒に漬けて頂くが、ご夫婦で育てられた農産物共々実に美味しく、自炊食にはありがたい恵みでいつも感謝です。鹿児島の梅の名所は鹿児島市の仙巌園や眼鏡橋梅園などがあるそうだ。

峠道を上り下りして街道を歩き**桑原城址**に着く。山上の平原にポツンと巨石が一つ、城址の表示物と共にその痕跡を微かに残していた。鎌倉時代の初代島津氏の館のようだ。その昔は栄えたところなのだろうが、周辺には何もなかった。

突然前方に二基の巨大なボールが見えてきた。一瞬UFOかと余りの時代格差に戸惑ったが、どうやら軍用レーダーのような感じだ。何かのTVで見たが、それにしてもこの山中にこの巨大な軍用施設に驚いた。聞く人もなく近づくが、厳重な警備施設を感じた。

山中の街道を上り下りして山麓から阿久根の港に下る。サギ鳥が数羽、岸壁で魚を狙っていた。既に漁を終えたのか幾隻かの漁船が係留されているが人影はない。

阿久根宿に入ると肥薩オレンジ鉄道・阿久根駅舎があり休憩のため立ち寄る。駅舎がきれいなので驚く。しかもモダンレトロの造りと内装に、失礼だが今まで汚れた無人駅をたくさん見てきただけに嬉しくなる。駅舎内に小さな図書館や学習室、郷土資料館のような施設もあり、待合室にはピアノが置かれストリートライブが出来そうだ。ストーブがあり憩いの椅子が随所にあってこの雰囲気にのまれた。見れば映画「かぞくいろ」のロケが行われた駅舎のようでその実録写真があった。素晴らしい駅舎だが人は高校生らと自分と3人だけで少し淋しい思いがした。

今日は珍しく朝から体がフラフラと雲の上を歩いているようでおかしかったが、どうやら連日の睡眠時間が4時間ほどなのでその影響かなと、大事をとりここまでとした。

数時間に一本という列車が入ってきた。車体にはテレビアニメでこの地がモデルになったからとその若者のアニメ「ていぼう日誌」が一面にラッピングされていて、乗れば車内の扉、車内トイレまで一面にその画面が張られていた。

予約したホテルへ入り、熱い風呂で冷たい体を癒し、早めにベッドに入る。夕食も簡単に済ませ、洗濯は明日に回した。しかし写真の整理、ブログのアップだけはその日にしておかないと翌日には全て忘れて思い出すのが大変なので時間をとるが半分寝ていた。今日の記録は大丈夫かな。

＊（118日目）22・58㎞　3・06万歩

119日目　2月4日（晴）　1―8℃（鹿児島県阿久根市栄町）

(15) 阿久根宿―薩摩高城

阿久根宿―高松川―光接寺―鳥越古墳群―頼山陽公園―牛ノ浜海岸―長迫古墳群―矢重坂―史跡・フゾドン（山伏修験者）の墓―大川川―大昭寺―松岡神社―地頭別館地史址碑―西方御仮屋跡―西方海水浴場―人形石―白滝集落―西方峠―諏訪神社―湯田川―高城石塔群―薩摩高城

昨夜はぐっすりと眠ることができて体も軽くなった。半分寝ながら書いていたブログも何とか記憶を辿るには大丈夫だった。今朝のホテルに朝食はなく、薄暗いうちから出発。

昨日歩き終えた**阿久根宿**に着き歩き始める。阿久根の港に出ると朝陽が顔を出した。久しぶりに真っ青な海と空で気持ちがいい。思い切り深呼吸をする。もう漁が終わったのかまだなのか係留された魚船に人影がない。山や森が好きだが、海もいいなー　最近は海水の変化か漁業も大変な様子をここでも耳にした。

椿の花が咲く。数百段もあろうかお寺の長い参道、その階段で若者が二人上がり降りして訓練をしていた。肥薩オレンジ鉄道を見ると、変わったデザインの列車がゆっくりと走っていく。いつもは一両か二両かのワンマンカーだが今日は長い。よく見ればあの七つ星と言われるダークグリーンの高級リゾート観光列車だ。列車で何泊かしつつ九州を周遊するというが、夫婦二人で100万円以上とか、だがすぐに完売するという人気のあの列車のようだ。その横の道を重いリュックサックを担ぎながら徒歩で旅を続けている自分との比較に一瞬クスっと笑った。人それぞれに感想はあるだろうが、私は改めて今のこの時代にマイペースで自分の足で歩き旅ができる事の方が遥かに豊かで人間的で、自分に向いている嬉しいことだと再確認した。

「防空壕」の文字が見え立ち入り禁止の看板が立つ。かの太平洋戦争当時の防空壕だろうが、まだこんな遺物が残っているのかと驚く。

いま鹿児島は早咲きの桜が満開だ。きれいな光景を見ながら再び海岸線沿いを歩く。浜辺に下り波打ち際で海を眺める。「県立自然公園　牛ケ浜景勝地」の表示板から海を右に見ながら国道沿いを歩く。海風が心地よく青い空、青い海、白い雲に心癒される。

再び矢重坂を上り下りして再び海岸へ出る。浜辺に下りると、面白い奇岩にその先には大きなヤシの木が林立してまるでハワイのような光景が広がる。この寒風の中、前の海でサーフィンをしている人、岩場で釣りをしている人がいたが、この寒いのにと思いつつも、自分も人から見れば同じで物好きな奴だなと思われるだろうなと苦笑。澄んだ空気の美しい海岸線を歩けば、海とその光景に目を奪われながら幸せ感でいっぱいになった。

やがて鹿児島県薩摩川内市に入り、今日の目的地**薩摩高城**に着きここまでとした。薩摩川内市内のホテルを予約して体を休めた。

＊（119日目）24・33km　3・33万歩

120日目　2月5日（曇雨）2―6℃（鹿児島県薩摩川内市湯田）

（16）薩摩高城―川内宿―木場茶屋

薩摩高城―一条坂（薩摩軍が敗れた戦場跡）―鳥居と招魂碑―さつま街道跡―高城町役場跡―中麦石塔群―妙徳寺―陽成尋常高等学校跡石碑―ヒレキ神社―一戦川橋―耳切峠―西郷どんの腰掛石―梶蔵坂―西郷どんの手水鉢―高城郷の野町跡―祇園神社跡―川内川―薩摩川内宿―平佐川―福昌禅寺（島津家の菩提寺）―南方神社―隈之城川―坪塚公園―木場茶屋

今朝もホテルモーニングをしっかりと食べる。今日の天気予報は荒天の模様なので準備をして出発。ネット情報では今日の鹿児島は冬へ逆戻りの寒さに雨雪の嵐とか。

昨日歩き終えた**薩摩高城**に着くと昨日と景色が一転、海は波高く荒れていて遠くは見通せない。冷たい強風が吹き付け、更に雪交じりの雨となり写真も撮れない。傘は勿論役に立たず合羽が風に舞う。荒天だがここから今日のスタートだ。

湯田の国道3号線を進むが、最悪の条件下で大型トラックの爆風に朝から全身水浸し状態で先が思いやられる。こんな日に再び薩摩街道の難関とされる山岳街道を歩くのは危険だと判断して迂回の国道にしたが、こっちの方がむしろ危険状態で困惑する。2時間そんな酷道を必死に歩き進むと急に空が明るくなり風も止まり薄日が差してきた。これなら本来の山岳街道を歩けるかもしれないと山の方向へ向かう。ところがそれからしばらくしてまた猛烈な強風と今度は雪だ。かつて東海道の箱根越えで、また西国街道の大山峠越えで突然のドカ雪で遭難しかけたことを思い出し無理せず引き返した。国道沿いの細い田んぼ道を繋ぎつないで目的地へ向かう。佐山トンネルを抜け、再び田舎道を進むと小川のほとりに大きな看板があった。「ジャンボタニシ駆除のため鯉を放流しています。鯉を捕獲しないでください」と。ここにも外来種に困る人たちの知恵を知るが、鯉が救世主とは初めて知った。

時折吹雪となり雪が舞う。ここは北国でなく南国・鹿児島だよねと一人呟く。国道を避けて歩くととんでもない所に出るが、やがて薩摩街道と合流し有難くホッとする。

高城秋月の碑、高城氏石塔群、横綱・西ノ海生誕地など合流地点に表示板があり、「薩摩街道出水筋」の杭を確認。高城郷を経て薩摩街道を進む。祇園神社跡を経て薩摩国総鎮守新田神社に着く。今日の目的地 **木場茶屋**に着いたが、再び吹雪となり何とも寒い一日だ。南国・鹿児島のイメージが強いのか、連日北国のような寒さで戸惑う。ただ歩く事には寒い方が有難い。今日はここまでとして予約したホテルへ向かう。穏やかな日ばかりでなく、雨や荒天候の時は自然の猛威を肌で実感するが、刻々と変化する自然界の摂理には驚く。

＊（120日目）30・63㎞　4・22万歩

121日目　2月6日（晴）2―7℃（鹿児島県薩摩川内市木場茶屋）

(17) 木場茶屋―串木野宿―東市来

木場茶屋―いちき串木野市表示板―斧ヶ野川―矢張橋―御駕籠茶屋跡山下家（木場原御茶屋跡）―斧ヶ野公民館―旭初等小学校石碑―北口屋橋―金山集落―十里塚―五反田川―針原公園―星越坂―薩摩焼発祥の地碑―矢房公民館―矢房神社―川口番所跡―いちき串木野市役所―串木野宿―西村寺―浜田酒造―白石酒造―市来―崎野の思案橋跡―中原治水溝跡―堀公民館―東市来（ひがしいちき）

今朝は凛とした冷たい空気　顔を突き刺すような冷たさに思わず身震いする。

予報では曇雨、だが山の彼方より朝日が顔を出して美しい里の光景が広がる。きれいだなーと思わず声が出る。昨日歩き終えた**木場茶屋**に着き今日をスタートする。

今回の薩摩街道を歩くのに事前に問い合わせた鹿児島県地方振興局からわざわざご丁寧なお手紙と共に6部からなる「薩摩の古道・薩摩街道出水筋歩行マップ」を送って頂き、有難く感謝です。今朝もその詳しいマップを参考に街道の山を登り下りする。

南国らしい高木のヤシの木が林立する。**いちき串木野市**に入る。早々に今日の予定地、東市来に着く。体調から今日は無理せずここまでとした。時間はまだ3時。周辺には何もないので鹿児島にホテルを予約する。列車を待つ間の1時間、ラジオを聴くことにした。

大阪・箕面の「タッキー816みのおFM局」の「植田洋子とTer For Two」、毎回ゲストを迎え洋子さんとお喋りを楽しむ一時間番組だが、丁度その時間だったのでスマホのスイッチをいれた。何とも遠い鹿児島の田舎の無人駅で大阪のＦＭ番組がインターネットラジオで聴けることに驚く。昨年この番組に「箕面の森の本」の出版で出させてもらった後、ほどなくしてアメリカ在住の長男から「お父さんの番組はっきりと聴こえたよ」とのメールがあり、何とも21世紀の文明の利器にはビックリしたものだ。もう20年以上も前から地元「みのおＦＭ」のファンだが、何といっても好きなブルーグラス音楽が毎朝聞けるのも日本ではこの局のみで好きなのだ。

やっと来た列車で予約したホテルへ向かう。

＊（121日目）27・4㎞　3・88万歩

122日目　2月7日（曇雨）2―8℃（鹿児島県日置市東市来）

（18）東市来―伊集院宿―広木

東市来―馬頭神―鶴白寺―春日神社―ザビエル像―護国神社―薩摩焼の郷・美山―沈寿官屋敷―神之川―大渡橋記念碑（西郷隆盛刻）―小峯之尾陣営跡―宇治城跡城山―永平橋記念碑（西郷隆盛刻）―妙円寺街道―ザビエル歴史街道・―五本松茶屋跡―伊集院宿―島津義弘公騎馬像―上伊集院―広木

今朝のホテルモーニングはコロナ禍もあり、全品小鉢に入り数十種類あるのでテーブルはいっぱいになる。今日も快調でいつも通りしっかりと頂く。ここまで18日間休みなく街道を歩いてきたが、食べられることは健康で有難いことだ。昨日歩き終えた**東市来**に着いたので今日のスタートとする。早速雨が降ってきた。大きなパイパスを通るが、当然昔はこんなものはないので下を覗くと橋の下に旧道が見えた。しかしその先に道も橋もなく、江戸時代は渡しの舟で対岸へ渡ったのだろうと想像する。

丘を上るとこの周辺には陶芸の窯が随所に見られ、薩摩焼の窯元なのだろうか。英語で書かれた看板も多くあり、コロナ禍前は外国人も多かったに違いない。やがて大きな櫓に「薩摩焼の里美山」とあった。伊集院の城山公園に着き、ザビエル会見の地碑をみる。後方の史跡・**一宇治城跡**に上る。**仲之平城跡**など見るが、この伊集院は古来より薩摩半島の中西部における戦略的要衝の地とされ、代々の島津系新伊集院氏や本家を引き継いだ相州家島津氏が領主として代々居城してきたところと言う。

やがて**鹿児島市**の標識を見つけた。峠道を上り下りしつつ進むと山の中に広大な旧庄屋屋敷を見る。立派な風情だった。

峠を越えると前方の山から煙がもくもくと沸き上がっている。なにかな？ GPSで見るとやはり**桜島**だ。とうとう鹿児島に来たのだとの実感。峠には霊園が広がっているが人影はなく、悠々と湧き出る桜島の煙を目の当たりにして感激した。桜島の突然の大噴火もあり驚くが、こんな近くまで住宅地が密集しているとは思わなかった。ここからは下りとなり周辺の住宅地を通りながら広木へ向かう。「宅地内降灰指定置き場」とあり、「克灰袋に入れて、きれいに置いて下さい」とあるが、桜島の降灰が相当なものであることを想像した。みなさん噴火にも慣れている様子だが少し驚いた。広木に下り、今日はここまでとして鹿児島のホテルを予約した。広木駅は無人駅で駅前周辺には店一つ何もなかったが、ただ後方の丘には鹿児島のベッドタウンか、かなりの住宅地が広がっていた。

＊（122日目）27・8㎞　3・86万歩

123日目 2月8日（雨曇） 2―8℃（鹿児島市上谷口町）

(19) 広木―鹿児島宿―鹿児島城址（鶴丸城址）

広木―水上坂―阿弥陀井戸―常盤町―日枝神社―薩英戦争本陣跡―西郷隆盛祖先之墓―甲突川・西田橋関跡―鹿児島市内―大中寺―宝暦治水の薩摩義士の墓―ザビエル記念公園―鹿児島カテドラル・ザビエル教会―中央公園―医学院跡碑―照国神社―造士館跡―演武館跡―鹿児島県里程元標―小松帯刀銅像―西南戦争官軍本陣跡―鹿児島宿―西郷隆盛銅像―鹿児島城跡（鶴丸城址）―天璋院篤姫銅像―西郷隆盛終焉の地碑―洞窟跡―城山―下町札辻跡（市役所別館）―薩摩街道起点地到着

今日はいよいよ最終日。薩摩街道の起点地は文献によりまちまちなので、一般説の札の辻跡（鹿児島市役所別館）と鹿児島城址（**鶴丸城址**）を目指す。

昨日歩き終えた広木に着き今日をスタートする。本降りの雨だが広木駅前は無人駅とはいえ通学の生徒がホームを埋めていた。雨なので車の多い国道は避けて地道や畑道を進む。鹿児島に近づくと蒲鉾やさつま揚げの店が多い。

鹿児島中央駅前を通り史跡・西田橋へ向かう。案内板に当時の西田橋関の古い写真があり、検問が行われている様子が伺える。近くの公衆トイレには「ゆくさおじゃした鹿児島へ」（ようこそおこしくださいました　かごしまへ）と「みごてトイレでよかあんべ」（きれいなトイレでいいきぶん）とあった。遠くに立派な城が見えたので、住民の方に聞けば「あれは企業の事務所です」と。何とも城好きな社長が本社ビルを城にしたようだが、天下を取ったようで目を引く。

キリスト教伝来の地、**ザビエル記念公園**に着く。向かいのザビエル教会を訪ねる。護国神社を経て西郷隆盛銅像前に着く。「敬天愛人」の表示板にその人となりをみる。しばらく眺めていると「ボランティアガイドですが」という人が来て説明を始められた。同年配の方でそれから30分程周辺のガイドをして頂き学べて有難かった。感謝です。

遂に**鹿児島城址**に着く。大きな石碑には**「史跡・鶴丸城址」**とある。ここに天守閣はなく城址だけだが、立派な表門が最近建て替えられた様子でそこから入場する。

正面の石垣には日本国最後の内戦・西南戦争当時の鉄砲跡がいくつにも残る。立て籠もる薩摩軍300余名、対する政府軍4万名とその圧倒的な戦力の中、最後まで必死に抵抗し、そこへ打ち込まれた無数の銃弾跡がくっきりと残り、いつしかなぜにそこまでと涙が零れた。城内には旧制第七高等学校（現鹿児島大学）学徒像がある。またあの篤姫（天璋院篤姫）の銅像があった。近くの西郷隆盛終焉の地を訪れる。その横には神になった薩摩義士墓標があった。少し山を登ると西郷隆盛最後の司令部とあり、五日間潜んだ洞窟跡を見る。この城山に立てこもった当時の薩摩軍の様子が古いカメラに収まっている。狭い洞窟で指揮をとりつつ最後の決断をした場所だとあった。歴史の跡をしみじみと眺めた。

城山へ登る。前方に噴煙あげる桜島を見る。しばし城山公園で休憩の後ハイキングロードを下る。

やがて薩摩街道起点地の一つ**下町札辻跡**に着き、**薩摩街道完歩**を確認する。

遂に19日間の薩摩街道を歩き終えた。周辺を散策しつつ、休みなく歩いてきた街道を振り返る。いろいろあったが全て無事に歩けて有難い感謝の日々だった。鹿児島港に出てみた。小雨の中、フェリーが桜島へ向かって出港していった。

やがて雨が上がると海の向こうに晴れ間が広がり美しい夕陽が輝いた。何ときれいなのだろう。素晴らしい鹿児島・薩摩の夕景に感激しつつ薩摩街道歩き旅を終える。

＊（123日目）21・21㎞　2・97万歩

薩摩・豊前街道　19日間の累計　492・51㎞　68・28万歩

6 奥州街道84次 歩き旅

＊福島・白河から宮城・仙台までは奥州街道・仙台道41次

＊宮城・仙台から岩手・盛岡までは奥州街道・盛岡道21次

＊岩手・盛岡から青森・三厩を経て北海道・松前までを奥州街道・松前道22次、箱館奉行所跡を以て終着地をする。

＊延べ36日間、1018.9㎞　137.8万歩　旧宿場84

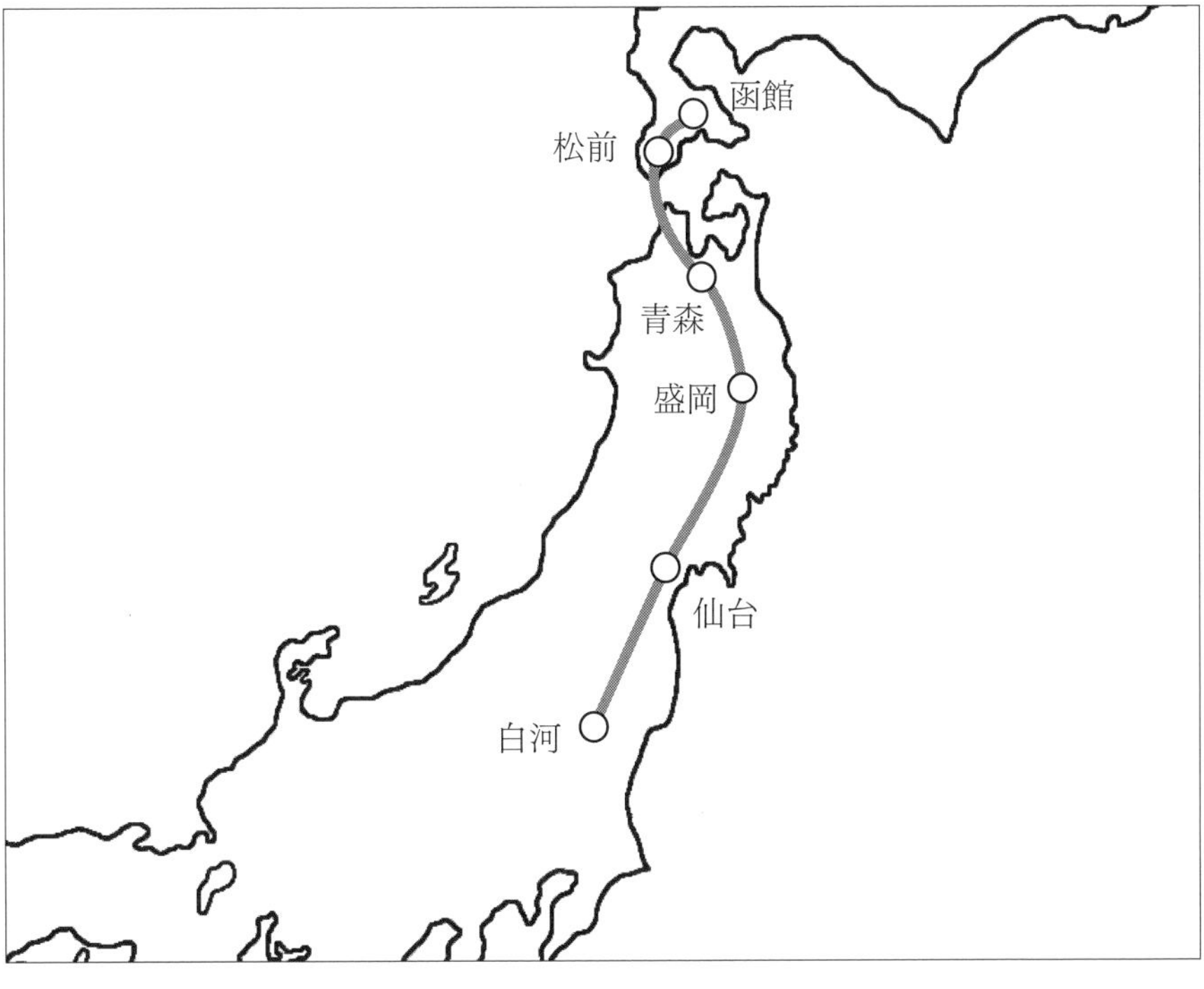

奥州街道

目次

奥州街道　松前道

奥州街道　プロローグ

日本列島縦断・江戸歴史街道の歩き旅もいよいよ最後の街道となったが、この奥州街道の定義は文献を見ても諸説あり、特に定まっていない。江戸日本橋から福島・白河宿までが道中奉行を置く幕府直轄の「**奥州道中**」とあるので、それ以北の街道を**奥州街道**とし、白河宿─仙台宿間を**仙台道**、仙台宿から盛岡宿までを**盛岡道**、盛岡から三厩宿を経て北海道・松前宿までを**松前道**とする説を踏襲した。

春の嵐と山麓の積雪情報、体調、それに東北では先週の3月16日にM7・4の大きな地震があったばかりだ。東北新幹線の脱線、土砂崩れ、家屋の倒壊など死者もあり、東京でも火力発電所の停止で電力制限等大きな被害があり、今回、その地域の真ん中を奥州街道が通るので歩けるかと躊躇するが、現地で判断したい。

奥州街道・仙台道

124日目 3月30日（晴）5—19℃（福島県白河市中町）

(1) 白河宿—根田宿—小田川宿—太田川宿—踏瀬宿—大和久宿—中畑新田宿—矢吹宿

白河宿—白河城址（小峰城）—鹿島神社—白河だるま—三柱神社—女石追分—大木戸—阿武隈川—会津街道分岐—根田宿—大清水—安珍の墓—高札場—泉田村—小野薬師堂—古碑群—小田川宿—泉崎村—太田川宿—旧検断の家—岩崎地区—溜池—踏瀬宿—飯豊山—検断屋敷—踏瀬旧国道松並木—泉崎村—大和久宿—中畑新田宿—常陸街道追分—矢吹宿

今日からいよいよ**奥州街道・仙台道**に入る。既に歩き終えた**白河宿**から再び**小峰城**へ向かう。快晴の青空にそびえる天守閣を見るがやはり荘厳だ。今日から最長の奥州街道に入るので、そのスタート地点、白河宿の起点地を再確認する。

脇本陣柳屋、敷教舎跡、萩原朔太郎妻・美津子の生家など白河城下町を巡り、次の根田宿へ向かう。途中、仙台藩からす組の旗碑や仙台藩士戊辰戦没之碑など仙台藩、福島藩、会津藩や他藩の戦死者の墓碑を見るがやるせない気持ちになる。阿武隈川を渡ると江戸幕府直轄の奥州道中はここ**女石追分**まで。ここから左の道は会津越後道、右が奥州街道・仙台道と分かれる。仙台道を北上する。

安珍の里碑を見るが、安珍は子供の頃昔話で聞いたことがあり懐かしい。「根田のみそ」の看板をみて**根田宿**に入る。街道を進むと突然大きな看板に威圧される「**熊　出没注意**」と。冬眠から覚めて活動する時期のようなので要注意だ。車や自転車の旅と違い競争しても自分のドン亀の足より熊の方が早いし、木登りはクマの方が得意だから無理だ。

根田宿から**小田川宿**へ向かう途中、散歩中という3人連れの昔美人に挨拶をする。なんでも幼馴染の仲良し三婆さんだと笑う。よく喋りよく笑い賑やかで明るくて八十路だというがお元気だ。「気をつけてな」はーい　みなさんもお元気で！　大阪でも唇に羽根の友達を知るが、明るく冗談好きで口から先に生まれて来たようなオバちゃんたち。煩いぐらいに活発で、いつも会えば大笑いから始まり元気を貰う。今日も乾杯！

太田川宿を経て、次の**踏瀬宿**へ向かうと松並木があり、江戸へ向かう参勤交代の道として栄えた旨の標示があった。富士見峠と呼ばれた七曲りに着くが、富士は見えない。この峠には卯右衛門茶屋と文七茶屋があったとかでその碑があったが、この横にも戊辰戦争関門跡と戦争の碑があった。

大和久宿へ入る。すぐに**中畑新田宿**の木碑があり確認するが、ここも宿場の面影は残されていない。

矢吹町に入ると「旧水戸街道常夜灯」があり説明版があった。「いらっしゃいませ　奥州街道商店街」との看板はあるが、肝心の商店がシャッターばかりで残念通りだった。

矢吹宿に入る。昔の井戸があり、懐かしい手漕ぎポンプがあり今も使われているようだ。この奥州街道は江戸参勤交代では、仙台・伊達家、盛岡・南部家、蝦夷地の松前藩始め、奥州の諸大名29家がこの道を利用したとか。また松尾芭蕉の奥の細道漂泊の旅、伊能忠敬の全国沿岸測量、吉田松陰の東北遊歴、菅江真澄、高山彦九郎など多くの人々が歩いたという街道だ。今日は矢吹宿入り口までとしたが、春の陽気で気持ちよく歩けた。足も靴と馴染み順調な滑り出しだ。

＊（124日目）25・64㎞　3・46万歩

125日目　3月31日（雨晴）7─15℃（福島県白河市矢吹町）

（2）①矢吹宿─久来石宿─笠石宿─鏡石宿─須賀川宿─笹川宿

矢吹宿（やぶき）─石地蔵─久来石宿（きゅうらいいいし）─熊野神社─笠石宿（かさいし）─矢吹ヶ原─行方野─岩瀬牧場─須賀川一里塚─本町の黒門（木戸）跡─十念寺─芭蕉句碑─中宿橋─岩瀬の渡し─二階堂城址─鎌足神社─須賀川宿（すかがわ）─阿武隈川─大聖不動明王堂─二十三夜塔─森宿街道下の石碑石塔群─筑後塚─滑川集落─滑川橋─笹川宿─安積永盛（あかさながもり）

今日と明日は当初より体を休める予定で行程をゆっくり目に組んだ。今朝もたっぷりと朝食をとり万全。前夜汗で汚れた衣服の洗濯に手間取り午前さまとなり少し眠い。

昨夕歩き終えた**矢吹宿**に戻り元気にスタートする。鏡石町を過ぎ「新奥の細道」を行く。街道沿いにはいろんな花が植えられていて住民の皆さんが総出で花を植えていた。

久米石宿から笠石宿へ向かう。街道沿いに「いちご直売所」ののぼりが立つがまだ早いのかどこも開いていない。**笠石宿**に入ると古い建物があり櫓もあって風情がある。

樹齢250年という「笠地蔵の枝垂れ桜」があり、その見上げる巨木の枝の先には桜の蕾が沢山見られた。満開となればさぞ見事だろうなと再び見上げる。

鏡石宿を経て須賀川宿へ向かう。須賀川には奥の細道の松尾芭蕉が4・5泊したようで、その時に詠んだ句碑が随所に見られた。東北の春は大阪に比べ約3～4週間遅いようだ。季節を逆戻ししたようで再び春の花を見られて嬉しい。

街道に戻れば16種の鶏のつがいがゲージで展示されていたが、販売しているのかいろんな種類の鶏がいるものだとしばし眺める。やがて須賀川市内に入る。

時代を感じる蔵が並ぶ**須賀川宿**に入り**須賀川城址**に着くが簡素な史跡だった。須賀川は勇壮な祭り「松明あかし」が有名なようだが、伊達政宗の軍勢がこの須賀川城を攻め、激戦の上落城、その戦いで戦死した霊を弔うため始まったようだ。須賀川宿場の各所にあの昔懐かしいウルトラマンシリーズの等身大の人形が街頭に立っていてビックリする。聞けば特撮の神様と言われた円谷英二監督の故郷だとか。懐かしいが、もう子供はもちろん孫よりひ孫なら喜ぶかもしれないと思いながら写真を撮る。

当初ここまでを予定していたが、もう少し歩きたいなと明日の予定を続けて歩く。

(2) ②須賀川宿─笹川宿─日出山宿─小原田宿─郡山宿

須賀川宿─阿武隈川─大聖不動明王堂─二十三夜塔─森宿街道下の石碑石塔群─筑後塚─滑川橋─笹川宿─安積永盛(あかさながもり)笹川宿─日出山(ひでのやま)宿─磐城道追分─音無川─小原田─本町本陣─会津街道追分─如宝寺(いぼなしの鐘)─郡山(こおりやま)宿

県道355線・須賀川─二本松線を郡山へ向かう。笹川の一里塚跡で**笹川宿**を確認するも特に宿場の形跡は見当たらない。やがて阿武隈川に出る。堤防を歩きつつ「渕の上古墳跡をみる。「おくのほそ道・日出山の宿碑」「奥州街道・岩城街道分岐点」を確認。**日出山宿**に入る。街道を進むと「ちっちゃな美術館こはらだ日和」の看板があり、次いで**小原田宿**に入る。そのまま**郡山宿**へ向かい今日はここまでとした。

今日だけで11もの宿場を巡ったが、東海道のような宿場は残っていなかった。今日は須賀川宿にホテルを予約したが、丘の上に開けた街のようで明るくて気持ちがよかった。

＊(125日目) 35・38㎞ 4・72万歩

126日目　4月1日（曇晴）0―7℃（福島県郡山市中町）

（3）郡山宿―福原宿―日和田宿―高倉宿―本宮宿―杉田宿

郡山宿（こおりやま）―逢瀬川―安積山公園―陸羽街道―日吉神社（伊達政宗の郡山合戦の本陣・山王舘跡）―石像塔婆―仙台佛（伊藤井肥前碑）―福原宿―豊景神社―史跡一里坦址石碑―宝沢沼―日和田宿（ひわだ）―蛇骨地蔵堂―西方寺の傘松―安積山史跡公園―高倉宿―高倉城（松峯城）址―五百川橋―瀬戸川（山田橋）―人取橋古戦場跡―積達騒動鎮定之遺跡碑―本宮宿（もとみや）―杉田宿

今日から4月、今朝も0℃と寒く山麓は雪のようだ。大阪箕面から満開の桜ソメイヨシノの写真を「みのおFM局」のパーソナリティ・植田洋子さまが送って下さり、歩き旅にエールを頂いた。いつも有難く感謝です。大阪と福島では開花が3週間ほど遅く、ここ福島では一部を除きまだ蕾は固く、日本列島の長さを感じる。今日は少し出遅れ、昨日歩き終えた**郡山宿**に戻りすぐにスタートする。小雪が舞う。昨夜の宿泊地・須賀川宿は「宇宙の星と姉妹都市　須賀川市はM78星雲　光の国と姉妹都市になりました」と大きな垂れ幕や表示板があり、街全体が別世界で驚きだった。

郡山は今では福島県随一に発展した都会だが、そのきっかけは安積原野の開拓で、旧米沢藩士・中條政恒の唱導で大槻原野（開成山一帯）の開拓だったとのこと。史跡・宝沢沼、八天狗の碑を見る。松尾芭蕉と曽良は奥の細道紀行で安積山を訪れている。

福原宿をへて**日和田宿**へ向かう。青空に気持のいい春の風、梅の花が咲き心地よい街道を歩きながら、あの福島の大震災と原発事故などを想いつつ気持ちが複雑に交叉する。

丘の上の高倉小学校を過ぎて**高倉宿**を下ると「応急仮設住宅団地・入居市町村　双葉町」の看板。中を覗くとずらり並んだ無機質な仮設住宅。その脇には放射能のモニタリングポストがあり、線量計が刻々と表示している。更にその横の広大な空き地には大量の黒い大きな袋に入った廃棄物が山のように積み重なっている。あの日から10年以上を経てもこの現状を見るとまだまだ復旧作業が続くと実感する。

本宮市に入る。風光明媚、穏やかで平穏な**本宮宿**だ。安達太良神社に着き一休みする。今日の目的地・本宮宿に着いたがまだ3時なので次の宿場へ向かう。

山麓には梅の花が咲き、落葉樹が次々と芽吹く。ウグイスが鳴き、青空に白い雲がゆったりと浮いている。穏やかな春の街道を　いいな　いいなと言いつつ歩く。

二本松市に入り、郡山台遺跡にでる。**高倉城址**を探したがどうしても山への登り口がない。やっと一人のお爺さんがいたので聞いてみたが、前歯がなく東北弁でさっぱりわからない。でも何とか身振りから今はもう道は崩落して登れないようだ。ありがとうございました。でもこの上に城址がある事は確認できた。**杉田宿**に着き今日はここまでとした。

＊（126日目）31・6㎞　4・28万歩

127日目 4月2日（晴）マイナス1―9℃（福島県本宮市本宮）

（4）本宮宿―南杉田宿―北杉田宿―二本松宿―二本柳宿

杉田宿―本宮宿―安達太良神社―薬師堂―南杉田宿―杉田川―北杉田宿―光恩寺―杉田館跡―藤原実方供養塔―旧市川家―七夜坂―木のぼり地蔵―大壇口古戦場跡―大隣寺（二本松藩主丹羽氏や二本松少年隊士の墓、戊辰戦争殉難者群霊塔などがある）―二本松神社―二本松城址―二本松宿―油井集落―酒銘・花霞（屋号・米屋高村智恵子の生家）―二本松市智恵子記念館―鞍掛山―二本柳宿―松川

今日も元気、朝の食欲を見れば大丈夫だ。気温はマイナス1℃、厚着をして出発する。昨夕歩き終えた北杉田から歩き始めるが、坂道を30分も歩けば汗が出てきたので、軒先を借り薄着に変える。やはり少しぐらい寒い方が歩きやすい。

休耕中の畑の先に大きな枝垂れ桜が満開なので立ち寄る。誰も見る人一人もいないので花見を満喫するが、他の桜がまだ蕾が堅いのに早咲きの桜のようできれいだ。二勇士の墓があった。木蓮の花が咲く。**本宮宿**から**南杉田宿**、**北杉田宿**を経て三春街道をゆくと、滝桜で有名な樹齢1000年という国の天然記念物で日本三大桜　エドヒガン系イトザクラの案内板があった。開花は4月20日頃とか。あと3週間ほどだ。

二本松宿の**二本松城址**に着く。最初に目を引いたのはその大きさと見事な城郭だった。計算された

周辺の配置にも知恵が盛り込まれ攻めるには大変な構造だったという。

またこの地は戊辰戦争の激戦地として知られるが、「もう一つの白虎隊」の悲劇には涙した。かつて会津藩と共に勇名の名高い二本松藩だったが、藩士が他の戦いに出陣した後で総攻撃をくらい、立ち向かったのは22才を隊長に12才から17才までの60人ほどの少年隊だった。勇敢に戦い長州藩隊長を大砲一門で討ったが僅か一日で落城したとその悲劇を知る。南奥羽制覇を目指す伊達政宗が死闘の末に攻略した。

何か重い気持ちで本丸へ登っていくと、途中で一人の同年配の方が下りてこられた。挨拶をして話しているとガイドをして下さるというので、それから1時間ほど周辺の案内をして下さった。詳しいその歴史ガイドにのめり込んだが、教えてもらわねば素通りするところも深い歴史があり感動した。その博学知識とご親切に感謝し、二本松がいっぺんに好きになったのは言うまでもない。またゆっくり来てみたい所となった。名刺も頂いたがWさんご親切にありがとうございました。

二本松宿から高村智恵子の生家で造り酒屋・花霞を訪ねた。その至高の愛に生きた芸術家・高村光太郎とその妻智恵子は後に光太郎が綴った詩集「智恵子抄」で知る所だが、二人が仲良く座り詠んだという岩を先ほどのWさんにガイドして頂き親近感が湧いた。

二本松市智恵子記念館を見て、二人の魅惑に満ちた暮らしと、その後の悲劇を想いつつあとにした。

今日は少し早めだが松川へ歩き予約したホテルに入る。

＊（127日目）23・67㎞　3・27万歩

128日目 4月3日（晴）0—12℃（福島県安達郡安達町）

（5）二本柳宿—八丁目宿—浅川新町宿—清水町宿—福島宿—瀬上宿—伊達宿—桑折宿

松川—安達—二本柳宿—安達太良連峰風景—鹿の鳴石—境川—信夫隠の碑—口留番所—松川橋—西光寺—八丁目宿—浅川村—清水町—清水町宿—共楽園—羽山獄の石碑群—伏拝舟繋ぎ石—杉妻村道元標—須川—信夫橋—柳稲荷—福島城址—（旧杉妻城）—福島宿—瀬上宿—伊達宿—桑折（こおり）宿

今朝も0℃と寒い。厚着をして昨日歩き終えた**松川**から出発。松川と言えば当時日本中を騒がせた「松川事件」を思い出すが、もう相当古い昔の話となった。

奥州街道は霊峰・安達太良（あだたら）山を仰ぎ、その裾野の春は紅色の桃の花や白いリンゴの花で桃源郷と化すという。その桃源郷はもう少しで花を咲かすことだろう。

福島盆地の入り口、**八丁目宿**に着く。この宿場は「宿地千軒」と称され、東山道以来の古い宿場とか。冠雪の安達太良連峰の山並みに故郷の信州アルプス連山の光景を想う。

福島盆地の中央に福島城下町が広がる。城下の信夫山は熊野山、羽黒山、羽山と呼ばれる三峰をもち、平安時代以来信仰の対象とされ修験の山であったという。

福島藩は三万石と小藩ながら、東北地方屈指の養蚕地帯で繁栄したようだが、後の大恐慌で衰退し、阿武隈川やその支流にまで広がっていた桑畑は果樹園に生まれ変わり、現在の果物大国の基礎が気づかれたという。近くの鎮守の森では春祭りのようで高い上り旗が立っている。この松川村は昭和の原風景が残るようで、自然も豊かで風光明媚、何とも言えない感動の風景が広がり心も弾む。峠道から街へ下り阿武隈弁天橋を渡り、川辺に座り一休み。思わず早春賦を口ずさむ。穏やかな日差しときらきら光る川面、いろんな春の草花が咲き、土手に足を延ばして座ると春の日差しを浴びてウトウトとする。

福島市内に入る。蜜語橋（ささやき）通りを進み、**福島城址**を探す。**福島宿**の福島県庁横に城址を見つけるが、表示板だけでガッカリ。きれいに整備された県庁周辺を散策後、**瀬上宿**から伊達市へ向かう。途中、古関裕而記念館をみる。懐かしい学生時代の歌から青春歌を歌いながら街道を歩く。**伊達宿**に入る。阿武隈川水系の川を越え西念塚へ　諏訪野路とある高級宅地の中を通るが、周辺にはりんごなどの果樹園が広がる。桑折寺に着き、**桑折宿**を確認し今日はここまでとして予約したホテルへ向かう。

大震災後の福島の一部だが歩き見て、表面上だが徐々に平常な日々が戻りつつあるように見えた。

今日は悲しくも有難いお話を友達から聞いた。喜寿の飲み友達「ひまわり会」のYさんのご主人がお亡くなりになりました。お悔やみを申し上げます。ただそのお棺の中に読みかけだったという拙著「箕面の森」2冊の本を一緒に棺に納められたとお聞きし、悲しみと共に驚き、ありがたい涙でいっぱいになりました。天国で読んで頂けるなんて何と私は幸せ者でしょうか。改めて感謝と共にご冥福をお祈り申し上げます。

＊（128日目）34・19㎞　4・51万歩

120日目　4月4日（曇雨）2—9℃（福島県伊達郡国見町）

（6）桑折宿—藤田宿—貝田宿—越河宿—斎川宿—白石宿

桑折宿—藤田宿—硯石山（弁慶の硯石）—国見神社—義経の腰掛松—厚樫山—奥の細道石碑—湯殿山碑—三ツ石—貝田（かいだ）宿—最禅寺—貝田口留番所跡—小原の材木岩—福島・宮城県境—下紐石（越河番所跡）—白鳥神社—越河（こすごう）宿—馬牛沼—孫太郎虫—鐙摺坂—田村神社—斎川（さいかわ）宿—検断屋敷（旧島貫家）—米沢街道分岐—白石城—片倉家中武家屋敷地区—白石宿

今日は雨の予報。ホテルの朝食をしっかり摂りスタートする。とても気持ちのいいホテルだったので、いつもの「笑い文字でありがとうメッセージ」を書いて感謝を机に置く。

昨日歩き終えた桑折宿に戻りすぐにスタートする。さあ今日も元気に出発だ。**桑折宿**は山形、秋田を経て青森へ通じる羽州街道が分岐する奥州街道の要の宿場であったようだ。こおり小径漫遊との案内板をみると、この桑折が松平藩だった頃に開発された銀山が「史跡・半田銀山」で半田山一帯にあったというので訪ねる。かつて佐渡金山、生野銀山と共に日本三大鉱山と称され、江戸時代にその隆盛を極めたようだ。

奥州街道と羽州街道の追分を確認しつつ、周辺を見渡せば果樹園が広がりモモ、リンゴ、柿、サクランボなどの標示が見える。雨が上がり果樹園を過ぎて一面に広がる畑の農道を進むと、横のあぜ道から一人のオジサンが犬を連れてやってきた。お早うございます。すると「○○○？ ○○○？……」早口の東北弁で話されるのでさっぱりわからないが、よく聞くと周辺の歴史案内をして下さっているようでありがたく耳を傾ける。どうも最近耳が変で聞き辛くなり、聴力が衰えてきたのか否応なしに歳を感じるが、みなさんごめんなさいと心で謝る。

福島県重要文化財「旧佐藤家住宅」に立ち寄る。江戸時代の典型的な農民の住居と言うがよく残っていたものだ。**藤田宿**に入るが、この近辺はつい先日のM7・4の地震で家屋の崩壊、土砂崩れなどの被害があった所なので大きく迂回するが歩けそうだ。近くに義経の腰掛松、国指定史跡「阿津賀志山防塁・文治5年奥州合戦古戦場跡」とあり、そこへ上ってみる。旧奥州道中長坂跡を経て防塁に着く。ここは厚樫山　陸奥國・平泉200年の栄華を誇った奥州藤原氏と、鎌倉から北上した源頼朝軍との激戦地の舞台。この戦いに敗れた藤原氏はその栄華とともに滅亡したと。再び降り始めた雨の中で、その戦場跡を眺めながらまた涙が零れた。この足元に幾多の屍が眠るのか。歴史街道を歩けばそんな戦いの碑ばかりが目につき人間の業をみて悲しい。

古戦場を下り、安養寺、岩淵遺跡を経て新奥の細道を進み**貝田宿**に入る。貝田宿はよく宿場の雰囲気を保ち、景観保全が素晴らしい。貝田番所跡、県境界石碑を確認し、**宮城県白石市**に入る。越河番所跡、下紐の石、**越河宿**の標示杭にて宿場を確認。

江戸時代仙台藩領南端の白石市へ向かう。遺跡・萬行盾城址、奥州斎川孫太郎餅の表示板を見ながら**斎川宿**に着く。長い土壁の家と検断屋敷とあり江戸時代の足跡を見る。

延々と続きそうな真っ直ぐの田舎道を黙々と進む。雨風を遮るものが何もないので強風と雨に翻弄される。途中でふっと前方をみると、少し遠くにみえる東北新幹線の高架上に沢山の重機が並び作業をしている光景を目にする。連日ＴＶニュースで見る地震による新幹線の脱線事故の映像だがそれに似ている。近づくとやはりそうだった。周辺を沢山の重機と作業員が行き交う。ご苦労様です（その数日後にやっと開通した）

白石宿に入る。白石は伊達政宗の知将・片倉景綱が拝領して以来、明治維新に至るまで片倉氏が治めた城下町で往時の武家屋敷の姿を今に留める。

今日は白石にホテルを予約したので早めに入る。フロントで余りのびしょ濡れの服に大丈夫ですかと心配されたが、歩き旅の事情を話して納得して貰った。この大雨の中を何十㎞も歩き旅をする人など初めて見ましたと笑われた。熱い風呂に入り冷えた体を癒した。コインランドリーが古く衣服全てを洗濯乾燥するまで3時間半もかかりグッタリ。

夜中に先日の余震か、大きな揺れに驚き目が覚めたが、ベッドが衝撃で浮いた。大丈夫かなと心配しつつもいつしか疲れて眠っていた。

＊（129日目）29・76㎞　4・12万歩

130日目　4月5日（雨晴）6—13℃（宮城県白石市本町）

（7）白石宿—宮宿—金ケ瀬宿—大河原宿—船迫宿

白石宿—白石川（白石大橋）—陣場山—世良修蔵の墓（戊辰戦争・奥羽総督府下参謀）—白鳥橋—刈田嶺神社—宮宿—金ケ瀬宿—大高山神社（白鳥崇拝発祥の地）—船岡城址—大河原—船迫宿

今朝も雨だが、徐々に晴れてくるとの予報だ。

昨日歩き終えた**白石宿**を出発する。小雨降る中を白石城址へ向かう。周辺には沢山の桜の木が小さな蕾をつけている。もうすぐ開花するようだが、見ることができず残念だ。

白石城址へ着くが、ここも先日の地震で各所がずれたり崩壊したりして緊急の工事が進められていた。天守閣は大丈夫のようだが、その下の石垣などが少し崩れていた。

突然下から駆け足で上がってきたオジサンが誰に話すともなく「ありゃ　〇〇門もやられたのかコリャ時間かかるな」と独り言。地震の被害を言っているようだった。昨夜の地震の影響なのか？お話を聞こうと思ったらすぐに別の場所へ走って行かれた。

白石城は戊辰戦争の時、奥羽列藩同盟締結に向け諸藩の代表が参集した舞台だ。戦う相手の薩摩・長州を主体とする官軍に敗れ、一時は共和制による「東日本国政権」もあったという。もしかしたら東日本と西日本共和国に国が分かれていたかもしれず何とも安堵する。城下から武家屋敷跡へ向かう。屋敷の周辺には濠が掘られ川となって流れていて立派な武士の屋敷跡（片倉家中武屋敷跡）を見る。やがて**宮宿**に入る。大高山神社で一休みしたのち**金ケ瀬宿**に入る。次いで**大河原宿**に入ると空が晴れてきた。下から見上げる山の上の**船岡城址**に登る。「みやぎ蔵王三十六景　船岡城址公園」とある。きれいに整備された城址公園には色とりどりの花が咲いていていてきれいだ。夕景に映える花々、美しい光景にしばし立ち止まり魅入る。今日はここまでとした。

＊（130日目）26・94㎞　3・61万歩

131日目　4月6日（晴）　3—19℃（宮城県柴田郡大河原町）

（8）船迫宿—槻木宿—岩沼宿—増田宿

荒川—船岡城址公園—船迫宿（ふなばさま）—平和観音—麴屋土蔵—槻木宿（つきのき）—逢隈亭（おうくまてい）—阿武隈川堤防—郡境石—玉崎問屋跡—御城米倉庫跡—小野酒造—南町検断屋敷跡（八島家）—脇本陣（相原麴屋）—竹駒神社—武隈の松—岩沼宿—増田宿

今朝は少し出遅れ、やっと昨日歩き終えた**船岡城址**公園に戻り出発する。ところが駐輪場で掃除をしていたお婆さんに挨拶したらフレンドリーな人で、83だと言うが近くの桜の開花時期から始まり、息子の嫁の話、爺さんとのなれそめから、料理の話まで朝からよく喋ること、二人で大笑いしながら盛り上がった。何でも前向きに明るく生きている人はいつも輝いていてその笑顔に元気を貰う。

一目千本と言われるこの白石川堤防桜はもうすぐ咲き始めるから見て行けと言うが、あと10日は待てないよと残念ながらその場を後にする。見事な桜並木が続く堤防沿いを歩く。その昔、何でも当地出身の実業家による寄贈だそうで、8㎞に1200本もあり樹齢90年と言う相当な老木もあり交替の苗木が課題のようだ。土手には土筆が顔を出す。見ればあちこちに春の訪れを告げているようだ。

白石川の広い河川敷を歩けば昔の船着き場跡があった。昔の旅人はここから対岸へ渡り船で往復したようだ。土手に座り足を休めながら昔の旅人を想う。一人の老婆が難儀そうに車いすを手押ししながら前から来たので大丈夫ですか　何かお手伝いしましょうかと声を掛けた。「あーだいじょうぶださんぽだ　ああサンキュー」と、英語が出てきてそれでお互いに大笑い。お元気なようで安心した。歳をとってもウイットにとんだ会話は人を楽しくさせると学んだ。

舟迫宿（ふなはざま）に着き、そのまま**槻木宿**を経て**岩沼宿**へ入る。今日は**増田宿**までとしたが、急にクシャミ鼻水目のかゆみと花粉症状に早めに予約したホテルに入る。この地の桜開花はもうすぐのようだ。

＊（131日目）27・31㎞　3・64万歩

132日目 4月7日（曇晴） 4—12℃（宮城県岩沼市中央）

（9）増田宿—中田宿—長町宿—仙台宿

増田宿—衣笠の松—中田宿—名取川—長町宿—広瀬川—旅立稲荷神社—広瀬橋—仙台城下町—三宝荒神社—大銀杏—東漸寺（名横綱・谷風の碑）—大日堂—芭蕉の辻—国分町—仙台宿—青葉神社—輪王寺—検断屋敷遺構—資福寺—仙台城址（青葉城）—広瀬川—キリシタン殉教の碑—瑞鳳殿—仙台

今日は花粉対策をし、朝食もしっかりとり出発する。今日はいよいよ仙台宿へ到着する予定で、計画より1日早く着きそうだ。春霞がかかるが冷たい風に気を引き締める。

昨日歩き終えた名取市の**増田宿**からスタートする。仙台藩主・伊達政宗は仙台城築城の際、この地の奥大道を東に付け替えて奥州街道とし、これにより設置されたのが増田宿、**中田宿**、**長町宿**だという。

閻魔同横丁を見て旧制第二高等学校の門碑が残る東北大学キャンパスに入る。落ち着いた大学を感じる。ここから広瀬川を渡り仙台藩祖・**伊達政宗公霊室**の**瑞鳳殿**を訪ねる。

正宗山・瑞鳳寺はその菩提寺だ。あの徳川家康の日光東照宮に似て絢爛豪華な装飾に驚く。二代藩主・伊達忠宗公霊屋・感仙殿も同じ造りだ。次いで三代藩主・伊達綱宗公霊屋・善応殿も同様でその権威に驚く。時間をかけてその威容を鑑賞する。

仙台城下は武士の町でもあり、城に近い川内には幕府から派遣された国目付の屋敷が置かれ、広瀬川河岸段上には城を守るように上級武士の屋敷が立ち並んでいたという。ちなみに仙台城は青葉山の地形を利用して築いた山城で別名**青葉城**とも呼ばれる。この地は北側に広瀬川の沢があり、南に竜の口渓谷、東側に広瀬川に落ちる断崖、西に山林を控え天然の要塞ともいうべき地形条件を備えていた。史跡・**仙台城址**へ入る。東北の雄・伊達政宗公と一族が約２７０年間に渡り拠点とした名城だ。

広瀬川はさとう宗幸作で歌う「青葉城恋歌」で知った懐かしい名前だ。自分が試行錯誤しつつ起業し会社を立ち上げた頃だからよく覚えている。その広瀬川を眺め歌いながら懐かしくて涙が零れ落ちた。31歳の会社設立当初の諸々の辛苦を思い出したが、あれからもう45年ほどが経つ。あの時から24年を経てお陰で業界随一になった会社をＭ＆Ａを行使し、自分のスピリッツを引き継いでくれた上場企業の元で今は頑張っているようで嬉しい。青葉城恋歌のその歌詞に、生み育て愛した会社を恋人のように想い涙し回想した。

遂に奥州街道・仙台道を完歩できた。ＴＶでは今日が仙台の桜開花宣言だと伝える。新緑の青葉の下で青葉城と広瀬川の畔で憩える自分が何と幸せな人生かと再び涙する。

＊（１３２日目）26・42㎞　３・61万歩

奥州街道・仙台道　９日間の累計　２６０・91㎞　35・22万歩
一日の平均　28・99㎞　３・91万歩（雨風嵐、半日を含む）

奥州街道・盛岡道へ入る

133日目 5月13日（雨）13—20℃（宮城県仙台市青葉区）

（10）仙台宿—七北田宿

仙台宿—芭蕉の辻—玄光庵—熊野神社—検断屋敷跡—青葉神社—光明寺（支倉常長の墓・ルイスソテロの碑）—鹿島香取神社—御仲下改所—青笹不動尊—台原森林公園—仙台文学館—旧仙台藩・七北田刑場跡—七北田橋—スタジアム仙台—善正寺—二社神社—日露戦役記念碑—将監地区—大曲坂—金玉(きんぎょく)神社（金玉とは盲人の名前で伝説がある）—七北田(ななきた)宿

今日から奥州街道・**盛岡道**へ入る。仙台名物牛タンのワンプレートを食べてすぐに歩き始める。**仙台城址**からスタートするが、今日は雨模様で降ったりやんだり、春雨も情緒があっていいもの。仙台藩・伊達政宗公の霊室は訪ね終えたので、仙台の中心街へ入る。

先ず「芭蕉の辻」から商店街に入ると立派な山車がいくつか並ぶ。近くの人に聞くとこれは明日から仙台名物「**青葉まつり**」の山車で、お披露目をしているそうだ。見れば江戸時代に始まり恵比寿山鉾、雅山鉾、七福神太鼓山鉾、政宗公兜山鉾など並び見事な装飾を施している。8月の仙台七夕まつりや花火祭も有名だ。

青葉町のお寺の階段前でお爺さんがしんどそうにされていたので声を掛けた。大丈夫ですか　どうかされましたか。すると「わしゃもう歩けんわ　この階段は厳しいな」と。しばしお話をするが「ワシャもう傘寿だわ　婆さんの墓参りに30年もこの参道を歩いてきたがもうお参りもできんな」とか。お年寄りにお寺の坂道や長い階段はきつそうだ。

陸羽街道を経て御仲下改所跡を見る。伊達藩が城下町に持ち込まれる商品から税金をとる番所として5カ所に設けられた一つだったとか。

仙台自然休養林の林道に入ると、ツツジや藤の花が美しい。雨の「台原森林公園」に着くが雨と寒さからか人一人見かけない。**「仙台文学館」**と森の中に小さな矢印があった。まさかこんな森の中にあるのかなと思いつつも山道に入る。山小屋のような所かな。なぜこんな細い山道の先にあるのかな。森の中のこんな所へ人は来るのかな。いろいろ想像しつつ、箕面の山を歩いているような自然豊かな森の中を進む。雨に打たれる谷間のツツジが満開できれいだ。黒松城の碑だけがあった。前方に近代的な建物が見えた。警備員の人がみえたが、こんな山の中で警備員がいるとは。とにかく聞いてみたら「裏山から来られる方は珍しいです。この前が国道で正面ですから」と　なんとまあ。

やがて仙台藩・七北田刑場跡を探して歩き着く。ここは元禄時代に百姓・町民が対象の刑場で火あぶり刑、水責刑、首吊刑などで延べ5300人の住民が処刑されたとの事でしばし佇み手を合わせたがなぜなぜと涙が込み上げた。また刑場へ引き連れてこの辺で執行前の最後の水を飲ませた所との資料にまた涙がでる。民衆が何故、何の罪で。歴史街道ではいろいろな事を知り、現代では考えられない事が多くありやりきれない。廃屋が多くあり草木で覆われているが、蔦や草花は関係なく季節になればそんな上にも花を咲かせている。朽ちた栄華や残酷さを包み込むような仕草に自然の力を想う。七北田川を渡る頃からまたドシャ降りの雨。川の向こうに大きな仙台スタジアムが見えた。善正寺の表示板に「大丈夫　心配するな 何とかなる　一休さん」とあり少し心を静めた。

＊（133日目）21・5㎞　2・96万歩

134日目　5月14日（雨晴）14―23℃（宮城県仙台市泉区七北田）

(11) 七北田宿―富谷宿―吉岡宿

七北田（ななきた）宿―富谷町―大清水石かん（湧き水場跡）―高屋敷橋―八雲神社―熊野神社―富谷（とみや）宿―旧富谷本陣兼検断所―高札場―代官所跡―恋路の坂―気仙屋跡―内ケ崎別邸―御所橋―代官松・旧代官所跡―八雲神社出―太子堂―三ケ森遺跡跡―吉岡東官衛遺跡―一里塚―吉岡宿

今朝も雨、だがお昼から晴れるとの予報。ホテルモーニングは豪華で朝から腹いっぱいに食べるが、これだけ体が欲するのだから今日も大丈夫だと元気に出発。

七北田宿から雨上がりの街道を上る。大清水石棺跡をみる。昔はここに清水がこんこんと湧き出て旅人の喉を潤したようだが今は枯れている。峠道を越え、**富谷宿**へ入る。八雲神社、毘沙門堂など歩き道端の野草が色とりどりの花を咲かせて見とれる。少し前まで日本自然保護協会の自然観察指導員をしていた時はすぐに草木花の名前を調べていたものだが、今は名前を調べてもすぐ忘れるので「きれいだね」と見つめ、しばしその感動を草花と語り浸ることにしている。

「**恋路の坂**」とあった。聞けば明治の女流歌人・原亜佐緒と恋仲になった石原純（東北帝大教授）が、人目を避け富ヶ岡公園に通った坂道だとか。当時は噂のネタ話だが、何とも明治だなと思いながらほっといてあげたらと思うが、その後二人はどうなったのですかと聞きそびれた（笑）このしんまち富谷宿には当時の雰囲気が残り、本陣・脇本陣跡や酒蔵があり、中央に「とみやど」と広い宿場風の町が再現されてお土産店が並ぶ。土蔵の店に外人さんの店員がいて流ちょうな日本語に驚く。

吉岡宿に着く。ここで何か映画のロケがあったようで随所にその場面表記がある。見れば　吉岡宿本陣跡の案内所に、映画「殿　利息でござる」の舞台と垂れ幕があった。

吉岡八幡宮に着く。横の大和町武道館は昔の洋式の建物で懐かしい情緒を感じた。今日はまだ早い時間だが、ラーメン餃子で夕食も兼ね、早めにホテルに入り身体を休める。

＊（134日目）21・29㎞　2・88万歩

135日目 5月15日（曇晴）7—20℃（宮城県黒川郡大和町吉岡）

⑿ 吉岡宿—三本木宿—古川宿

吉岡宿—天皇寺—一里塚—奥道中歌碑—松島道追分—九品寺—吉岡宿城下町—吉岡本陣跡—大和町武道館—高札場跡—昌源寺—大衡城址—駒場—一里塚—須岐神社—伊賀南橋—駒場一里塚跡—御殿森橋（鳴瀬川）—三本木宿—八坂神社（裸祭、どんと祭）—岩淵家—北町祇園八坂神社—西宮神社—瑞川寺—諸絶橋—藤原道雅歌碑—渋谷氏城址（館山公園）—橋平酒造—古川宿

今朝外へ出ると5月にしては意外に冷たい風で肌寒く一枚重ね着をする。田植えはもうほぼ終わりのようで蛙の合唱が始まっている。今までどこにいたのかと思えるようなおおきな鳴き声だ。**大衡村**（おおひら）に入る。入り口に「万葉の里おおひら」の大きな看板がかかる。長い坂道を上り山越えすると山頂が開けて住宅地が広がる。いままでフーフーと上ってきた先にこんな町があるとは知らなかった。**大衡城址**へ上り村を一望する。

大衡一里塚があり、奥州街道の痕跡を見つける。大きな開発地に伴い道路も立派だが人が全く見当たらず、車もほとんど通らず横から熊がひょいと現れてもおかしくない情景だ。藤の花が満開であちこちに見られる。山を下ると所々に廃屋がみられる過疎地の風景だ。里に下りてきて「奥州街道一里塚表示板」を見ていると、一人の茶髪の青年がニコニコしながら近づいてきた。挨拶をするとここは

自分宅の敷地内だが見てくださいと。それは失礼を。まさか一里塚が私有地にあるとは知らなかった。しばらく周辺の史跡案内をしてもらった。歩き旅を自分も是非してみたいと熱心に質問された。

須岐神社で一休みしたあと**三本木宿**に入る。遠くの山々にはまだ雪が残る。伊賀一里塚を経て道の駅に亜炭記念館があった。鳴瀬川に出ると太陽が顔を出し急に暑くなる。次の古河宿へ向かうのに堤防を歩いていると堤防沿いに車の行列が。何かあるのかなとしばらく進むとその先に廃屋状態のオンボロ店がありラーメン店とあった。まさかこの店が繁盛店なのかとしばし見とれるが、次々と人が出入りし何とも不思議な光景だ。旨いと評判があれば店の構えや立地に関わらず人は集まるものだと勉強になった。

大崎の緒絶川の緒絶橋に着くと昔の町並みが再現されていた。市民ギャラリーもありいい雰囲気の町だ。また「大正デモクラシーの旗手・吉野作造生誕地」とあり、落ち着いた町並みが続きしばし散策を楽しむ。今日はここまでとし、**古川宿**のある古川駅前にホテルを予約した。しかし今日は日曜日でホテルの店も周辺の店もどこも休みだという。他に探すのも疲れ、仕方なく夕食は抜きだ。お腹よりも疲れていたのでそのまま風呂に入りベッドに入る。

＊（135日目）30・42㎞　4・13万歩

136日目　5月16日（曇）6―16℃（宮城県大崎市古川）

(13) 古川宿―荒谷宿―高清水宿―築館宿

古川宿―金谷不動尊―四季采通り―江合橋―荒谷(あらや)宿―羽黒山公園―恵水不尽碑―高清水城址―高清水(たかしみず)宿―牟良佐喜神社―愛宕山公園―奥州善光寺―百姓一揆旧蹟碑―力石碑―高森遺跡―赤坂橋―双林寺―薬師の杉（樹齢1200年）―築館本陣跡―築館(ちくだて)宿

今朝は6℃と少し肌寒い。ホテルの予約時にはいつも朝食付きを頼むので昨夜の食事抜きも含め、今朝もお腹一杯に食べて快調。元気にスタートする。

セダンな大崎市立図書館前から歩きだして間もなくのこと、前からお母さんより背の高い子供が大きな声で何が叫びながらやってきた。障害者のようだが、お母さんは大変だなと一瞬思った。すれ違う時にお母さんが先に満面の笑顔いっぱいに お早うございます と大きな声で挨拶された。子供も同じように大きな声で元気に何か喋った。私も同じように挨拶したが、振り向くとお母さんは子供と手を繋ぎ嬉しそうに楽しそうに歩いて行かれた。その二人の幸せそうな光景に自然と涙が零れ落ちた。全てを受け入れ、今を幸せに生きるのは自分の姿勢なのだと改めて心に刻んだ。

河北新報社という建物があった。思い出すのはあの東北大震災の時、地元の河北新報社の報道に何度も目を奪われたことがあった。この地の西側には陸前高田、女川、石巻などかの被災地が広がることを想い黙祷する。

荒谷宿に入る。すぐ前を東北新幹線と秋田新幹線が走る。町に宿場の面影は何も残っていないが、看板には「源義経白狐伝説の社　斗蛍稲荷神社」「北辰一刀流開祖　千葉周作生い立ちの地」とあった。その斗蛍稲荷神社に着くと「ここは剣聖・千葉周作の縁地」とあり、5歳から10年間、父に剣術の手ほどきを受けたとの説明書きがある。

中学生の頃か「赤胴鈴之助」のラジオに聞き入ったことがあった。その時に北辰一刀流・千葉周作の名前を知った。その赤胴鈴之助の声は吉永小百合だったことを後で知った。思えばあの時の声でサユリストになって以来、小百合さんの人生と共に生きてきて今もファンだ。2ヶ月ほどしか違わない同じ年齢で青春時代から多くの映画を見、歌も歌ってきた。振り返れば自分も幸せな人生だ。

古い石碑があり見ると陸奥國（**青森県**）の文字が見えるが、ここが陸前国（**岩手県**）との国境のようだ。**高清水宿**に入り、丘の上の**高清水城址**に着く。廃校になった高清水中学校の正面口にその城址碑があった。田植えのオジサンと目が合い挨拶する。栗原市**築館宿**に入り高森遺跡を経て双林寺、樹齢1200年の薬師の姥杉をみる。

今日はここまでとし、予約したホテルへ向かう。また夕食抜きにならないように近くの中華食堂でしっかりとお腹を満たしておいた。

＊（136日目）32・87㎞　4・41万歩

137日目　5月17日（曇）10―20℃（宮城県栗原郡築館町）

⒁築館宿―宮野宿―沢辺宿―金成宿―有壁宿

築館宿―宮野代官所跡―宮野検断屋敷跡―宮野城址―宮野宿―皇大神社―伊治城址（蝦夷の族長・アザマロの乱）―照明寺―冨城跡―姉歯横穴古墳群跡―沢辺宿―金成宿―金成代官所跡―金成本陣跡―金成ハリスト正教会―夜盗坂―新鹿野一里塚―十万坂―旧有壁宿御本陣跡―有壁（ありかべ）宿

さあ今日も元気に歩こうと出発。先ず歩き終えた**築館宿**からスタート。**宮野宿**に入り皇大神社を訪ねる。その前の幼稚園の脇に宮野代官所跡碑が立つ。当時を想う古い建物もあり宿場感が漂う。今は母の好きだったパープルカラーの桐の花が随所で咲いていて季節を想う。照明禅寺に着き**伊治城跡**を探し農家の方に聞くが、どうやら寺跡の場所のようだった。城生野はいま広大な穀倉地帯だが、その昔この一帯は蝦夷（アイヌ民族）の土地で、度重なる和人の侵略に族長が蜂起したという戦いの舞台でもあったという。

沢辺宿へ向かい**沢辺城址**への山道を上る。山頂に沢辺館城址を見つけたが、鎌倉時代のものらしい。次いで三迫川を越えて**金成**（かんなり）**宿**へ着く。

金成ハリスト正教会を訪ねる。そもそもロシア正教会がなぜこの金成にあるのか不思議だったが案内板を見て知る。日本ハリスト正教会の創始者ニコライが日本の近代化への胎動を聞き、北海道箱館ロシア領事館付司祭に就任し来日したのが切支丹禁制の幕末。この二年前に日本は各国と通商条約を結び、在留地内においては外国人が自国の宗教を信仰する事の自由を認めていたからとあった。その横に当時仙台藩・金成代官所がありその碑を見る。木造の旧金成尋常小学校校舎はいま歴史資料館となっている。金成宿本陣跡をみて次の**有壁宿**　有壁本陣跡に着く。立派な造りの建物が保存されていて、江戸時代にタイムスリップしたような気分になった。歴史を学び今日はここまでとした。

＊（137日目）27・37㎞　3・73万歩

138日目　5月18日（晴）7―27℃（宮城県栗原郡金成町有壁）

(15) 有壁宿―一関宿―山ノ目宿―平泉

有壁宿――鬼死骸(おにしがい)地区―鬼石―盗賊・豊吉の墓―瑞泉寺―祥雲寺――一関城址――一関宿―田村神社―旧沼田家武家宅―北上川―配志和神社（千年杉）―山ノ目宿―平泉町―佐野集落―八坂神社―太田川―中尊寺―平泉文化史館―旧観自在王院庭園―毛越寺―中尊寺―金色堂―平泉

昨日歩き終えた**有壁宿**を元気にスタートする。今朝は7℃と肌寒いが昼間は27℃と予報に驚く。20℃も差があるのかと何度も見直した。爽やかな風を受けながら順調に歩くが、足も靴も慣れてきて歩く事に問題はなく快調だ。
昨日から新聞にもTVにも熊の出没情報が目に付き、歩き旅には難儀なことだ。だが歩き始めるとまた張り紙があり、この先は「鬼と熊に注意」とある。鬼とはなんだ「ぬかるみにマムシが多く注意」とか「イノシシ出没注意」「危険クマに注意」とか物騒な張り紙が多くあり、大事をとり街道を離れ県道を歩き**岩手県一関市**に入る。

鬼死骸(おにしがい)という地名があるらしい。「国鉄バス・鬼死骸停留所」と古い看板があった。何とも恐ろしい名前だが、ここから祈祷三社との表示に従い森に入ると一人のお婆さんが前からやってきたので挨拶して聞く「あああの鬼死骸の名前か　あれは大昔に坂上田村麻呂と言う人が悪い鬼をここで退治したということでね」とのこと。しばらく鬼の話を聞く。「此の先に鬼死骸神社があるよ」との事で道を聞き訪れてみる。

今朝は明るい日差しと気持ちのいい青空が広がるのでそうでもないが、これを雨の降る薄暗い日に聞けばそんな所へは行かないだろうなと思いつつ田舎道を行く。途中「鬼石」という大きな石を畑の真ん中に見る。何でも退治した鬼をここへ埋めてその上に巨石を置いたのだとか。リアルな現場を想像するが、やがて「鬼死骸八幡神社」に着く。鬱蒼とした草の中に社を見るが相当古い建物だった。一休みして早々に次へ向かう。

よく整備されたきれいな瑞川寺に着き一休みする。更に神社仏閣を巡りながら**一関宿**へ向かう。

一ノ関八幡神社に着くと、その裏山一帯が**一関城址**と言うので登ってみる。だが草藪に覆われ藪漕ぎしながらやっと頂上にでると、城址の表示板があるだけで何もないが一ノ関の街が一望できた。里に下り史跡を訪ねつつ歩けばやがて大きな川に出た。そこから前方を見ると山にまだ雪が残りきれいな春の情景が広がる。歩いてきたお婆さんに「あの山は何という山ですが」と聞く。すると「あれは有名なすがわだ」いえ川の名前でなく山の名前なのですが「だからすがわと言うの　若い頃よくあの山へ登ったもんだ　いい人とね　うふっふ」それからフレンドリーなお婆さんからそのいい人との出会いなどタップリ聞き大笑いする。配志和神社を経て**山ノ目宿**に入り、史跡・山目宿問屋旧上町で確認。

平泉に入り、先ず毛越寺に着く。世界遺産・**毛越寺**とあり、その毛越寺庭園は特別名勝だ。見事な庭園に日本人の心を見る思いだ。素晴らしい景観に浸る。平泉文化遺産センターに入り少し周辺の知識を得て、いよいよ中尊寺へ向かう。山門前の弁慶の墓をみて上り道を歩く。大きな杉木立の道を抜けると有名な**中尊寺**に入る。歴史を眺めつつ周辺の史跡を見ながら**金色堂**に着く。世界遺産・中尊寺の金色堂だが、写真は一切ダメとの事でパンフレットの写真を撮り記録する。建物の中にあり、その豪華絢爛の金色堂はまさに金ぴかだった。天治元年の造立で現存する唯一の創建遺構とあった。芭蕉の句碑などみつつ山を下る。幻想的な世界に浸りつつ、今日はここまでとした。

＊（138日目）30・44㎞　4・11万歩

139日目　5月19日（晴）7―28℃（岩手県一関市山目）

(16) 平泉―前沢宿―水沢宿

平泉―義経妻子の墓―高館義経堂―武蔵坊弁慶之墓碑―中尊寺参道―弁慶堂―讃衛蔵宝物殿―金色堂鞘堂―瀬原古戦場跡―衣川城址―徳沢一里塚―本浄寺坂―白鳥神社―閑居坂標柱―瀬原宿（間宿）―前沢宿―岩堰橋―大儀寺―松ノ木沢橋―風鈴の町水沢―折井（おりい）宿―大深沢川―水沢宿

朝一番、昨日歩き終えた**平泉**からスタートする。今朝も7℃と肌寒いが、昼から28℃にもなるという予報なので再び21℃の差に半そでシャツで出発したがやはり寒い。

格子戸に今東光（こんとうこう）作の文字があり懐かしく眺める。中尊寺と言えば今東光和尚だが、瀬戸内寂聴さんの仏門の師でもある。なによりあの豪快な名物和尚の笑いと人柄は今も想う。無量光院跡を見る。平安時代に奥州藤原氏三代秀衡が建てた寺院の跡だが、浄土庭園と知られている。

近くにキャンピングカーが停まっていて同年配のご夫婦がおられた。聞けば65歳で定年退職して昔からの夢だったキャンピングカーで二人して日本周遊の旅をしているのだとか。その青年にも似たお二人の若い笑顔が生き生きとされていてまさに青春だなと、自分の歩き旅の話も交え意気投合して楽しかった。マイペースで過ごせる老後の車旅も憧れたものだが、これも夫婦が同じ趣味を持てばとても幸せな生き方だなと思う。

次の前沢宿へ向かう。一休みしながら大型の農機具で田畑を耕す農家の人を眺める。隣の水田ではこれも大型農機具で稲を植える様を目にする。いずれも一人で広大な田畑で作業する人を見るにつけ、かつて生まれ故郷・安曇野では田植えの季節ともなれば家族総出、近所の人々が集まり大勢の人々がお互いに協力し合いながら人力で田植えや、農作業をしたものだ。時代の変化と共に人との情が薄れていくようで寂しいものがある。

畦道や土手にはスミレやタンポポにイワウチワ、ニシキゴロモ、コイワカガミ、ツリフネソウなどいろんな野草花が咲き春の訪れを実感する。遠くの山々の冠雪を見上げ、里の春を楽しみながら長老ヶ原廃寺跡、国見平スキー場の表示板を見て**奥州市**に入る。

前沢宿に入る。「前沢まつり」の大きな看板とポスターを見れば、今年は開催とあり、法被姿の若者の笑顔写真があった。**水沢宿**に入ると「風鈴のまち水沢」とあり、街に入ると、大リーガー・大谷選手のポスターと「奥州市出身がんばれ投打猛進**大谷翔平選手**」との大きな看板塔があった。間もなく炎天下の路上を歩けばふらつき始め、暑さに弱いので今日ここまでとした。北上駅前のホテルを予約して避難することにしたが、今日の半そでシャツは失敗した。両腕がしっかり日焼けし、こんがりと焼けたトーストの色になって

ヒリヒリとし熱い風呂に浸かることができなかった。トホホ

＊（139日目）25・72㎞　3・46万歩

140日目 5月20日（晴曇）12—27℃（岩手県奥州市水沢区）

(17) 水沢宿—金ケ崎宿—北上・黒沢尻宿

水沢宿—八雲神社—水沢城址—めがね橋—武家屋敷八幡屋—高野長英誕生の地—後藤新平旧宅—旧水沢緯度観測所—乙女川—偉人記念碑—立町本陣・脇本陣—上井沢代官所跡—胆沢（いさわ）城跡—胆沢川川留宿—鉄砲鍛冶・松本甚之輔屋敷跡—金ヶ崎宿—金ケ崎要害歴史館城址—旧武家屋敷跡—清水端一里塚跡—鬼柳関所跡（盛岡南部藩・最重要番所）—北上川—黒沢尻宿

今日も暑くなりそうだ。夜明けとともに昨日歩き終えた**水沢宿**からスタートする。今朝は湿度がないのか爽やかな風が気持ちいい。水沢は多くの歴史的な人物がいてその史跡や武家屋敷などが残る。「ひぶせまつり」が開催されるとの大きな看板が立つ。水沢の史跡や近くの武家屋敷群を見る。高野長英屋敷や高橋家、内田家など大畑小路は武家屋敷がしっかりと残されている。水沢市武家屋敷資料館では「鎌倉武者今昔」が催されていた。その前に銃砲火薬店があり、アメリカでの銃乱射事件を朝見たので少し驚く。**水沢城址**（水沢要害）跡にはいま奥州市役所が建ち面影はない。後藤新平生家跡などどみて次の金ケ崎宿へ向かう。

街道にある史跡を巡りながら行くと、更に古い古代城柵官衛遺跡・鎮守府**胆沢（いさわ）城址**をみる。奥州市埋蔵文化財調査センターとあるが、その前に広がる国指定史跡　胆沢城址がすごい。これはあの坂上田村麻呂がアテルイの本拠地「胆沢」に造営した古代の城柵とある。田畑の真ん中に広い平らな城址の中でしばし古代人になったかの想いで当時を想像する。奈良の平安京に似た雰囲気を楽しむ。

金ケ崎宿に入る。この地域も又武家屋敷、侍住宅が並ぶ。中でも藁葺きの住宅が並び、昔にタイムスリップしたような一角に入った。生まれた家が安曇野の藁葺きの家だったので特に思い入れがある。その中に管理人が一人机に向って書きものをしていたが、住民と間違うような自然体でおられた。声掛けをして中を見せてもらったが、何となく生まれた家の造りに似て驚いた。祖母がそのまま奥から出てきそうな雰囲気だった。表に回りその風景を佇んでみていると、かつて見た映画「武士の一分」を思い出した。山田洋二監督、木村拓哉主演で檀れいと笹野高史が脇役の松竹映画だ。誰と一緒だったのか涙を流したことを思い出す。その隣に「金ケ崎要害歴史館」とあったが、要害とは城だとか。

畦道にきれいなクリーンピンクタイムの花を植えて草取りをしている農家の人がいたが、一斉に花が咲き見事だ。奥州街道七里塚跡をみつつ、北上へ向かう。堤防を上ると大きな北上川を目の当たりに見ると大きな川だ。何といっても「北上夜曲」を思い出し、その歌を口ずさむ。匂い優しい白百合の〜と。懐かしい郷愁を感じる川の流れだ。北上川の堤防を歩いていると、江戸時代の伊達藩との境に置かれていたという南部藩南端の奥州街道関所跡「鬼柳関所跡」をみる。大きな和賀川を渡り北上市街地に入る。立派な諏訪神社があり、芭蕉の句碑をみる。今日はここまでとする。

両膝がガクガクして違和感がある。思えば区切りながらも延べ140日間、鹿児島からこの東北まで3600㎞とよく歩いてきたものだと労う。気を抜かずもう少し頑張ろう。

＊（140日目）31・08㎞　4・18万歩

141日目　5月21日（晴雨）12—28℃（岩手県胆沢郡金ヶ崎町）

(18) 北上—黒沢尻宿—花巻宿

北上—黒沢尻間宿—脇本陣三浦屋跡—本陣—脇本陣—広野橋（新堰川）—北上川西岸黒沢尻川港跡—二子一里塚—伊勢山公園—成田一里塚—薬師神社—上館跡（源頼義陣所跡）—足軽同心屋敷跡—羅須地人協会跡地—宮沢賢治詩碑—同心屋敷跡—雨ニモマケズ～の詩碑—宮沢賢治記念館—豊沢一里塚跡—花巻（はなまき）宿—鳥谷ヶ崎城（花巻城）跡—一日市町—四日市町—光徳寺—花巻宿

夜明けとともに北上をスタートする。北上の街を一巡りして**黒沢尻宿**から次の花巻宿へ向かう。江戸時代、南部藩士の奥寺八左衛門が新田開発で開墾した用水路にでる。小さな石組された小川だが、12年の歳月を経て和賀川からの水路開設により稲作が進み、多くの農民・住民が潤ったというから、昔から偉い人はいたものだ。

街道に戻り進むと伊勢神社にでた。立派なお社だが手入れが大変だろうなと、周辺の草刈りをしていたオジサンとしばし立ち話をする。ルピナスが沢山咲いていていた。

長い峠越えをする。成田一里塚に着くが、江戸時代の一里塚が原形のまま現存するのは全国でもここだけとかで、しばし一休みしながら眺める。この一里塚は江戸日本橋から百二十九里と記されていた。**花巻宿**に入り奥州街道なごりの松をみる。花巻南城小学校の運動会が開かれていたがその校内にあった。その一帯が上館跡（城址）だったようだ。

宮沢賢治の故郷に着く。萱葺屋根の同心屋敷が保存されていた。田舎の畦道に賢治の書いた文の文字が断片的に石碑となって置かれている。旧羅須地人協会跡へ向かう。

その横の細い道を進むと「雨ニモマケズ風ニモマケズ……」と高村幸太郎筆の詩文碑広場に着く。周囲の風景を眺めながらいつしか小説やエッセイ、詩文の宮沢賢治の世界へと入っていく。「風とゆききし雲からエネルギーをとれ」と賢治の文が彫られていた。

周辺地を歩くが、どこも宮沢賢治ゆかりの地としてその足跡が残る。豊沢橋の欄干にも賢治のプレートがあった。豊沢町一里塚を過ぎると「宮沢賢治の生家」があったが、今も親族が住み中へは入れなかった。賢治が通ったという花巻尋常高等小学校跡を見る。

花巻の市内に入ると今度は新渡戸稲造ロードがあった。日本の「武士道」を世界に知らしめた人で、国際連盟事務次長として国際的に活躍した人だ。次いで**花巻城址**へ向かう。城壁と城門が残る程度だが、本丸跡や菱櫓跡、鶴陰碑、長屋前御門跡などがあった。

岩手軽便鉄道鳥谷ヶ崎線跡を見て、今日はここまでとした。楽しみにしていた賢治の故郷と花巻の風土と自然にもっと触れていたいものだ。またゆっくりと訪ねてみたい所となった。

＊（141日目）23・61㎞　3・27万歩

142日目　5月22日（雨曇）13—19℃（岩手県花巻市大通り）

（19）花巻宿—石鳥谷宿—日詰郡山宿

花巻宿—花巻城大手門跡—城内藩学校—御役屋跡—花巻城址—宮野目一里塚—花巻空港前—イーハトーブの源郷—花巻農業高校—旧花巻農学校—江曽一里塚跡—餓死供養塔—好地旧一里塚跡—石鳥谷宿—五郎沼—志賀理和気神社—南部杜氏の里—五郎沼—樋爪館跡—日詰町家屋館—日詰郡山宿—紫波

今朝は本降りの雨だ。朝食のないホテルだったので早めに出発。**花巻宿**、**花巻城址**を経て街道沿いの愛宕山花巻神社へ上る。花巻の町の形成と共に400年の歴史を持つそうだ。沿道の壁面に大きな銀河鉄道と宇宙の絵が描かれていてビックリ。説明版に未来都市銀河地球鉄道とあった。次の宿場・石鳥谷宿（いしどりや）へ向かう。

花巻農業高等学校に着く。宮沢賢治が大正10年頃から4年間ほど教鞭をとった学校だ。ここに**宮沢賢治**が設立した羅須地人協会で農民を集めた講義や自炊生活をしていたという建物が敷地内に移設復元されている。「賢治先生の家」と表示板があった。

校門脇には「農で学び　農で育ち　農で生きる」と大きな標語があった。また「マコトノ　クサノタネマケリ」「命ある者に希望あり　絶望は愚か者の結論である」と賢治の言葉が大きく書かれている。横を流れる北上川は雨で増量し濁流であふれていた。

次に江曾の餓死供養塔を探した。事前に記録を読んでいたので、この地がそうなのかと周辺を見渡しながら涙が零れた。改めて説明版に目をやれば、藩政時代の冷害や日照りで周期的な凶作、飢饉に見舞われ、とてつもない多くの人々が餓死した。にもかかわらず盛岡藩も財政難に陥り更に年貢の取り立てを強行した為に各地で農民一揆が起こり、民衆が多く亡くなった。相次ぐ凶作と飢餓に死者の人肉まで食したとの記述には嗚咽した。親子が生きる為に愛娘を売り渡すという悲しい出来事を知る。あのドラマ「おしん」を想う。東北のこれら悲劇の石碑が各地に点在し、見るたびにこの旅で辛い記憶として残った。

一里塚、逆ひば、八幡小学校前を経て**石鳥屋宿**に入る　寂れた宿場で特に何もないが町の名木・杉生桜をみる。紫波（しわ）町に入る。小さな住宅街に突然「シジミ　シジミ　日本一美味しい青森の?湾で採れたてのシジミ　お味噌汁に絶品」と軽自動車のシジミ売りがやってきた。見ていると家からザルなど持って人が出てくる。周辺に店一軒も見かけなかったので繁盛していそうだ。志賀理和気神社に着き、**日詰郡山宿**（ひづめこおりやま）に入る。古い木造の旧紫波郡役場は何とも郷愁を漂わせる味のある建物だ。今日はここまでとしたが、再びゆっくりと歩いてみたい町となった。

＊（142日目）32・57㎞　4・35万歩

143日目　5月23日（曇晴）11—21℃（岩手県紫波郡紫波中央）

(20) 日詰郡山宿—盛岡宿

紫波中央—日詰郡山宿—勝源院—郡山城（旧 高水寺城）—走湯神社—間野の一里塚跡—徳丹城址—見前橋—渡船場—大国神社（遊郭街）—川久保一里塚—盛岡藩小鷹刑場跡—足軽同心組屋敷跡—新山舟橋跡—羅漢公園—盛岡城警備惣門遺跡—遠野街道分岐—鍛治町一里塚跡—もりおか啄木・賢治青春館—盛岡藩領内里程元標—盛岡宿—三ツ石神社—志波城

昨日靴を見ると底に穴が開いていた。靴下がびしょ濡れだったが雨のせいだと思っていたが、穴の開いた靴底からしみたのだと納得。この靴は歩き旅3足目の靴でそれまでと違い軽量で平地用だったが真っ先に潰れた。でもこの靴で1000㎞ほどは歩いたので感謝、ありがとうねと言いつつ風呂場で洗い、記念に持ち帰ることにし2足目を履く。

昨日歩き終えた**紫波**の町に戻りスタートする。勝源院を経て**高水寺城址**（郡山城）の城山公園に向かう。斯波御所跡、喜兵衛館遺跡などを見ながら山道を進むと小さな集落があり、一人のお婆さんが黙々と草取りをしていた。お早うございます「あっあお早うございます　お城かね　クルマに気をつけてな」ありがとうございます　えっこんな所を車が通るのですか「違うよ　クマだよ　熊」えっクマが出るのですか「そうだよ」　気をつけます。周辺を見回しながら山道を上る。

やがて前方の大きな看板に「あぶない　熊出没　注意」とあった。城址への山道を恐る恐る登る。それまで熊の話を聞かなければルンルンで気持ちのいい森の中を歩いていたのにと思うのだが。やっと城跡に着く。中世の古城で草の繁る丘の上に石碑があるだけだった。周囲の史跡を見て里へ下りてきたが正直ほっとした。里にはリンゴ畑が広がり、周辺には沢山の花々が咲いていて見とれる。熊もきっとこのリンゴが目当てのようだな。

本誓寺、走湯神社、木宮神社を経て徳丹城址を目指す。奥州街道・間野々一里塚跡を確認する。周辺には一面に麦畑が広がる。思わず加藤茶の麦畑を思い出し歌ってみると足も快適に進み順調。遠くに岩手医大の看板塔がみえる。史跡・**徳丹城址**に着く。

平安時代の征夷将軍・文室綿麻呂が建てた城柵とあった。近くの藁葺きの佐々木家曲がり家を見学。典型的な南部曲家で藩政時代に村役を務めた農家だったとある。

やがて盛岡市の表示板を越え見前町に入る。ここは藩政時代の宿場町で治安維持のため「検断」が置かれ百姓一揆を取り締まる制札が残る。北上川堤防に出る。堤防沿いには木々が繁り野鳥の鳴き声が随所で聞こえるが、その声を録音している人がいた。

橋を渡り盛岡の街に入るとすぐに**新渡戸稲造博士**の生家があった。学生時代に学び、すごい日本人がいるものだなと尊敬する一人となったので感慨深い。横に下ノ橋教会があり周辺には宮沢賢治ゆかりの地として賢治清水などがあった。

重厚な石垣が残る**盛岡城址**に着いた。大きな石碑があるだけだが、盛岡を一望できる城壁でしばし佇む。城内に石川啄木の歌碑があった。歌碑の文字は啄木の盟友金田一京助博士の書だとある。

盛岡宿に入り今日はここまでとした。無事に奥州街道・盛岡道を歩き終えてホッとする。

明日から奥州街道最終の松前道へ向かう。

＊（143日目）31・33㎞　4・16万歩

奥州街道・盛岡道　11日間の累計　308・93㎞　41・62歩

一日平均　28・08㎞　3・8万歩（雨嵐、半日含む）

奥州街道・松前道へ入る

144日目 5月24日（晴）11―27℃（岩手県盛岡市内丸）

(21) 盛岡宿―渋民宿―好摩

盛岡宿―盛岡城址―材木町―石川啄木・新婚の家―四ツ谷惣門跡―足軽同心組の武家屋敷跡―盛岡高等農林学校（現岩手大学農学部）―門番所（国文財）―石川啄木・妻節子の生家―正覚寺―高松ノ池―上田一里塚西塚―松屋敷坂―南部片冨士湖―小野松一里塚―柳平水辺公園―笹平一里塚―岩手山・姫神山の眺望―石川啄木記念館―渋民公園―旧渋民尋常高等小学校校舎―啄木歌碑―渋民（しぶたみ）宿―宝徳寺（啄木18歳まで過ごした寺）―渋民小学校―芋田産土神社―好摩

今日からいよいよ最後の奥州街道・松前道へ入るので気を引き締める。

今朝は快晴、気持ちのいい朝だ。朝一番に「石川啄木新婚の家」を訪ねてみた。素朴なこじんまりした平屋だったが啄木のイメージと合致していた。

盛岡城下ゆかりの地・四ツ家惣門跡を見た後、岩手大学農学部を訪ねる。広大なキャンパスに入ると重要文化財の門番所があった。大学構内を歩くと**石川啄木**の妻・節子の実家跡があり、車井戸が復元されていた。また構内には木造の「旧盛岡高等農林学校本館」があり、中には**宮沢賢治**センターが併設されていた。前庭には賢治の像が立ち、蓮の花が咲く池があり、その前のベンチに座る。静かなキャンパスのベンチで石川啄木や宮沢賢治の文学や故郷を想い育んだ風土、土壌に思いを馳せた。心地よい学びの環境でしばし浸る。

文学と言えば2年前、喜寿を契機にかつて憧れた大阪文学学校の詩・エッセイクラスに入学を許され毎週通学する。詩人でエッセイストの中塚鞠子チューターのゼミに参加するが、小説クラスからは多くの芥川賞、直木賞作家も輩出する伝統ある名門文学学校だ。

昼夜・通教各コースに400名以上在籍する文学環境に学び、未知の文学にチャレンジする。また毎週ゼミ後の有志飲み会にて議論したり、仲間の皆さんと笑い合いアットホームで実に心地がいい。歩き旅には事務局の小原局長やゼミの皆さんからも其々温かい励ましを頂き感謝でいっぱいになる。喜寿の有難い環境にふっと涙が滲む。春風に我に返り池畔から啄木・賢治の碑の周りを散策しながら緑に恵まれた岩手大学キャンパスに憩う。

街道に戻り、これから長い道のりを歩く。史跡・上田一里塚の石碑を見つつ「奥州道中・本街道」の碑文を確認する。ここから次の**渋民宿**まで20㎞ほどの山越えが続く。

峠道を上り下りしながら進むが、今日は28℃　路上の坂道では照り返しもきつく体感温度は優に40℃を越え汗にまみれる。峠道に一軒だけ十割そばの店があったが、車が並び相当時間がかかりそうなので先へ進む。横を北上川が流れ、徐々に湖のように広がっていく。どうやらダム湖のようだ。森の中に入ってみると「ドミニカン　ロザリオの聖母修道院」との表示板があった。さらに進むと湖沿いに美しい教会チャペルがあった。

水力発電所があったが、その横の笹平大橋欄干に啄木の歌が刻まれていた。ここは啄木の渋民日記にもある愛宕神社で命の森と呼んでいた。啄木が通った渋民尋常小学校跡地を見て**渋民宿**に入る。啄木が18歳まで過ごしたお寺・宝徳寺に着く。横の啄木記念館を見るが、敷地内に啄木が代用教員をしていた渋民尋常高等小学校で啄木が間借りしていた斎藤家が移築されていた。駒形神社を経て夕暮れとなり今日はここまでとした。

快晴の一日だったが歩き旅は暑さに厳しい。予約したホテルに入り大浴場から上り、涼しいラウンジで久しぶりに生ビールを味わう 旨い！ 体が欲するので珍しく日頃食べないステーキを注文した。何でも食べられる丈夫な歯を持ち有難い。これも40代の頃から箕面船場のO歯科がかかりつけ医で、途中仕事で離れたものの先代の頃からもう30余年診てもらう。今は若き二代目のO院長に診てもらい、つい先日もインプラントをお願いし完成したが実に快適で素晴らしい。歯科医6〜7名と数十名の多くのスタッフの皆さんが院長の人柄そのままに明るく笑顔で実に誠実で気持ちがいい。歩き旅も応援して頂くが、自然学や文学、川柳、絵画などの学びと共に、これら医療も人柄、技術共に優れたドクターに支えられ、幸せなシニア生活と心豊かな生活環境にいつも感謝でいっぱいになる。

今宵はビールが旨くもう一杯！

＊（144日目）33・2㎞　4・51万歩

145日目　5月25日（晴）11―32℃（岩手県盛岡市好摩字上山）

（22）好摩―渋民宿―沼宮内宿―御堂

好摩（こうま）―渋民宿（しぶたみ）―状小屋（旧飛脚使中継地跡）―巻堀神社―男根・女陰石―川口城跡碑―丹藤一里塚―芦田内番屋跡―明円寺（鐘楼）―川口館跡―沼宮内（鹿踊り）―沼宮内宿（ぬまくない）―沼宮内城址―石神の丘美術館―南部盛岡藩・沼宮代官所跡―沼宮内城跡―御堂

今日は日中30℃との予報。歩き旅も13日連続となるので半日行程を組む。「いわて銀河鉄道」の好摩駅から昨日歩き終えた地点に歩き着くが、段取りが悪くスタートは10時前と遅くなった。振り返ると岩手山頂にまだ雪が残る。

巻堀神社に上ると大きな石の水盤と石の丸太があったが、これが男根と女陰で縁結び、子授け、安産のシンボルと説明にあったが、何ともリアルで恥ずかしくなる。

一字一石一礼供養塔があったが、これも凶作によるおびただしい大飢饉による餓死者の記録だった。草枡一里塚跡を経てしばらく歩くと周辺にりんご園が広がる。そう言えば「津軽のふるさと」はひばりの歌だったと口ずさむ。「りんごの唄」や「リンゴ追分」はよく歌ったものだと、いま目の前のりんごの故郷をこの目で見ながら感慨に浸る。

沼宮内宿（ぬまくない）に入る。足元のマンホールデザインに「北上川源泉のまち　いわてまち」と刻んである。その昔は村の銀座通りだったような懐かしい建物が並ぶ商店街を歩く。昔の面影が残り古い土蔵もあった。**川口城址**に着くが面影がない。看板には中世から近世にかけてこの地域を治めた領主・川口氏の居館で平山城とあった。

東北新幹線「いわて沼宮内駅」を遠くに見るが、ここもどういう目的で造られたのか分からないが、周辺には何もなく閑散としている。丘を上り「石神の丘美術館」に入る。

大きな石の彫刻が丘の斜面の随所にあり目を引く。一つ一つ見ていると今日の暑さ30℃を実感する。沼宮内小学校の前に江戸時代の沼宮内代官所跡があった。

今日はここまでにした。朝予約したホテルに着くが、どこでどう間違ったか予約日を明日としたようだ。それに今日は満室で無理だと。まさかと慌てたが別のホテルを探さねばならず焦る。それから必死で探すが郊外に一室空きがあるというのですぐ予約し、また疲れた足を励まし乍ら歩く。聞けば3月の地震の影響で緊急の公共施設工事が各地で入り、その工事人が全国から応援に駆け付けたようで一気に周辺のホテル旅館が埋まったようだ。間が悪かったが、予約日を間違った自己責任だ。だが風呂と眠れるベッドがあるだけでラッキーだった。そう言えば昨年の今頃も箕面の森の本の出版で慌ててミスばかりしていたが年のせいばかりでなく性分のようだな。トホホ　でもAmazonでそんな本も全て完売したと今日連絡を貰ったが有難いことだ。増刷はどうしようか しばらくお預けだ。

＊（145日目）22・65㎞　3・12万歩

146日目　5月26日（晴）13—27℃（岩手県岩手郡五日市）

㉓ 御堂—小繋—小鳥谷

御堂（みどう）—水堀小学校—尾呂部一里塚跡—北上川源流公園—御室観音の弓はずの泉—大杉（樹齢1200年）—馬羽松一里塚—新奥の細道—中山一里塚—蒼前神社——火行伝馬所跡—開拓農道小繋線—塚平一里塚—ヨノ坂（湿地難所）—小繋一里塚—小繋御番所跡—長楽寺—（南部藩本陣）—川底一里塚—高屋敷集落—五月館の追分—小鳥谷八幡神社—藤島のフジ—小鳥谷（こずや）

昨夜はとんだハプニングだった。今朝は食事なしだが眠れたので元気に出発。昨日歩き終えた**御堂**に着きすぐにスタートする。バタバタとしてホテルを出てきたので水を持ってこなかった。自販機で買えばいいと思っていたが、駅前も無人駅で畑が広がり自販機一つないので困った。国道に出れば何処かにあるだろうと都会の感覚でタカをくくっていたが歩けど歩けどない。そう思うと余計に喉が渇くものでトホホだ。

峠を越えて北上川源泉に近づく。**御堂宿**に入る。御堂観世音とあり古いお寺があったが、境内に上ると北上川の源流との石碑が建ち、大きな杉の木の下から水が湧き出ていた。それが溜まり池となり小さな川となって流れている。あの大きな北上川の源流がこの一滴一滴の湧き水からかと思うと感無量だが、当然各支流からの流れが多く集まり本流へと流れ込むのでこれもそのごく一部という事だ。少し上に歩くと公園の駐車場にやっと一台の自販機を見つけ助かった。まさに砂漠のオアシスで一気に水を飲み干した。何もないので水ボトルを更に2本リュックに入れて出発だ。

長い山道を上る。江戸時代の旅人はこんな舗装道もなく土道で大変な難所だっただろうなと思いつつ上る。馬羽松一里塚に着く。よく見ればここが岩手町と一戸町の境界のようで一里塚碑が左右にあり、それぞれ町の主張が違うようだ。尾根道にでると台地が開け広大な牧草地が広がる。この地域の特産はレタスなど高原野菜とか、それに牧畜も盛んなようだ。かつて訪れた北海道の美瑛や富良野を想い出す。摺糠（すりぬか）村を抜ける。

峠の開けた所へ出た。広大な畑に牧草がなびく。「奥州街道最高地点」との標識があった。484mとか、150階建て近いビルの屋上まで歩いた事になる。青面金剛像塔をみて**小繋**（こつなぎ）村の集落に入る。昔はここに御番所があったとか。

前から一人のお婆さんが麦わら帽子をかぶり、腰にラジオをぶら下げ、両手に野菜を手にニコニコして歩いてきたので挨拶する。手に持っている野菜を聞くと「これはさっき森の中で採ってきた？？で、塩もみして三杯酢で食べると旨い」とか、「これはウルエ？？　それにこれはカデナ？？で漬物にするんだ。これはワラビで知っとるが」とか説明してくれる。ところでいつも聞き辛い東北弁だがお婆さんは標準語に近いが、聞けば東京で少し仕事をしていたからだと。「ところで」と今度は私の事を根掘り葉掘り聞くので簡単に話すと「ここはクマの巣窟だから気をつけて」「この先の街道下りは狭くなり湿地帯でマムシが多いから気をつけてな」「この先の？？村はもう人もいないから追いはぎに会わんようにな　アンタ男前やから襲われんようにしな」とか笑いながら言うので、どこまでが本当なのかわからないが、冗談話に意気投合して笑う。この旅で初対面の人とこんなに笑ったのは初めてだ。しかし話をするのは婆さんばかりだが意気投合するのはなぜかな（笑）

お婆さんと別れてしばらく行くと大きな看板に**「熊出没中　注意」**とあり、これは本物だと苦笑する。藪漕ぎして下ろうとした奥州街道のヨノ坂道は確かにぬかるみにマムシがいてもおかしくない状況に急遽迂回道を行くことにして変更。だがこの迂回道で迷い、結局行く方向と反対方向の山の中へ向かっていることに気付き、大きな時間ロスとなった。

やっと里道に出てホッとすると前に「国文化財・朴館家」とあり覗いてみた。何と江戸時代の立派な東北最大の藁葺豪農跡で中も見学できるので見せてもらったが、迷った分の値打ちがあった。今日はここまでとし、何度も山を上り下りして疲れた。

この地も全く泊まる所は無いので**小鳥谷**（こずや）へ向かう。小鳥谷の無人駅で1時間列車を待って八戸へ向かい予約したホテルに入る。今日はやっとまともな夕食にありつけたが、朝昼夕の兼食だ。刺身にイカ飯に魚のホッケに塩辛、八戸ラーメンと大満足。

＊（146日目）31・11㎞　4・22万歩

147日目　5月27日（曇雨）15―21℃（岩手県二戸郡小鳥谷）

(24) 小鳥谷―一戸宿―二戸・福岡宿

小鳥谷―日影坂―女鹿橋―百姓一揆終結地碑・老ヶ舘―馬淵川―諏訪野集落―縄文の里―御所野遺跡―万代橋―一戸城址―一戸（いちのへ）宿―南部藩一戸代官所跡―実相寺―小井田の千本桂（樹齢700年）―奥州街道・末の松山道―浪打峠―浪打峠の交叉層―山下水―桜清水―九戸城址―二戸宿

今日は終日雨との予報に準備をして出発。今朝のホテルモーニングはシジミ汁やのっぺ汁が旨く、20余種類の食材を全て味わってみたらお腹がいっぱいになった。

昨日歩き終えた**小鳥谷**（こずや）に着くと「今日は雨ですから気をつけて歩いて下さいね　いってらっしゃーい」とオバサンの大きな声。あれ？　そうか　昨日小鳥谷の駅で1時間列車を待つ間に構内を掃除していたオバサンと話していたのだが、この無人駅舎の管理人のようだ。覚えて声を掛けて貰い元気にスタートする。朝からうれしいな。

雨の街道を進み小鳥谷中学校を過ぎると一面ルピナスの花が道の両側に咲き乱れ思わず見惚れる。昔に高校生の子供が留学していたニュージーランドを訪れ、共に旅をしてテカポ湖で見た一面のルピナスを想い懐かしい光景を見る。馬淵川渓流を横目に**一戸宿**に入る。また雨が激しく降ってきた。

馬淵川に架かる橋の欄干に四季の詩とともに4体の銅像が雨に濡れていた。沢山の白い花をつけた大きな木が何本も見られるが、ニセアカシアのようでいい香りがする。一戸中学校前から世界遺産の縄文古墳群**「御所野遺跡」**へ向かう。その広大な遺跡広場に点々と縄文式の建物が復元点在し目を見張る。その半地下式の古代の家の中に入るとどこも入り口部分に囲炉裏があり火が入っていて暖かいので更にビックリ。どうやら管理人がいて火を入れているようだ。

一昨年、息子とフィンランドを旅した時、北極に近いサーリセルカの雪の森の中をスノーモービルで走った。その時トナカイ遊牧民サーミ族の移動式のコタという住居の中に入れてもらった。ここはテント式だがよく構造が似ている。中が広く囲炉裏を囲み温かく、自然と暮らす人々の知恵に驚いた。

一旦里に下り、次は史跡・**九戸城址**へ向かう。幸い平城のようですぐに見つかったが、激しく降る雨の中で大型重機を使って城壁の修理が行われていたが、これも先日の地震による緊急補修なのかな。次いで**二戸・福岡宿**に入る。二戸の町に入ると「愛宕の清水」と湧き水で飲めますとの表示に飲んでみるが、まろやかで美味しい。二戸宿は宿場の雰囲気が残り景観も保全されているようだ。雨が激しくなり風が強くなった。丁度「福わらし」という趣のある町家の食べ処があったので、昼夕食を兼ねて入り、温かい山かけ蕎麦と春天丼を食べたが旨かった。雨はやみそうになく薄暗くなってきたので、今日はここまでとした。お天気の時にもう一度来てみたい良い宿場町だ。

⅍（147日目）27・39㎞　3・79万歩

148日目 5月28日（晴雨）12—22℃（岩手県二戸市石切所）

(25) 二戸・福岡宿―金田一宿―三戸宿

二戸・福岡宿 アイヌ壇の史跡―四戸城址―長寿寺―金田一宿―金田一温泉―りんご園―駕籠立場―三戸城址―馬検場―三戸宿―三戸代官所跡―野馬役所―南部藩発祥の地へ―軍用馬碑―地獄沢上橋跡碑（処刑場跡）―馬場館跡碑―本三戸制札場跡―聖寿寺館跡―南部利康霊屋―南部氏菩提寺―諏訪の平

今朝は昨日と違い一転快晴のお天気。いつものように朝食をしっかり摂り、昨日歩き終えた**二戸・福岡宿**からすぐにスタートする。青空に白い雲がぽっかりと浮かび、雨の後の樹木は生き生きとしている。初夏のような気候と生き生きとした自然の営みに嬉しくなり、ルンルンで足取りも軽い。

今日は最初にアイヌの碑を探す。現在進行形のロシアのウクライナ侵攻、中国のウルグイ族やミャンマーの少数民族迫害などを非難するが、和人（日本人）が先住民族の東北・北海道のアイヌ民族や旧琉球王国の沖縄に対しても同じ事で征服してきた歴史がある。

力の強いものが弱いものを支配するのは人の世の常だ。だがその歴史の上に今の平和があるとしても、その歴史を決して忘れてはいけないと、小さな石に刻まれた「アイヌ壇の史跡」に手を合わせた。

さあ改めて出発、金田一宿へ向かう。青い森鉄道の踏切を渡る時、上金田一踏切とあり**金田一宿**へ入る。古い大きな家屋が並ぶ町には、赤い鳥居の八坂神社があり参道を上る。この神社の裏手に**金田**

一城址（四戸城址）があるというので探す。しかし四方探すが見当たらない。「金田一小学校開校の地」とある石碑があったが手がかりもなく、人の気配もなく聞くにも聞けない。諦めて下る時、念の為墓地の中に入り再度探すと、一本の小路を見つけた。それを頼りに上っていくと大きな平地に出た。ここに違いない。周辺を探すと草むらの中に隠れるように巨石があり、小さな標識が立つ。「**四戸城址**・上館、中館、下館の三つからなり、南部氏一族の居城だった　戦国時代末期、城主四戸の妻は、九戸城主……後に南部藩の　九戸の戦いで廃城と」微かに読める表示板をみつつ確認した。

まさに芭蕉の句「夏草やつわものどもが夢の跡」そのものだった。

山を下り金田一中学校との石碑前に着くと突然の大粒の雨、慌てて民家の軒下に避難するが、よく見るとここは相当昔の木造建物で軒下が広く、窓辺は格子戸がはまり由緒ある建物に見えた。通り雨のようですぐにまた青空が広がる。雨上がりは気持ちいい。草花に目を奪われつつ、見れば前に「歓迎座敷わらしの里金田一温泉郷」との大きな表示塔が立つ。奥州街道の標識を確認しつつ先へ進む。また雨、今度は吹き飛ばされそうな強風が伴い予定の山道を避け国道へ迂回する。強風の森は枯れ枝が飛び危険なのだ。箕面の森の中で突然の強風に目の前に大きな枯れ幹が折れ、足元にドスンと落ちてきて穴が開いた事があり、あと数歩で直撃すれば即死だった事を振り返るが強風の森は危ないのだ。

やがて**青森県三戸町**に入る。「ようこそ青森へごゆっくり青森県で」と書かれた看板横から峠を抜けると一面のりんご畑が広がる。白い花が咲き終わり一部では小さなリンゴの実を見る。果樹園ではいろんな種類の果物が栽培されているようだ。突然　目の前を2頭の鹿が横切って行った。今は鹿が何処も多いと聞く。尾の長いキジもトコトコと歩きやがて森の中へ消えた。この自然豊かな里山を味わいながら次の三戸宿へ向かう。

三戸宿に着き**三戸城址**へ向かう。高台の森の中に城壁が築かれている。城大手門・網御門から城内に入る。天守閣を仰ぎながら、整備された城内を散策。第42代横綱・鏡里の碑をみるが太鼓腹だった懐かしい名前だ。江戸時代初期の三戸城址案内板を見るとかなりの山城で守りも堅い。城跡を下り黄金橋を渡る。法泉寺東門から龍川寺、アップルドームを経て南部藩発祥の地、南部町に入る。

リンゴ畑を過ぎ**南部公霊室**を訪ねる。南部氏は東北北部最大の中世武士団で聖寿寺館（城）は室町時代から戦国時代にかけて南部氏の居城だった。徳川家康の日光東照宮、伊達政宗の瑞鳳殿に比べると小さいが、南部利康霊屋も豪華絢爛でその威光を目の当たりにした。

近くの諏訪の平まで歩き、今日はここまでとした。YouTubeで福田こうへい歌の「南部のふるさと」を聞きながら、まさに南部藩の真ん中で浸る。

＊（148日目）35・1㎞　4・66万歩

149日目 6月12日（雨晴）13―19℃（青森県三戸郡南部町）

(26) 三戸宿―五戸宿

諏訪の平―三戸宿（さんのへ）―正寿寺集落―元木平―南部町―長坂―高山―十和田山碑―十和田神社―高山駕籠立場跡―雨宮坂―相内追分―水梨清水―浅水（間宿）―浅水城址―十海塚碑―日本柳橋―神明宮鳥居―高雲寺―江渡家住宅（重文財）―五戸代官所跡（史跡公園）―五戸宿（ごのへ）

今朝は天気予報が外れ朝から雨だ。歩き終えた諏訪の平からスタートする。**三戸宿**を過ぎると、青森、十和田の標示板が目に付く。遠くまで歩いてきたことを実感する。山には霧がかかり峠道から見る谷間は雲に覆われて何も見えない。「国指定史跡・聖寿寺館（城址）南部氏本宗家の城館南部藩発祥の地南部町」との表示板が目を引く。

街道と併道する国道を進むと「名川チェリーセンター農産物直売所」とあり覗いてみた。朝採りのサクランボが沢山並んでいた。ワンパック２５０円でサクランボを買う。雨の軒下で食べてみるが美味しい。山盛りのサクランボがいつしかなくなった。

雨の中にでて次の剣吉城跡を目指す。歩けば家々の屋根の形に特徴があるのに気付く。やはり南部藩の屋根かなと思いつつ、そのいかにも中世武士団のデザインに魅入った。

立派な剣吉諏訪神社を経て、長い階段を上り**剣吉城址**へ向かう。朝から登りはきつい。フーフー言い乍ら城跡に着く。何もなく石碑があるだけだが町が一望できた。

五戸宿へ向かう。奥州街道の説明版があり、高山峠の案内があった。雨が上がりやっと青空が見えてきた。やがて大きな三浦牧場に立ち寄る。「馬に乗れます募集一時間1000円」とある。よく見たら働く人の募集だったが、馬の好きな人には一石二鳥だ。

代官坂を上ると歴史未来パークとあり、丘の上に立派な五戸町立図書館があった。その前には江戸時代の**五戸奉行所門と斗南藩の藩庁跡**がありよく保存整備されているが、更に藁葺き屋根の立派な代官所が復元されていて見とれる。広い敷地全体がコメツブツメクサで覆われ、黄色い小さな花が咲き、それは綺麗な風景が広がる。斗南藩の藩庁跡碑には詳しく経緯が書かれていた。次いで近くの「国指定重要文化財・江渡家」を訪ねるが、その大きな藁葺き屋根に驚き、その構えといい建物の迫力に圧倒された。

今日はここまでとして近くに一軒だけあった旅館に予約した。部屋に風呂は無いが沸いているというので入ると3人風呂で狭いが前庭がきれいでそれを見ながら汗を流す。すると「すいませ~ん　日曜日は炊事場が休みで夕食と朝食はなしですが」と。あのね　まさかの素泊まりか。旅館は普通2食付きだと思い込み確認しなかったが、ここしか宿がなく仕方がない。コンビニは1・5㎞先にあるというが、往復3㎞を風呂上りに出かけるのも億劫で食事なしで我慢する。ただ布団で眠れるだけでも幸せだ。自由自在の腹で有難い。

＊（149日目）25・63㎞　3・51万歩

150日目 6月13日（曇雨）11—17℃（青森県三戸郡五戸町下モ沢向）

（27）五戸宿—伝法寺宿—藤島宿

五戸宿—江渡屋（江戸時代後期の建築）—斗南藩仮藩庁宿舎—盛岡藩五戸代官所復元—五戸橋—菊駒酒造—伝法寺小学校跡地—伝法寺宿—伝法寺館跡標柱—御幸橋（奥入瀬川）—藤島宿—奥入瀬川渡船場跡—三本木台地—稲生町—旧陸軍軍馬補充部跡地—アート広場—太素公園—新渡戸稲造博士の墓

夜明けとともに旅館を出発。暫く歩いてやっとコンビニを探し、珈琲と野菜ジュース、唐揚げにサンドイッチとおにぎりで朝食。やっとお腹が落ち着き再び出発。

遠くに冠雪の山・八甲田山を望む。新田次郎著「八甲田山死の彷徨」や映画化された高倉健や北大路欣也の「天は我々を見放した」の台詞を想い出す。**五戸館**（城址）を経て旧高札場跡、老舗の菊駒酒造など経て峠を越える。江戸時代に植えられたという樹齢300年のイチイの古木をみる。ごそごそと音がするので横を見ると小さな可愛いリスが高い木を登って行った。急に大雨となる。

「ようこそ駒の里へ」とあり十和田に入る。**伝寺館**（城址）に着き、**伝法寺宿**に入る。

人雨の奥入瀬川に着く。大きな御幸橋の袂に「明治天皇の巡幸に間に合わせた橋でそれまでは渡し舟だった」旨の表示板があった。この嵐の中でも悠々と泳ぐ白鳥がいた。稲生町から十和田中央公園に着く。雨が上がり官庁通り（日本の道100選）を歩くがさすがにきれいな街並みだ。桜咲くころの写真を見たが見事だ。その足元に川柳や俳句、短歌などが床板にはめ込まれ、それらを見ながら歩く歩道は初めてみた。

作家・田辺聖子や佐藤愛子の川柳本から川柳に興味を持ち、長い間一人自由な川柳風五七五句を楽しんできた。しかし一度川柳を基礎から勉強してみたいと思っていた。幸いご縁を頂き、2年前からアカデミー教室で川柳界の第一人者で現代川柳作家の赤松ますみ先生に師事することができた。また代表を務められる「川柳文学コロキュウム」にも入会させて頂き、日々刺激を受けながら学ぶ機会ができ、ありがたいことです。

官庁通りを歩けば十和田市現代美術館前に広がる奇抜なアートオブジェに魅入る。草間彌生のアート作品もあり、外国デザイナーの面白い作品も多くあり、何度か行き来して鑑賞した。また来てみたい美しい街だ。

太素塚に着く。この森の中には新渡戸稲造博士と父親、祖父と3人のお墓があった。入るとすぐ「太平洋の橋　新渡戸稲造」との石碑があり、五千円札の肖像画でお馴染みだが、祖父は南部藩御勘定奉行で広大で荒涼とした三本木原の開拓に奥入瀬川からの水を引き、稲生川を完成させ今日の基礎を築いた尊敬の人だ。父親はその壮大な計画を実務面で成し遂げた人で、稲造と共に親子三人の墓碑が並ぶ。今日はここまでとした。

今日で歩き始めてから150日目となったが、思えば遠くまで歩いてきたものだと、我乍ら他人事のように思う。あともう少しだ。

＊（150日目）27・2㎞　3・77万歩

151日目 6月14日（曇晴）7—18℃（青森県十和田市稲生町）

(28) 藤島宿—七戸宿

稲生町—藤島宿—井戸頭—洞内—土手山神社（祭神はマーシー号という駿馬）—真登地（まとじ）一里塚—洞内城址—袈裟懸けの松—黒松並木—池ノ平一里塚—高瀬川（七戸川）—青岩寺（七戸城本丸山門移設）—七戸町役場—七戸城址—盛岡藩七戸代官所跡—天間館跡—見町観音堂—七戸宿

今朝のホテル食事はしっかりと摂ることができ満足。朝、今日の到着予定地を予測して東八甲田の宿を予約した。すると「トイレ付にしますか 無しにしますか 素泊まりにしますか 朝夕二食付きもできますが」とのこと。トイレがないと困るが「トイレなしは安いので」と。そんなことを聞かれたのは初めてだが、この地も適当な宿が他に探せず、トイレ付と二食付きを頼んだが大丈夫かなと思いつつ出発する。

十和田開拓の新渡戸一族集落の産土神・三本木稲荷神社を見て、新渡戸傳公が奥入瀬川から40㎞に渡る大工事の末に完成させたという人工水路・**稲生川**を渡る。当時の干ばつと飢餓に苦しむ民衆に田畑の潤いを与えた功績は計り知れず大きい。

しばらく歩くと古ぼけた神社があったが、その説明文を読みまた涙が零れた。東北に入り飢餓に苦しみ相当な餓死者を弔う供養塔を幾つも見てきたが、ここにも数万人の民が飢えて亡くなったとの悲惨な状況が書き記されていた。それだけに水田に水を引くためにその開墾に生涯を捧げた新渡戸稲造の祖父、父親の功績は凄いなと改めて尊敬の念をもった。新渡戸稲造とその一族の「武士道」に感銘を受けた。書棚にある「武士道」の本を改めて読んでみよう。

「奥州街道」と大きく彫られた黒御影石が立つ。沿道にはバラの花が咲き、青空とマッチしてきれいな光景が広がる。洞内城址へ向かう。4kmほど歩くと**洞内城址**に着く。

田植えの終った広大な水田に小さな稲の葉が風に揺れている。小さな川だが馬洗川に着く。城内や藩内に入る時、乗ってきた馬をここできれいに洗うようだ。遠くに目をやれば八甲田山系の山々の雪も徐々に解け始め、日々雪の面積が減っていく。ひげ塚に着くと、畑の真ん中に「この美田を子孫におくる」と大きな人物像と共にモニュメントが立っていた。その美しい田園風景の中で一休みする。

七戸宿へ入る。格子窓の商店が並び昔の宿場を想起させる。七戸城跡へ向かう。神明宮に着き、更に上ると**七戸城跡**に着いた。公園になっていて何もないが、広い芝生が広がり、復元されたという七戸城東門に行き周辺を散策する。今回の旅も昔の城跡を随所にみてきたが、権力者は自分の領地と地位を守るために常に外敵に備えて城を構えていた。

今回の街道歩きのルートにはないが、故郷には自分と同じ姓の**桐原城址**がある。

信州・松本の入山辺に桐原地区があり、母の実家から歩いて行ける所だ。桐原真智によって築かれた桐原氏代々の居城で、今は石垣や土塁に堀切が残る程度で何もないが、その昔（1550年代）の栄華を想う。

天王神社へ行ってみるが、長い石段を上るか否か迷う。一歩一歩上ってみる。やっとついて驚いた。歳はおいくつか分からないが老婆が二人話していた。ここを登ってきたのですか「いやいや　とうちゃんの車に乗ってきた　ほら」と。見れば軽トラックが境内にとまっていた。裏手に車道があるらしい。「今日は神社の草刈りだ」と、見れば斜面で二人の爺さんが草を刈っていた。「もう足が悪くてこの石段は上れないよ」と。

今日はここまでとし、朝予約で心配した旅館へ向かう。着けば地域の温泉場のようで簡易旅館を横に併設しているようだ。畳の部屋をベッドの部屋に変更してもらったが、温泉は天然かけ流しだというので水量も豊富で満足。しかし背中に見事な総刺青のお兄さんが横にいて落ち着いて洗っておれなかった。刺青の人の入浴お断りとの表示を見たが、ここでは堂々と入っていて驚く。以前、懐かしさから大阪・東淀川の銭湯に入った事があった。まだ早い夕方4時頃だったが、お一人恰幅のいい親分のような総刺青の人と二人だけだった。入るなり「にいちゃん　よう前洗ろうてから湯舟入りや」とドスの利いた声で言われ縮んだことがあったが、爺をつかまえて兄ちゃんとは相当目が悪そうな人だと思った（笑）食堂では10人程がみんな同じ定食、今日はゆっくり歩いたので体は楽だ。

＊（151日目）25・14㎞　3・55万歩

152日目 6月15日（曇）10—22℃（青森県上北郡七戸町荒熊内）

(29) 七戸宿—野辺地宿

七戸（しちのへ）宿—尾山茶屋跡—日本中央の碑（歴史公園）—天間塚一里塚—天間館橋—蒼前平一里塚—坊ノ塚一里塚（奥州街道最北の一里塚）—新鳴子坂橋—野辺地川—上道下道合流地—野辺地代官所址（盛岡藩の海の玄関口）—野辺地湊—旧野村家（廻船問屋を営む北前船主）—野辺地宿

朝はいつもの5時前に起床。睡眠時間はいつも4・5時間と短いが不思議と元気だ。朝食時間が7時で定食だが宿泊者8人ほど。みんなで一斉に食べ始める。何かユースホステルを想い出す。今日は七戸宿から野辺地宿へ向かうが、街道は上道と下道と別れていて、どちらも奥州街道だという。一般の江戸旅人は近道で早い上道を行くそうだが、参勤交代時の藩主や侍は下道を通ったというので下道を行くことにしたがこれが失敗。

珍しく靴擦れした右足を庇いながら歩いていたが、今度は左足までおかしくなってきて左右歩くバランスが狂い両足ともストライキ寸前となった。もう少しだガンバレ。

青森県営農大学校の前にある「奥州街道碑」の横に「諏訪牧場」とあり、広い牧場に馬が5・6頭いた。やがて道路標識に**「野辺地（のへじ）」**の地名が出てきた。かつてこの旅を計画していた頃、この陸奥湾に面した北の町・野辺地とはどんな所だろうかと想像していたので、今自分がその地にもう少しで到着するかと思えばワクワクする。

七戸中央公園で一休み。七戸町天間館を過ぎ真っ直ぐ一本道の砂利道に入るが、まさかこれから6㎞以上もここを歩くとは思わなかった。昔の大名行列はここを通ったのだろうか 周辺には何もなく、ただ田んぼの中の道を黙々と進む。土道と違い砂利道は足が異常に疲れる。畑の横を流れる小さな疎水を利用して発電している装置を見る。山から流れてくる勢いのある水なので発電に活かせるようだ。疎水発電装置は現代の知恵だなと見入る。

東北町へ入る。やっと長い一本道を抜け森に入るとホッとする。野鳥が鳴き草木の繁る森に浸れば疲れを忘れる。日本中央の碑・歴史公園保存館があった。隣に奥州街道・尾山峠茶屋跡をみるが、江戸時代の旅人はこの峠道の茶店でしばし足を休めたのだろうと、同じように座って休む。草むらから虫の音が聞こえてきた。青森に入ってから国道を森林伐採による木材搬出の為の2連大型車が頻繁に走る。

「日本遺産認定の町・野辺地町北前船 未来につなげる幸せの町・のへじ」との大きな看板を見つつ遂に**野辺地宿**に入る。野辺地宿に着き野辺地代官所跡をみる。隣は図書館と歴史資料館だ。ここにも放射能線量計があり「ただいまの数値」が表示されている。あの大震災と放射能漏れ被害の広大さを思う。今日はここまでとして一日の歩き旅を終える。憧れた野辺地の地に歩き着き感無量だ。

＊（152日目）30・28㎞　4・13万歩

153日目 6月16日（曇晴）14―23℃（青森県上北郡野辺地町）

（30）野辺地宿―馬門宿―小湊宿

野辺地宿―愛宕公園―天皇名馬・花鳥号銅像―御膳水―常光寺―廻船問屋等商家軒―常夜灯公園―遠見番所跡碑―野辺地港―北前弁才船みちのく丸（復元）―野辺地戦争墓所―馬門番所跡―馬門宿―津軽南部藩境塚―高札場と馬門番所跡―津軽藩・狩場沢番所跡―白鳥飛来地・松島―菅江真澄歌碑―黒石津軽領・平内代官所や武家屋敷跡―小湊宿―西平内

今日もホテルモーニングをしっかりと食べて元気に出発する。昨日靴のアクシデントでゆっくり歩いたので遅くなってしまったが、今日は靴を2足目の靴に履き替える。この靴は一足目と同じでゴアの準防水型で既に１３００㎞を越えて歩いているが、どうしても外側が削れてしまうので少し歩きにくくなっているがまだ大丈夫なので再登場だ。しっかりとケアし、昨日歩き終えた野辺地宿に戻り出発する。

野辺地宿から愛宕公園に向かう。ここには明治天皇巡幸の時倒れた名馬「花鳥号」の銅像がある。また日本最北のエドヒガン（桜）とあったが、箕面の森にも大きなエドヒガンがいくつもありもう散ってしまったようで今年は見ることができなかった。レンガで組まれたアーチの中に御膳水が流れていたが水質証明があり、飲めるそうなので飲んでみたがまろやかで美味しい水だった。石畳が敷かれていたが、これは北前船寄港地・船主集落にあったもので、日本遺産構成文化財だとのこと。

街道に戻り常夜灯公園へ向かう。この常夜灯は日本最古のものらしい。その横に大きな**北前弁才船**（復元）が固定されていた。丁度、高校の修学旅行生が二班に分かれて常夜灯と北前弁才船みちのく丸を見学していたので、近づき専門ガイドの言葉をしっかり聞いて勉強になった。この大きな木造船で東北の産品を江戸や浪花へ運び、その先でまた新しい文化や産物を東北へもたらしたようだ。久しぶりに港に出て海を眺める。海は広くて大きくて開放感があっていいいな。

「野辺地戦争戦死者の墓所」の前に「野辺地戦争戦況図」があり、周辺の戦地を想う。

馬門宿に入る。漁師町を抜けると馬門御番所の復元建物があり、役人の告げる札場もあった。この前から陸奥湾を挟んで恐山が遠望できる。死者の魂を呼ぶというイタコがいるそうでTVでみる限りだがなぜか怖かった思いがある。

一面に西洋タンポポが花咲く坂道の途中で座りお昼にした。と言っても昼はパンとバナナ程度だが、とうとう本州北端まで歩いてきたのだと感慨深い。史跡・藩境塚をみて海岸から山へ向うが、昔は津軽藩の狩場沢番所で許可を得なければ通行できなかったとの事。

山道に入り深い森の中へ入る。ガサガサと風が草木を揺らす音がするたびに緊張するが、熊など知らなければ自然はいいな、いいなで過ごすのだが、大きな「熊注意」看板をみるたびに意識してしまうから仕方ない。

山を下り清水川漁港の看板が見えてきてホッとする。再び港に出たが、ここにはホタテ貝の貝殻が山のように積まれていてすごい量にビックリだ。小湊川を渡り**小湊宿**へ入る。夕暮れとなりここ西平内までとした。明日は青森へ入る予定なのでゆっくり風呂に浸かり疲れをとる。今日も5万歩とよく歩いた。

＊(153日目)37・27㎞　5・04万歩

154日目　6月17日(曇晴)16—22℃(青森県東津軽郡平内町小湊)

(31) 西平内—野内宿—青森宿

西平内—平内町役場—小湊代官所跡—土屋番所跡—ほたて広場—ほたて供養塔—ほたて大橋—竹久夢二文学碑—弘前藩本陣跡—浅虫温泉—すず川番所跡)—善知鳥(うとうまい)崎山道(難所)—古戦場跡—錦木之塚—野内宿—野内関所跡—野内川白鳥飛来地—合浦(がっぽ)公園—青森宿—棟方志功地碑—青函連絡船・八甲田丸メモリアル—善知鳥神社—弘前藩・外ヶ浜鎮守城址—奥州街道終点記念の碑

昨日は山道を淡々と歩きながらも熊を気にして気疲れした。毎日の写真整理とブログUPに時間がかかり、昨夜も午前さまとなったが朝はいつもの5時になると目が覚める。気合でいつも起きるが、この原動力は何かなと我乍らいつも思う。今朝もホテルの朝食をしっかりと食べられ体調は大丈夫だ。昨日歩き終えた西平内に戻り出発する。

今日はいよいよ青森へ歩き着く予定だ。この辺はきっと雪も多いのだろうが6月ともなれば暖かく春の花、初夏の花が一斉に花開き美しい光景が広がる。そんなお花畑にポツンと観音様が立つ。ここは奥州街道と国道が並走しつつも歩道が分かれていて安全でありがたい。坂道を上りやっと山頂に着くと遠くに**陸奥湾**が見えたが感激だ。ふと昨年長崎街道の長崎湾が見えた時と似た情景を思い出し、よくここまで歩いてきたなと両足を摩りながら感動を噛み締める。この感動があるから歩けるのかな。

海岸に下ってくる途中、遠くにポツンと赤い屋根の一軒家が海岸沿いにみえた。周囲に家は見当らない。山の中の一軒家はよくＴＶでみるが、海岸沿いの一軒家は珍しい。

大きなホタテの販売所があった。「森と川と海　ホタテ広場」と垂れ幕があり、中に入ると殻のついた新鮮なホタテが売られていた。さすが本場だけあって粋がよさそうだ。

早速ホタテが大好きな息子に送ることにした。いつも旅の間に留守の部屋をみてくれて、郵便物のチェックや植木の水やりなどもして、その状況をスマホ写真で伝えてくれるので安心でありがたい。喜んでくれそうなお土産が見つかってよかった。横にはホタテの貝殻に望みを描いた絵馬が各々掛けられていた。ここは江戸時代の土屋番所跡で黒石藩主が領地警備の為領地平内領に設置した口留番所だったとか。その横にはほたての天与の恵みと養殖発祥の地としてその先駆者に感謝する碑が建てられていた。

海岸沿いの奥州街道を進むと浅虫温泉街に入った。ここには**竹久夢二文学碑**があり、文通していた津軽の少女を訪ねたが、その時に投宿した旅館などが今もあり、夢二の当時を想い今の海辺を見ながらその情景を思い描いた。

やがて善知鳥(うとう)トンネルに着いたが、昔の奥州街道にそもそも当時トンネルはなく、今のトンネルの横、つまり海岸沿いの崖の上を通らねばならない。しかしその道は鬱蒼と藪になっていてロープが張られ通行禁止の標示がある。きっと危険なのだろうが、街道歩きには少し残念だった。国道トンネルを通り対岸に出ると、この**善知鳥崎**(うとうまい)の先端の部分に古い説明書きがあったが、昔は相当な難所だったようだ。天気が回復して青空が見えてくると、海の青さも更に深まり、岩に当たる白波がきれいに水しぶきをあげる。ハマナスなど海辺の花が一斉に花開き素晴らしい光景が広がる。

根井川を渡り野内宿に向かう。「蛇塚漁師新田村発祥の地」とか「抓石漁師新田村発祥の地」の大きな木碑を見る。やがて**野内宿**に入る。野内番所跡をみるが、ここは盛岡・南部藩と秋田藩に対する番所のようで重要な所なようだ。江戸時代はこのように各藩（今の各県）がそれぞれ兵力を持ち番所を設けて警戒していたようで、旅人も今では考えられない不便さが付きまとう。海辺の史跡を巡りつつ、いよいよ青森市内に入る。海岸沿いの大きな合浦西公園に入り一休み。砂浜では幾組かの恋人同士が寄り添い海を見ていた。高校の制服姿で手をつなぐ二人連れもいて、自分も昔々の青いりんご時代を思い出す。

堤川を越え、**棟方志功記念館**に着く。中に入ろうとしたら閉館5分前ですと言われ入れなかったが残念。せめてもと入り口の日本庭園を見せてもらった。

青函連絡船・八甲田丸が係留されているメモリアルパークに着く。かつて青森、函館間の定期航路だったが青函トンネルが完成したのち閉航された。廃線、廃航路となる前に一度は列車で青函連絡船に乗ってみたかった。青函連絡船80年の歴史資料を見ると、戦争による悲劇が数々標されていた。

ワ・ラッセというねぶたの家に着く。「青森ねぶたまつり」のミュージアムか。今年は数年ぶりに**ねぶた祭り**が開催されるようで青森の街もきっと賑わう事だろう。

いよいよ「**奥州街道終点記念の碑**」がある善知鳥神社鳥居に到着した。遂に歩き着いたかと、静かにその興奮を受け止め乍ら、まだ明日があるからと予約したホテルへ向かう。

到着の喜びに乾杯する暇もなく、早速ホテルのコインランドリーで溜まった衣類全てを洗濯する。淡々と青森到達の感激を無理に抑えているかのような自分が可笑しかった。

＊（154日目）33・42㎞　4・54万歩

155日目 6月18日（晴）15—28℃（青森県青森市柳川）

(32) 青森宿—油川宿—蓬田宿

青森宿—青森森林博物館—外ヶ浜道—油川城址—イタリア館跡地—油川宿—餓死千人供養塔（当時、津軽藩周辺で10万人が餓死した）—羽州街道、松前街道合流の碑—油川港番所跡—奥内川—黒松の大木（樹齢５００年）—尻八城址入り口—蓬田宿—正法院（参勤交代時の松前藩主休憩所）—郷沢

今朝も5時に目を覚ましたものの、珍しく起き上がると部屋がグルグル回る。おかしいな地震かな？　ふらつきながらやっとトイレに辿り着く。こりゃ今日はダメかな。

まあ途中でダメなようなら引き返したらいいやと、ふらつきながらも支度をしてホテルの朝食会場へ向かう。珍しく食欲は全くないが、何か腹に入れておかないと益々歩けないと、バイキングスタイルで数十種類の飲食品の中から飲み物など少しチョイスして口に流し込む。徐々に食べ物も口に入れ出すと不思議なもので食べられるようになり、結局いつもと同じぐらいの量をしっかりと食べたら元気が出てきた。歩けそうだな。ひょっとすると昨夜の夕食抜きでお腹が空いて目が回っていたのかなと一人笑う。

今朝は先ず昨日歩き終えた青森・善知鳥神社へ向かう。再度**「奥州街道終点地の碑」**を確認しておきたかったからだ。神社鳥居の右側にある記念碑だが、これでいいのか文字が確認できずにいたので、

境内を掃除していた職員のかたに聞き再確認できた。

文献によれば諸説あるようだが、この記念碑を以て奥州街道の終着地とする人もおれば、否 青森外浜道の**三厩宿**(みんまや)までとする説、またそこから蝦夷地・松前藩へは津軽海峡を舟で渡ったので、北海道・**松前宿**までと言う説など様々なので自分は当初より最も遠い松前宿を奥州街道の終着地としていたのでまだ歩き旅は続く。


市内にはねぶた祭りの大きな看板がかかる。今年は暑い夏の豪快な風物詩が見られそうだ。街道を進み森林博物館に着く。木造の瀟洒な建物で昭和レトロを感じさせる。ふっと松本の旧信州大学文理学部（旧制松本高等学校）構内にあった木造校舎によく似ていて思い出した。伯母の大きな下宿屋が近くにありよく遊んだから懐かしい。あの北杜夫が松高にいた頃は友達を訪ねてきてよく泊まったようだが、小さな事から昔の思い出につながるものだとふっと笑う。

海を眺めながら海岸沿いに続く松並木の中を歩くと、気持ちがいい浜風に吹かれ何とも心地いいので一休みする。津軽海峡フェリー乗り場が見えてきた。

やがて大正時代にこの地でイタリア人がイワシ油漬缶詰工場を持っていたことを知る。また最近まで近くにイタリア館と呼ばれる洋館が建っていたとある。欧州への輸出用のようだが海の幸が豊富なので頷ける。

油川宿に入る。街道を進むと古い大きな看板があり「この合流地に夢を託して」とある。よく見ると「ここはみちのくの主要道「羽州街道の終点地」であり「**松前道の起点地**」でもあった。かつては制札場もあり、馬の蹄の音や、旅人たちが交わす話声でいつも賑わいをみせていた」とある。また「江戸時代、この道を上り下りした幕府巡見使や多くの文人墨客の姿をしのびつつ、近世交通史上重要な地点、羽州・松前両街道の地を永く記念する為、ここに碑を建立した。羽州街道・福島県桑折宿より油川宿まで約五百キロ、松前道・油川より三厩まで約六十キロ　元気町あぶらかわ」とあった。

道路標識に**龍飛**(たっぴ)の文字が出てきた。津軽半島最北の龍飛岬に思いを馳せるがいつ着くかな。十三森を経て再び海に出る。海岸に打ち上げられたいくつかの流木が長い年月を経て海風に吹かれ波に洗われ、とても素敵なデザインオブジェに仕上がっていたので自然の芸術作品に魅入った。青森湾の海辺に簡素な木造の漁師小屋が並ぶ。中を覗いてみるといろんな漁の道具や漁網などと共に、小舟を修理していたり、魚を加工していたり、数人で談笑していたりと漁師の居場所があった。

街道沿いに大きな**昇龍の黒松**をみる。見事な松だが左右上下にまるで龍のように踊る。樹齢500年とあるが、江戸時代から旅人の有様を見てきたに違いない。

細い道に入ると小さな子供が三輪車に乗り遊んでいた。子供が遊んでいるのを見るのも珍しい。こんにちは！　すると「おじいちゃん　悪い子を捕まえに来たの」えっ何のこと。いろいろとお喋りする。「おじいちゃん歯がぬけたの　だって奥の方の歯が光ってるもん」と。鋭い観察眼、金歯のことかな。しばらく幼児相手にお喋りを楽しんだが、そう言えば自分の曾孫たちと同じぐらいの年だなと思い出した。バイバイと別れたが子供は正直だな　顔をみるなりおじさんでなく「おじいちゃん」と2回も言っていたなと笑う。

後潟漁港とあったので立ち寄る。遠くに津軽海峡へ向かうフェリーが走る。**蓬田宿**に着き今日はここまでとした。農家の人に郷沢の駅を教えてもらうが、全くの無人駅で周囲に何もない所だった。やっと来たワンマン列車で予約したホテルへ向かった。

＊（155日目）31・03km　4・14万歩

156日目　**6月19日（雨嵐）16—24℃（青森県東津軽郡蓬田村）**

(33) 蓬田宿—蟹田宿—中小国

郷沢—蓬田宿（よもぎた）—正法院（松前藩主の休憩所跡）—蓬田村役場—玉松台公園—日露戦争戦没者墓地—百万遍供養石碑—広瀬橋（広瀬川）—田中吉兵衛庭園（ニシン御殿）—外ヶ浜町—蟹田八幡宮—丑ヶ沢—蟹田湊—蟹田宿（かにた）—津軽藩蟹田奉行所跡—中小国（なかおぐに）—大平

今日は雨嵐との予報。朝食をしっかり摂り、いつものように部屋に「ありがとうメッセージカード」を残す。と言ってもはがき大の紙に赤黒2本の筆ペンで笑い文字を描き「気持ちのいいきれいな部屋をありがとう」とか、その時々の感謝のメッセージを添えるだけだが、教えて頂いた自然学校の友達・寺内さん（笑い文字講師）から「それを受け取った人の嬉しさを想像すると自分も嬉しくなるでしょう」と言われ、その感情を大切に簡単だが掃除をしてくれる人に、ベッドメーキングをしてくれる人に、親切に道を教えてもらったフロントの人に、チェックアウトの時にさりげなく置いたり渡したりするだけで相手は驚き笑顔いっぱいになる。一期一会だが、自分も一日が嬉しく幸せになるから不思議だ。

昨日歩き終えた**蓬田宿**（よもぎだ）からスタートする。魚の顔をした面白い橋を渡る。川の向こうは青森湾で今日は雨で霧がかかり対岸の下北半島が見えない。周囲は田植えが終わり幼い稲の葉が風にそよそよと揺れている。海岸沿いの物産館建物横のキャンプ場でテントを張っていた若者に声を掛けてみる。

朝食の準備のようだ。おはようございます　キャンプですか。「おはようございます　オジサンは？」私は放浪歩き旅ですと笑う。

それからしばし旅の話をするが、一通り終わったら後ろにいた青年が「僕もそんな旅がしたかったのですよ」と。すかさず別の一人が「それならお前とオジサンの人生を交替してワープしたらどうや」と。私は50歳以上も若返るのならやりたいことがいっぱいあるから人生交換賛成！　と両手をあげる。すると青年は「ちょっと待ってくださいよ　それならウチの爺さんと同じになるやないですかやっぱりやめてきますわ」で大笑いする。

街道に戻り歩くと「蓬田村文化伝承館」があった。まだ早いのか開いてなかった。なぜか人を全く見かけないゴーストタウンを歩く。しばらくするとまた海岸沿いでキャンプをする数人の若者たちがいた。お早うございます。「あっ　おはようございます。どちらへ行かれるのですか」と。それからまたしばし旅の話をする。「雨のようですから気を付けて下さい」ありがとう。君たちも元気に青春を謳歌してくださいと別れた。学生時代に少し学生ＹＭＣＡで活動していたことがありキャンプ活動に懐かしくつい声を掛けた。

海辺に「密魚禁止　密魚は人も魚も傷つくよ　ナマコ、トゲクリカニ、アワビ、ウニなどの資源保護に漁業者が取り組んでいます」と大きな看板が立つ。だが海霧に隠れるように小さなボートに二人が乗り、盛んに棒や網をかけていたので密猟かなと気になった。

外ヶ浜道・蟹田宿へ入る。子供二人と父親の3人が岩場で海釣りをしている。しばらく休憩しながらそんな父子を見ていたが中々釣れそうにない。だが父子の楽しそうな交わりが微笑ましい。

そう言えば今日は**「父の日」**か。それを知ったのはアメリカに住む長男からの「父の日メッセージ」がLineで送られてきたからだが、下の息子からも「お父さんへの父の日プレゼントは家の冷蔵庫に入れておいたので帰ってきたら見て」とLineがあった。どちらも有難くて涙が零れる。ありがとう息子たちよ。嬉しいよ。父親らしいことを何もできなかったのに息子たちは……

急に空が暗くなりまた雨が降ってきたので急ぐ。史跡・蟹田町奉行所跡を見る。雨上がりの道を進むと田んぼに何か動物がいる。よく見ると猿の群れだ。7・8匹見る。数年前まで歩いていた大阪・箕面の森では、毎日のように見かけたが、この東北でしかも最北端に近い岬で猿の群れがいるのは不思議に思えた。これも温暖化の影響かな。お二人で草抜きをしていた女性に声を掛けてみる。この先でサルの群れを見かけましたがこの辺は猿が多いのですかと。「そうですね　いままで見たこともなかったのに、最近は見かけるようになって畑が荒らされて困るなんて言ってます。私たちは怖いので姿を見たらすぐ家に入り鍵を閉じますが」と。最近の自然界の変化に驚いている。

また激しい雨が降ってきた。縄文時代の大平山元遺跡跡へ向かうが、途中何度か稲光と落雷があり、激しい大雨が繰り返されるので大事をとり、今日は大平までとした。

早速三厩の旅館に予約する。大平駅は今までの無人駅以上に無人な所にあり、本当に列車が来るのか心配だった。予約した三厩の旅館は駅から3㎞以上歩かねばならないが、余りの土砂降りに無人駅の三厩駅前から地域のコミュニティバスがあるというので乗せて貰った。勿論この間は明日歩く。

やっと旅館に着く。この時期こんな台風並みの激しい雨は珍しいと旅館の女将が言う。和室でトイレも風呂も共用の古い旅館だが、眠れるだけでもありがたい。それに朝晩の食事も付くというので感謝だ。早速濡れた服を脱ぎ風呂に入る。3人限定のようだが、一人ゆっくり浸かり雨で冷えた体を温める。

食堂では年配のご夫婦と男性一人が泊り客でいた。女将と雑談しつつ刺身に焼き魚に汁物でそれなりに旨かった。夜遅くまで屋根を叩く雨の音が聞こえた。

＊（156日目）21・49㎞　2・92万歩

157日目 6月20日（晴）16―24℃（青森県東津軽郡外ヶ浜町）

(34) 大平―今別宿―三厩宿

大平―外ヶ浜町おぐにふるさと体験館―やまなみライン―蟹田小国品吉―稲荷神社―大山ふるさと資料館―大平山元遺跡―津軽中山ライン―今別川―上股川―与次郎沢―津軽二股（奥津軽いまべつ）―いまべつ総合体育館―荒馬の里資料館―大川平岩木山神社―今別宿―三厩宿

昨日の雨がウソのように今朝は快晴のお天気だ。昨日のコミュニティバスに乗った区間を逆に歩いて三厩に着き、列車で昨日歩き終えた大平に戻り着いた。この次は4時間後しか列車がないので間に合ってよかった。今日は山の中を歩くルートなので大平から今別宿を経て、果たして三厩宿までたどり着けるか急がねばならぬ。本来蟹田から平舘宿（平舘村）の平舘海峡に面した街道を歩きたかったが、コロナ禍で唯一の宿泊施設が閉鎖で泊まれず、一日で50km以上は歩けないので津軽線沿いの山間部を抜けることにしたのだ。

大山ふるさと資料館に着く。旧石器時代の石器群が発掘され確認されたようで、この地に大昔の人々が生活していたのかと改めて周辺を見回す。冬は相当厳しい寒い地域だが、当時はどんな気象でどんな防寒対策をしていたのか気になった。

龍飛岬33kmとの道路標示が見えた。歩き旅ではその車距離の1・6倍が自分の実距離となるので52・8kmほど。するとあと2日で到着できそうだとピッチを上げる。看板には「吹きすさぶ龍飛岬津軽国定公園」とあり、荒波の写真が添えられていた。

森林地帯に入る。道の両側に数十mの杉や檜が林立しているが、ここから暫く人はもちろん車も余り通らない距離を歩かねばならず、気を引き締める。と言うのも今朝も旅館の女将にルートを聞いたが、車道の随所に熊の糞があるので気を付けて下さいとのこと。「熊に注意」との警報が出されている。「車なら何とかなるものの歩きとなると逃げようもなく心配ですが、どうしても歩かないといけないのですか」と女将に念押しされた。

確かに入り口には大きな**「クマ出没注意　目撃情報もあり」**との表示がある。それから数時間は何も考えず鈴を鳴らし必死で歩いたら、いつしか遠くに北海道新幹線・奥津軽いまべつ駅の表示板が出てきた。やっと抜けたと安堵する。そのまま街道を進むと前を何か動物が歩いている。近づくとなんとタヌキだった。顔を合わすと横の森の中に慌てて消えていった。しばらく歩くと「荒馬の里資料館」にでた。人家もちらほらありホッとする。予定より早く**今別宿**に入る。今別文化財・**大開城跡**の壕がある。

青森湾の海を眺めつつ街道を進むと本覚寺に着いた。太宰治の**小説「津軽」**にこの本覚寺の事が出てくるとあった。丘の上に正行寺があり、掲示板に「信はこの世において人の最高の財である」とあった。信用、信頼される人になりたいもの。

海岸沿いに大きなプロペラのようなものが2本立っている。近づくと上の矢印に「龍飛岬　風の岬へようこそ」左の矢印には「三厩　津軽国定公園龍飛」とあった。左の三厩方面へ歩く。下に「風力発電の翼を利用」とあった。見れば山の上にはその風力発電の風車がいくつも回る。この強風の町ならではの産業と言えるのかもしれない。

やがて**三厩の港**に着く。江戸時代の参勤交代ではこの三厩港や今別港など利用して蝦夷地（北海道）松前藩の殿様は江戸を往復していたようだ。山の方を見ると源義経渡海伝説の地に龍馬山・義経寺が見える。長い階段を上り山門に着くと三厩湾や下北半島がきれいに見渡せ、北方には津軽海峡が広がる絶景だ。しばしその紺碧の海峡に見とれた。義経寺の義経伝説は短く書けば、源義経は死なず、ここから荒れ狂う海を宥め蝦夷地へ小舟で海を渡ったという伝説だ。境内に「幸福の鐘」があり、海に向かってついてみた。

山を下り厩石（まやいし）公園に出る。巨大な厩石の前に**「松前道終点之碑」**との大きな石碑が建っていた。とうとう奥州街道終点の三厩宿に到着した。まさに感無量だ。だがまだ自分の中では最終到着ではない。明日は津軽半島最北端の**龍飛岬**まで歩く。

三厩宿（みんまや）の町に入り、昨夜土砂降りの雨の中着いた旅館まで歩き、もう1泊することにした。女将が無事帰還を喜んでくれた。風呂に入り用意してくれた夕食を食べながらビールで乾杯。女将を相手にお喋りを楽しむ。今日は泊まり客が他に仕事の男性が二人いただけだった。旅館の良さはホテルにないこの人間的な温かみにあるようだ。自分が学生時代に歩き旅を計画していた時にもし実行していたら、もうこの旅館は既にあったようで、他に宿がないのでここに泊まったに違いない。女将が中学生の頃だったようで、もしもその時に出会っていたら、なんて大笑いした。その頃からのままの旅館だという事で設備は古いが、懐かしいと学生時代に泊まったという人が数十年たってたまに泊まりに来るというから人々の思い出と共にある旅の宿のようだ。畳も風呂も共同便所も食堂も、そして中庭もそんな思い出のままで時が止まったままのようだ。冷暖房もないが温かだった。最後に思い出の宿に泊まれてよかった。

＊（157日目）32・53㎞　4・41万歩

158日目　6月21日（晴）15―23℃（青森県東津軽郡外ヶ浜三厩）

(35) 三厩宿（奥州街道三厩道起点地）―龍飛岬

三厩川―義経寺―厩石（まやいし）―厩石公園―義経海浜公園―龍馬山義経寺―三厩本陣跡（三厩村役場前）―三厩宿（みんまや）―三厩神明宮―本陣跡（廻船問屋・山田家跡）―松前街道終点の碑―源義経と静御前の渡道之地の碑―小泊―階段国道―太宰治記念碑―吉田松陰詩碑――龍飛岬（灯台）

朝5時にいつものように目が覚める。旅館の調理場ではコンコンと調理の音が響く。共同便所と洗面所で用を済ませ食堂に下りる。女将が元気な声で迎えてくれる。

「ぜひもう1泊していってください。なぜなら今日から**ウニの解禁日**でウチの舟も海に出るので美味しいウニを是非食べて行ってほしいからです」と。何とも魅力的なお誘いだが予定もあるからと残念ながら準備をして部屋をでる。朝書いた「笑い文字と感謝のメッセージ」を座卓の上に置いた。

いい思い出をありがとう。

リュックを背負い見送られて旅館を後にする。今日も気持ちのいい青空が広がる。

江戸時代この三厩湊も今別湊も北前船の寄港地で、木材積み出し港として蝦夷地（北海道）と行き来する拠点だったという。町奉行所や御山奉行所も置かれていたと言う。

街道を龍飛岬へ向けて歩く。海沿いの町が点在し、それぞれ目の前に漁をする船が係留されている。見れば各所で数人が集まり何かしている。おはようございます。それはなんですかと聞いてみる。「これか〇〇〇だ　〇〇〇」東北弁は分かりません。だがバケツの中を見るとウニだ。そうか朝一番にもう初漁を終えてウニの殻剥き作業をしているようだが新鮮で旨そうだ。思えば気ままな放浪旅なのだから、あの旅館の女将の言葉がなんだか有難く一日延ばしてもよかったかなと思ったりした。

津軽半島はまだ八重桜が咲き、ツツジやサツキが咲き、ヤマユリが咲いている。次は紫陽花のようだが初夏の風に吹かれ、太陽が照り付ける海岸沿いを龍飛岬へ向けて歩く。

前方から杖を持ちよろよろと歩いてくる一人のお婆さんがいた。大丈夫ですか「暑いねー　ああ疲れたよ。ここで一休みするかね」（以下は私の東北弁の翻訳）それから長い時間木陰に座りながらお喋りをした。何でも隣村の人でこの村に用事があって朝早く出かけてきて帰る所だと。ところでおいくつですか「来年で90だわ　長く生きすぎたな」と。スイマセンがお元気な写真を撮らせてくださいというと恥ずかしそうに「もう何十年も写真なんか撮ってないわ」と言いながら2枚撮らせてもらったが、2枚目はポーズをとってくれた。「昔この村へ嫁いできた時はもっと人がいたが、いまはもう年寄りばかりだわ」「子供も孫もみんな青森や東京で帰ってこんわ　若いものは都会がいいのだと」いろいろ楽しいお喋りをありがとうございました。バイバイして別れたが長い年月海辺の潮風にあたった顔はシワくちゃながら生き生きと輝いていた。

岬の小岩にオレンジ色の百合の花が何カ所かで咲いていた。名前は知らないが、どこかから飛んできた種が根付いたのかなと、この厳しい冬の寒さを越えてやっと花開く時期がやってきたようだ。やがて**太宰治文学碑**が見えてきた。その先に太宰治、棟方志功ゆかりの宿「旧奥谷旅館」が今も建っている。今は龍飛岬観光案内所・龍飛館となっていた。

太宰治の石碑に掘られている文面には「１９４４年の5月12日から6月5日にかけて取材旅行をした」と、後にその12月に発表した作品「津軽」からだという。この地を歩いてまた読んでみたくなった。龍飛漁港に下りて周辺を散策しながら青森湾、津軽海峡の海を眺める。

腰を上げ日本で唯一の**階段国道３３９号**へ向かう。登り口が分からず丁度近くにいて写真を撮っていた若者に聞いてみた。入り組んだ細い道から階段を上ると確かに国道３３９号との標識がある。国道は車が通るものだと思っていたが階段とはこれいかに。資料写真を事前に見ていたが、実際現場を見てみると随分予想と違い大変な上り階段だ。すぐ後ろから先ほど道を聞いた若者が追い付いてきた。しばらくお互いの旅の話をしながら上るが途中で先に行ってもらった。やはり歳の差を実感する。キツイ階段だったがやっと頂上へ到着。ここが本州津軽半島の最北端かと思うとしばし見とれた。

津軽半島最北の**龍飛岬灯台**に着く。目の前には真っ青な津軽海峡があり、微かに北海道松前の町が見える。この海を江戸時代は舟で渡り、参勤交代の松前藩の殿様もこの海峡を通って江戸を往復していた。今はこの海の下を青函トンネルが貫通し、北海道新幹線が走る。

ここは国際航路となっていて少し前、中国とロシアの海軍艦隊が通過し、防衛省が緊張したニュースがあったばかりなので、平和な海峡を祈るばかりだ。

山頂には吉田松陰の詩碑や巨石に彫られた川上三太郎の川柳碑、第二次世界大戦時の砲台跡碑（例えば北部七一部隊第二中隊第四砲座跡とか）の他いろんな碑が立つ。突然のメロディーに驚いたが、石川さゆり歌の「**津軽海峡冬景色**」が大音響で流れる。ここから見れば特にその情景が身に染みる。龍飛岬公園で売店のオバサンから昼の握り飯を買いしばしここの話を聞いた。

今日は目的地の龍飛岬まで歩き終えたので半日としここまでとした。町の100円バスがあるというので歩いてきた道を戻り、三厩から青森へ向かうことにした。

青森から龍飛岬まで歩いて4日間、台風並みの嵐の日もあったが無事に歩けた。それをワンマンカーの各停列車だが、170分で戻った。青森駅前で昼夕兼食をしつつ、いよいよ歩き旅も明日で最後を迎えるのかと思うと、淋しい気持ちと達成感とが交差し、複雑な気持ちになった。
＊（158日目）15・9㎞　21・9万歩（半日）

159日目　6月22日（曇晴）13―20℃（北海道上磯郡木古内）

(36) 木古内―松前宿（終着地）―函館（五稜郭・箱館奉行所跡）

新青森―木古内駅―松前―江戸時代の松前福山波止場跡―松前藩北前船繋留所跡―道の駅・北前船松前北前食堂―松前宿―龍雲院の蝦夷霞桜―松前城跡―本丸御門―御番所跡―松前藩屋敷―松前藩屋敷跡―専念寺―旧松前線松前駅跡―松前灯台―木古内―函館―五稜郭・箱館奉行所跡―（終着）

朝4時に起床、準備して新青森駅から始発で北海道新幹線海峡線に乗る。僅か47分で青函トンネルを抜け北海道に上陸、最初の駅・木古内（きこない）で下車する。木古内から**松前宿**へ向かう。江戸時代にはあの青森・三厩や今別などの港から津軽海峡を船で渡り、ここ北海道・松前港に着いたので、最初にその松前・福山波止場跡を見ることにした。探し着けば既に桟橋など港湾施設は何もなく土台を見るだけ。だが江戸時代はここが本土へ渡る起点地だったのかと思うと感慨深い。

松前藩は稲作がないため石高なしの藩で異色だったが、北前船での北方交易の拠点として栄え、蝦夷地と更に北方への防衛警備の前線拠点として機能していた。幕府は遠隔地の為、松前藩の参勤交代は3年、後に5年毎に江戸へ出ればよいという特例があった。

港から振り向けば**松前（福山）城**が聳える。城下は海を見下ろし、そのすぐ近くに商人町や飲食町、遊女町があり、武家屋敷の多くが台地上にあるという異色の造りだったようだ。「史跡・松前氏城跡、福山城址二ノ丸、三の丸南東部案内図」に沿って周辺を巡る。

この地も元々は先住民・アイヌの人たちの大地だったアイヌ・モシリだが、和人（日本人）から蝦夷地（えぞち）と呼ばれ、和人による横暴な侵略を繰り返され、「北海道」と名付けられて日本国に併合されたのは明治に入っての事だった。

松前藩の町と屋敷が復元されていたが、京都の映画村のようにリアルで、江戸時代にタイムスリップしたかのような錯覚に陥った。その後で周辺の史跡や神社仏閣、歴史的遺物を見て回ったが、落ち着いた城下町で好きな宿場の一つとなった。**松前宿**に着きいよいよ目的達成の起点地に着いた。嬉しいというよりも安堵感でいっぱいだ。

本当は微かに見える対岸の青森・三厩港から江戸時代の旅人のように船でここへ着きたかったが、今は何らその航路はなく残念だ。何より最北の松前城に歩き着き嬉しい。

とうとう江戸街道の北の目的地に到着した。**ここで江戸歴史街道の歩き旅を終える。**

歩き旅を終える安堵感を抱きつつ、ここからはバスと列車で函館へ向かう。途中から降りて五稜郭へ歩き、遂に終着地の函館・五稜郭、箱館奉行所跡に到着する

（＊奥州街道ではないが、この松前―函館間も4・5日ほどかけて歩きたかった。だがこの間は少し前からTV、新聞、ラジオ、ネットでも盛んに**クマの出没警報**があった。行政に問い合わせると途中に宿泊場所も家も店もない無人地帯が続き、いざとなった時に避難する場所もなくとても危険だからと警告されていたのでやむなく中止した。TVでは白昼、背後から一人の青年に覆いかぶさるように襲うクマの映像が防犯カメラに写り繰り返し放映されていたのを見ているのでやはり見れば怖い。いつか最北端の宗谷岬を目指したいが、北海道の歩き旅でこのクマと雪との闘いはどうしたものかな？）

五稜郭は箱館の5・6里四方を直轄地とした江戸幕府が蝦夷地経営と対外国関係処理や海の防衛のために建てたものでフランスの築城法を取り入れた星型の特異型から五稜郭と呼ばれ、その中に**箱館奉行所**が置かれた。遂にその箱館奉行所跡に着いた。五稜郭は敵の外国船からの艦砲射撃を避けるため、海岸から2・5㎞の内陸に完成したが、戊辰戦争の終結地としても名高い。

奥州街道も歩き終え「**日本列島縦断・江戸歴史街道歩き旅**」を無事完歩できた。

旧箱館奉行所前のベンチに座り目を閉じると、この延べ159日間が諸々走馬灯のように流れ過ぎる。喜寿の青春に感謝　しみじみと達成できた喜びに無言の涙が流れた。

最後の夜は函館にホテルを予約したが、しばし完歩の感慨に浸った。ビールジョッキを手に応援して頂いたみんなの顔を思いつつ一人一人に感謝の乾杯をした。みんな本当にありがとう。幸せな宵が

更けていった。

＊（１５９日目）20・31㎞　２・78万歩

今回の奥州街道・松前道は延16日間、４４９・36㎞　61・26万歩

奥州街道累計　延べ36日間（白河宿—松前宿間）　１０１９・２㎞　１３８・１万歩

一日平均　28・31㎞　３・84万歩（雨風半日分を含む）

東京に戻ると、学生時代からもう60年来の親友・嶋田君と奥様が駆けつけてくれた。完歩祝いだとご馳走して頂いたが、私が心身共に辛苦の時代から励まされ、心を支えてきてくれた。いつもありがとう。今日も嬉しい感謝の涙が零れた。幸せな人生に乾杯！

＊補足歩き　追記

160日目　2月19日（晴）2―9℃（京都市南区唐橋城門町）

京都・羅城門―東寺―梅小路―興正寺―東本願寺―五条大橋―京都・三条大橋

東海道、山陽西国街道を歩き終え事後の確認をしていると、この西国街道起点地・西の羅城門から、東の東海道53次起点地・三条大橋の間が歩き抜けていると分かり、短い区間だが歩き足らずを今日補足して歩くことにした。

羅城門から東寺はすぐなので、境内を散策後すぐに梅小路公園へ向かう。梅林には種類の違う梅の花が咲いていて春近しを感じる。京都鉄道博物館や京都水族館、野外ステージがある広い公園だ。龍谷大学大宮キャンパス前から興正寺へ、大きな仏閣だが枝垂れ梅がきれいに咲いていた。京都は古い町並みとモダンな店が並び独特の雰囲気が楽しめる。

東本願寺へ入る。「人は一つの言葉で絶望するが　一つの言葉で生きることもできる」「人間は縁によってさまざまな姿をさらけ出す」との標語がありかみしめた。

女性の厄除け神様を経て五条大橋に着く。川端通を進むが「鴨川の水べり刻む青春譜」森永浩と石碑があり目に留まった。三条大橋に着き、抜けていた道程を無事に埋めた。

（160日目）13・7㎞　1・8万歩（半日）

161日目　11月18日（晴曇）8—19℃（大阪市中央区高麗橋）

高麗橋—難波橋—大和田街道—海老江—大和田—佃—尼崎—大物—西宮神社

歩き旅の事後確認をしている時、丁度大阪文学学校の先輩・Nさまから「中国街道」があると教えて頂いた。早速資料で確認すると、大坂城下の高麗橋を起点地とし、兵庫・西宮の西国街道合流地点までを中国街道とし、当時の西国諸国との物流道だったようだ。

参勤交代で江戸へ上下する西国の諸大名は豊臣秀吉の大坂城下を通るのを避け、西宮から西国街道を京都へ向かったようだ。今回調べてみるとこの中国街道と重なるように難波橋を起点地として大和田街道（別名・梅田街道）があり、子供の頃 信州安曇野から父親の仕事で転校してきた旧大和田東小学校に近く、知らなかったが大和田城址があるとあり、懐かしさと合わせ立ち寄ることとした。高麗橋、難波橋から中之島公園、中央公会堂、中央図書館、大阪市庁舎を経て海老江八坂神社へでる。淀川大橋から姫嶋神社を経て大和田城址を探す。だが、小さな表札に消えかけた文字で大和田城址の文言が書かれていただけだったが発見だった。後日、交わりの続く小学校同級生に伝えたところ、今度みんなで65年ぶりに尋ねてみようかと思わぬ副産物となった。千船大橋から左門殿川の辰巳橋を経て尼崎・大物から尼崎城へ。更に武庫川から西宮神社に着き、西国街道と合流した。予想外に時間がかかり、久しぶりの遠出に足膝腰肩薄頭がストライキ寸前だったが楽しかった。

（161日目）39・3㎞　5・2万歩　これにて列島街道歩き旅を終える。

喜寿の青春賦

街道歩き4000km

・頂いたご質問にお応えします。
・類似のご質問はまとめさせていただきました。
・あくまで個人的な体験からですのでご了解ください。

Q&A

Q　私も古希を越え、このまま人生を終えるのかと思っていましたが、偶然77歳の喜寿と聞くガンジー（頑爺）さんのブログを拝見し、私も何か目標を持ち、生き甲斐を持って生活しようと思っています。毎日しているウォーキングを日本縦断の歩き旅に切り替えてみようかと真剣に考えています。歩き旅で基本的なポイントなどを教えてください。（東京・HM）

A　ありがとうございます。歩き旅の大切なポイントはいくつかありますが、私の場合は事前の準備と目的意識をしっかりと持つことでした。

1つは　私は何のために歩くのかな？　私は早くに結婚したため、学生時代、青春時代にできなかった「やり残し症候群」からでした。勿論それ故に早く子供に恵まれていい人生でしたが、学生時代にいろいろな夢を追いかけたものが何一つできず、人生の終盤になって多くのやり残しの中から一つでも何か挑戦し成し遂げてみたいと思いました。それだけに実現し、歩ける喜びと、見るもの聞くもの実感するもの　その全てが毎日新鮮でした。

2つ目は歩くテーマを決めることでした。本文の初め「初めての歩き旅に」で書きましたが、具体的な目的を書き出し、調べ、準備してしっかりと目的意識をもって夢を追う事でした。いい時ばかりでなく、辛く苦しい時の道標、灯台になりました。

Q　途中のトイレなどはどうされましたか

A　男子と女性では違うでしょうが、自分は一旦外へ出ると都会と違い街道に公衆トイレなどないため、森や野原など外でせざるを得ません。勿論ホテルで朝便はしっかり済ませ、後の小便はその都度外でとなります。コンビニや公園にトイレがある時は必ず少なくても済ませました。人一倍水分を摂るため（一日3～4リットル以上）必然的に小便頻度は多くなりますが、外を歩く為に体の欲求に従います。簡易トイレ袋持参もいいかもしれませんね。

Q　街道の地図や歩く道順などはどう決めるのですか　具体的に。

A　江戸時代に各藩が参勤交代などで使われた街道地図が市販されています。また既に歩かれた方のブログなども参考になります。ネットや図書館での情報、また私はよくわかりませんが、最近は街道歩きの専用アプリなどもあるようです。しかし歩くのはあくまでも自分自身ですから、自分の体力や体調を考慮して余裕をもって歩くようにしたいものです。道順も情報だけに頼らず、自分の興味や趣向で変えてもいいと思います。私は城址が好きなのでよく街道も外れました。一つ大事なことは、一日に自分の歩ける距離を早めにつかむことです。ガイドブックや地図の距離表示は車での距離が多く実際に歩くのとは違います。私の場合その1・6倍がほぼ実距離でした。つまりある区間が20㎞とあればその1・6倍の32㎞を覚悟して歩きますが、ほぼ自分の場合歩数計と近い距離でした。と言うのも歩き旅は車と違い右に左に曲がり、また神社仏閣に城址などは階段も多くあり、道なき寄り道も多くするため表示距離とは全く違う事を考慮してください。その上で自分の歩ける距離（私は一日平均約25～35㎞）と予定地の難易度を図り、次の目的地を決めていくといいと思います。また平地を歩くのと山岳コースとでは車と違い大きな差があるからです。街道の高低差を計った資料もありますから調べられます。また歩ける時間帯は夏場は朝5時から夕7時頃まで歩けますが、昼間の炎天下は逆に危険です。冬場は朝7時頃から夕4時頃で山の夕暮れは意外と早いので気をつけて予定を立てねばなりません。この事前調べは予定通りにはいかなくても後日大変役に立ちますし、また意外と楽しいひと時です。

Q　雨の日はどうするのですか

A　雨の日でも嵐の日でも休まず毎日歩きました。勿論雨具を用意して歩きますが、街道とて国道とて車の往来は常にあります。特に大型トラックが頻繁に走る国道と並走する街道を歩く時、まして歩道の無いような所では傘も使えません。大雨の日のトラックの水しぶきや爆風は巻こまれそうになりとても危険です。でもその道しかない時は一旦止まり、通過したあとを走るなり状況も見て判断せねばならず、全身ずぶ濡れを覚悟します。雨嵐の日に行くか休むかはご自分の自己責任で決めて下さい。

Q　着替えや洗濯はどうするのですか

A　一日歩き終えると真冬でも汗だくになるので必ず着替えます。洗濯はホテルのコインランドリーを使うものの、時にはアテにしていたのに無かったり、あっても順番待ちで使用できなかったりすることもありますが、そんな時は風呂に入る時に明日の分だけでも洗い干しておきます。少しならホテル浴室の換気機能でほぼ朝には乾きます。

Q　電車には乗らないのですね

A　私の場合、歩き旅ですから途中ズルをして乗る事はありません。但し何回か暴風雨と大雪の為、途中からバスで急遽避難し、後日その乗った区間を必ず歩き直します。但し1日に目的地まで歩き終えたら一旦そこで歩き旅を終えます。そして近くの交通機関（バス、電車など）を探し、安全な宿泊施設まで行き、体を休めて食事もとり、翌朝前日歩き終えた所まで必ず戻りスタートします。地方では歩き着いた宿場に殆どホテル・旅館などありませんから、近くの交通機関を探し、ホテルのある町まで移動します。歩き旅は自分との闘いです。

Q　靴はどう選べばいいですか

A　「歩ける靴」です。つまりどんなに計画を万全にし、準備を整えたとしても歩けなければ始まりません。私はこの161日間の中で土砂降りの大雨の中、突然のドカ雪、また照りつける炎天下の路上、山岳歩きも全て同じ靴でした。歩いた4162km602万歩の間、履きつぶしたのは計3足で2足はゴアの準防水型で同じ型番、もう一足は軽い平地ウォーキング用でした。この間、靴底に穴が開くなどしたのは軽い平地用の靴で、後の2足は外側が大きく削れて歩き辛くなり交替しました。新品の時は足に馴染むまで時間はかかりますが、その後靴で大きなトラブルはありませんでした。

ちなみに私の靴はウォーキングシューズ専門店「異邦人」で両足を綿密に計測し、それに基づき中敷きを制作しました。この中敷き（インソール）がいかに大切かを知りました。おかげで靴が足にぴったりとフィットし、長時間歩いても靴の中で足が擦れることなく快適でした。一日43km5万歩以上歩いた時も足は疲れるものの、靴のトラブルはありませんでした。足が擦れて痛くなった時、ひもの締め方が弱いからだと教えてもらい、途中でしっかりと固く紐を締め、足を固定し直すとまた不思議と痛みはなく歩けました。

Q　リュックの重さはどのぐらいですか

A　心配性なので当初は大きなリユックに色々と詰め込み15km以上あり重かったです。徐々に必要不可欠なものが分かり、順次減らしていくと最後の方は半分以下になりました。

Q　街道を歩いていて野生動物などと遭遇しませんか

A　します。クマの出没状況が1番気になり、注意の立て看板があると地域住民の方に状況を聞きました。ここはクマの巣窟だと笑いながら脅かされたこともありますが幸い大丈夫でした。山の中ではキツネやタヌキ、ハクビシンに爬虫類、時には猿、鹿や猪などは山歩きと同じで常にいます。クマ以外は怖くないですよ。

Q　毎日ブログでその日の行動を発信されていましたが大変では？

A　これは毎日の多量の写真と同じで、その日の状況を順に簡単にポイントだけでもその日に記録しておかねば、翌日にはもう忘れて思い出せないからです。年齢とともに困ったものですが、断片的な記載だけでもあれば思い出せますので、私には必要不可欠でした。

Q　水分はどのぐらい摂るのですか

A　平均3～4リットルです。1日中歩いても自販機、飲食店などない過疎地も多くあります。重くても朝出発時ホテルで2リットルのボトルは必ずリュックに入れます。

Q　お金がかかるのか、かからないのか判断できませんが、予算は？

A　宿泊するホテルや飲食代、行き帰りの交通費など含め私は一日の予算を1万円以内としました。実際は少しオーバーしましたが、しかしここは若い時と違い、余り節約すると歩き旅そのものが辛苦ばかりになり挫折しかねませんから、適度な余裕も必要だと思います。

Q　**持ち物で便利だったものはありますか**

A　やはり現代人のツールでスマホでしょうか。私は歩き旅の前に息子から特訓を受けました。こんな掌に乗る小さなツール一つで地図や歩く道の情報、ホテルの予約、電話、メール機能、カメラ、情報の転送、目覚まし時計、ラジオ、TV、映画、列車の時刻、クレジット機能、ブログ作成など諸々をこれ一台で全てできるので便利で、何より担ぐ荷物を減らせました。写真を含めてスマホからの毎日のブログ発信は大きく、アメリカ在住の息子や孫らも遠くでも見ることができ旅を共有してもらえました。またGPSで現在地も特定できるのでサポートしてくれる下の息子との間でも安心感がありました。但し充電を忘れると全くそれらの機能が一斉に失われますので、無人地帯を多く歩く歩き旅では特に気をつけて下さい。

Q　**1日の睡眠時間はどれぐらいですか**

A　平均4~5時間ですが、やはり一日の終わりの洗濯の時間と、ブログUPの為の写真整理、翌日の準備に時間がかかりました。人一倍無器用で、段取りや要領が悪いので諦めです（笑）

Q　**信条などあれば教えてください　また「喜寿の青春」の考え方なども。**

A　何度か本文でも書きましたが「ケセラセラ……何とかなるさ」と「小さな一歩」を大事にしています。自分ではどうしようもない時は何とかなるさと気持ちを落ちつかせて最悪の事態を受け入れます。そこからできる範囲で小さな一歩から前を向いて最善を尽くします。

「喜寿の青春」ですが、ご存知のようにサムエル・ウルマン著の詩集に「青春」があります。その中に「年を重ねただけで人は老いない。理想を失うとき初めて老いる。歳月は皮膚にシワを増すが、熱情を失えば心はしぼむ」「青春とは人生のある期間ではなく、心の持ち方を言う……逞しい意志、豊かな想像力、炎える情熱をさす　青春とは人生の深い泉の清新を言う　頭を高く上げ希望の波をとらえる限り、80歳であろうと人は青春にして已む」この詩は彼が78歳の時に書いた詩です。

鏡を見ると髪の毛が白くなったなとしみじみ眺めた時も、サムエルの詩「どうってことない」に「頭が白くても　どうってことない　心と考えが若ければ　心の中に灯があれば　唇に歌があれば」と励まされました。私の「喜寿の青春」の道標・灯台です。

みなさま　どうもありがとうございました。

応援頂いたみなさまへ感謝と御礼を申し上げます

161日間を振り返れば艱難辛苦の心境になった時もあったけれど、歩き終えればそれら全てが感謝となりました。毎日拙いブログをみて応援して下さった**ブログメイト**の皆さまに感謝申し上げます。温かいコメントも数多く頂いて嬉しく、歩く大きな励みとなりました。

かねてより交わりのある友人、知人の皆さまから**mail**や**Line**、電話で直接の励ましや温かいメッセージを頂きました。お逢いした時にゆっくりと歩き旅のお話をしたいと思います。

現在学び、共に活動する自然学、文学、川柳、絵画、森林学会、自然観察会などの皆さま。

また昨年出版した拙著「箕面の森の本」やこの「街道歩き旅」を通して、いつしか交わりの輪が広がり友達となって頂いた皆さま。応援して頂き本当にありがとうございました。

東京では大阪の旧大和田東小学校で同級生だったU君と会い、同じく同級生だったO君との65年ぶりの再会に感激の涙を流し嬉しかったです。また自然学校の同期の皆さんが能勢のキャンプ場で完歩祝いをして下さり嬉しく、ありがとうございました。

「喜寿の青春賦」ももうすぐ「八十路の青春賦」となりそうですが、これからも自分らしく自然体で、生き甲斐のある生活に励み、召されるその日が来るまで生き生きと日々を過ごしていきたいと思っております。

改めてみなさまへ心から感謝と御礼を申し上げます。

家族への感謝

遠くアメリカに住む長男家族や孫娘も爺の歩き旅を応援してくれた。

また歩き旅を身近でサポートしてくれた下の息子が焼鳥屋で完歩祝いをしてくれた時の言葉が嬉しかった**「夢は持ち続ければ達成できるものなのだな」**としみじみと呟いた。お前の161日間のサポートがあったからこそ、私は安心して歩く事ができた。嬉しかった。本当にありがとう。

子供、孫、曾孫たちに少しでも何か心に伝わるものがあればこれ以上の喜びはない。自分らしく自由に生き生きと放浪の旅ができたのは「お父さんが老後を元気で生き生きと生活してくれたらそれが一番嬉しい」と息子たちとその家族が応援してくれたお陰です。感謝でいっぱいだ。

生まれて今日までいろいろあった人生だが、ここに至る77年間、両親、兄弟、叔母、叔父や従兄弟などの親族、そして未熟な私と結婚してくれた妻、お父さんと呼んでくれた別れた子供たち。全てに関わった人々を想い、またその一人一人のお陰で今の自分があることを知り、不徳を詫びながらまたその一人一人に感謝しつつ肩を震わせむせび泣いた事が何度もあった。今日までの77年間の想いを、歩きながらじっくりと**人生回顧**し過ごす事ができたことは本当に幸せな時間だった。

縁あって家族となったみんなに心からの感謝とありがとうを伝えたい。歩き終えた函館から東京に戻り孫夫婦の新居を訪ねた。誕生したばかりのTちゃん、4才のYちゃんと2才のKちゃんの3人の天使(ひ孫)と遊び至福の時間を過ごした。彼らの爺ちゃん(私の長男)の生まれた時、愛しく抱いていた頃を想いまさに隔世の感。不思議な、夢のような至福の中で三人のひ孫を抱っこした。

みんな本当にありがとう。　**家族に乾杯！**

あとがき

75歳の幸期幸齢者となったのを感謝し、記念にと青春時代のやり残し症候群から東海道を歩き始めた。アクシデントもあったが予想外に歩けて自信を持ち、続けて山陽・西国街道を歩き終えてからいつしか日本縦断の歩き旅を意識するようになった。

あっという間に喜寿となり、区切り旅ながら4000㎞の江戸歴史街道を歩き終えることができた。最北端の宗谷岬まで歩きたかったが、予想外の熊の出没情報に歩き旅では逃げようがなく見送った。いつの日か歩いてみたい。

この間予想もしなかった多くの方々に応援をして頂き、感謝と共に改めて人の温かさが身に染みる旅でした。

この旅の記録をまとめるにあたり、詩人でエッセイスト・大阪文学学校の中塚鞠子チューター、小原正幸事務局長、そして中塚クラスゼミの皆さま。出版社・株式会社澪標（みおつくし）の松村信人様、装幀の森本良成様、編集・組版の山田聖士様はじめ、多くの方々にお世話になりました。

心から感謝と御礼を申し上げます。ありがとうございました。

桐原　肇

「青春とは人生の深い泉の清新さをいう」サムエル・ウルマン

街道歩き4000㎞

データ一覧表

(街道名)	(期　間)	(距　離)	(歩　数)
1 東海道京街道	38日間	928.4㎞	125.4万歩
2 山陽西国街道	38日間	951.7㎞	132.3万歩
3 長崎街道	15日間	352.6㎞	48.1万歩
4 日光奥州道中	13日間	379.3㎞	51.6万歩
5 薩摩豊前街道	19日間	492.5㎞	68.5万歩
6 奥州街道仙台道	9日間	303.7㎞	40.7万歩
盛岡道	11日間	467.7㎞	63.4万歩
松前道	16日間	247.5㎞	33.7万歩
160日目(京都羅城門―三条大橋)数値は東海道に加算済み			
161日目(中国街道)1日		39.3㎞	5.2万歩

累計161日間　4162.7㎞　602.9万歩　旧宿場278箇所

＊本文の最初は通し日数　歩いた日、天気、気温（最低―最高℃）
スタート場所、歩いた宿場区間から本文へと日々記入

＊期間2020年1月11日～2022年6月22日（抜け区間2日追加）
1から6へ順に歩き、抜けた区間を追加し列島を一本に繋いだ。

＊最南端は鹿児島・薩摩藩の鶴丸城址―最北端は北海道・松前藩の
松前城―旧箱館奉行所跡

＊一日歩数記録 東海道・戸塚宿―品川宿間　43.7㎞、5.6万歩
日光奥州道中・氏家宿―大田原宿 42.6㎞、5.7万歩

＊歩数計はiphone及びapple watchの専用歩数アプリを使用

④ 日光奥州道中35次宿場 　延べ13日間　379.3km　51.6万歩

・日本橋（起点地）—千住宿1—草加宿2—越ヶ谷宿3—粕壁宿4—杉戸宿5—幸手宿6—栗橋宿7—中田宿8—古河宿9—野木宿10—間々田宿11—小山宿12—新田宿13—小金井宿14—石橋宿15—雀宮宿16—宇都宮宿17—徳次郎宿18—大沢宿19—今市宿20—鉢石宿21（日光街道起点地）—日光東照宮（到着地）

＊（奥州道中へ続く）宇都宮宿—白沢宿22—氏家宿23—喜連川宿24—佐久山宿25—八木沢宿26—大田原宿27—鍋掛宿28—越堀宿29—寺子宿30—芦野宿31—板谷宿32—寄居宿33—白坂宿34—白河宿35（到着地）

⑤ 薩摩豊前街道22次宿場 　延べ19日間　492.5km　68.5万歩

・長崎街道筑前山家宿（起点地）B7から**豊前街道**追分地点へ入る—松崎宿1—久留米・府中宿2—羽犬塚宿3—瀬高宿4—山川宿5—南関関6—山鹿宿7—熊本宿8**（薩摩街道）**川尻宿9—宇土宿10—八代宿11—日奈久宿12—田浦宿13—佐敷宿14—水俣宿15—米ノ津宿16—出水宿17—阿久根宿18—川内宿19—串木野宿20—伊集院宿21—鹿児島宿22—下町札辻跡—鶴丸城址（到着地）

⑥ 奥州街道86次宿場 　延べ36日間　1018.9km　137.8万歩

＊（奥州街道・仙台道）白河宿（起点地）—根田宿1—小田川宿2—太田川宿3—踏瀬宿4—大和久宿5—中畑新田宿6—矢吹宿7—久来石宿8—笠石宿9—須賀川宿10—笹川宿11—日出山宿12—郡山宿13—福原宿14—日和田宿15—高倉宿16—本宮宿17—南杉田宿18—北杉田宿19—二本松宿20—二本柳宿21—八丁目宿22—浅川新町宿23—清水町宿24—福島宿25—瀬上宿26—桑折宿27—藤田宿28—貝田宿29—（宮城県）越河宿30—斎川宿31—白石宿32—宮宿33—金ケ瀬宿34—小河原宿35—船迫宿36—槻木宿37—岩沼宿38—益田宿39—中田宿40—長町宿41—仙台宿42

＊（奥州街道・盛岡道）七北田宿43—富谷宿44—吉岡宿45—三本木宿46—古川宿47—荒谷宿48—高清水宿49—築館宿50—宮野宿51—沢辺宿52—金成宿53—有壁宿54—（岩手県）一関宿55—山ノ目宿56—前沢宿57—水沢宿58—金ヶ崎宿59—黒沢尻宿60—花巻宿61—石鳥谷宿62—日詰郡山宿63—盛岡宿64

＊（奥州街道・松前道）渋民宿65—沼宮内宿66—一戸宿67—福岡宿68—金田一宿69—三戸宿70—五戸宿71—伝法寺宿72—藤島宿73—七戸宿74—野辺地宿75—馬門宿76—小湊宿77—野内宿78—青森宿79—油川宿80—蓬田宿81—蟹田宿82—今別宿83—三厩宿84—龍飛岬＊（本土終着、ここより江戸時代は船で北海道へ渡る）—松前宿86（到着地）—箱館奉行所跡—五稜郭（終着地）

江戸街道 宿場一覧

1 東海道京街道57次宿場 延べ38日間　928.4km　125.4万歩

京街道4次　高麗橋（京街道起点地）—守口宿57—枚方宿56—淀宿55—伏見宿54—（＊京街道は大津宿まで）—京都・三条大橋へ

東海道53次　京都三条大橋（起点地）—大津宿53—草津宿52—石部宿51—水口宿50—土山宿49—坂下宿48—関宿47—亀山宿46—庄野宿45—石薬師宿44—四日市宿43—桑名宿42—宮宿41—鳴海宿40—知立宿39—岡崎宿38—藤川宿37—赤坂宿36—御油宿35—吉田宿34—二川宿33—白須賀宿32—新居宿31—舞阪宿30—浜松宿29—見付宿28—袋井宿27—掛川宿26—日坂宿25—金谷宿24—島田宿23—藤枝宿22—岡部宿21—丸子宿20—府中宿19—江尻宿18—興津宿17—由比宿16—蒲原宿15—吉原宿14—原宿13—沼津宿12—三島宿11—箱根宿10—小田原宿9—大磯宿8—平塚宿7—藤沢宿6—戸塚宿5—保土ヶ谷宿4—神奈川宿3—川崎宿2—品川宿1—日本橋（日本国道標起点地）—江戸城址（到着地）—千葉

2 山陽西国街道56次宿場 延べ38日間　951.7km　132.3万歩

・京都東寺・羅城門（起点地）—山崎宿1—芥川宿2—郡山宿3—瀬川宿4—昆陽宿5—西宮宿6—兵庫宿7—明石宿8—加古川宿9—御着宿10—姫路宿11—鵤宿12—正条宿13—片嶋宿14—有年宿15—三石宿16—片上宿17—藤井宿18—岡山宿19—板倉宿20—川辺宿21—矢掛宿22—七日市宿23—高屋宿24—神辺宿25—今津宿26—尾道宿27—三原宿28—本郷宿29—西條宿30—海田宿31—広島宿32—廿日市宿33—玖波宿34—関戸宿35—御庄宿36—玖珂本郷宿37—高森宿38—今市宿39—呼坂宿40—久保市宿41—花岡宿42—徳山宿43—富田宿44—福川宿45—富海宿46—宮市宿47—小郡宿48—山中宿49—船木宿50—厚狭宿51—吉田宿52—小月宿53—長府宿54—下関宿55—（関門人道トンネル）—門司（江戸時代は船にて九州へ）—北九州・大里宿56（起点地）—小倉（到着地）

3 長崎街道24次宿場 延べ15日間　352.6km　48.1万歩

・福岡小倉・常盤橋（起点地）—黒崎宿1—木屋瀬宿2—飯塚宿3—内野宿4—山家宿5（薩摩街道分岐点）—原田宿6—田代宿7—轟木宿8—中原宿9—神埼宿10—境原宿11—佐賀宿12—牛津宿13—小田宿14—北方宿15—塚崎宿16—嬉野宿17—彼杵宿18—松原宿19—大村宿20—永昌宿21—矢上宿22—日見宿23—長崎宿24—長崎・出島（到着地）

桐原　肇

Hajime Kirihara

1945年１月 信州・安曇野生れ　大阪府在住
自然を愛し自然に癒され、今日も元気に生き甲斐を求めて夢を追う。
箕面の森の散策、自然観察、古道歩き旅、絵画、音楽、詩・エッセイ・川柳句作、ローカル鉄道の旅etc.を趣味とする。
いろいろあった人生だが、最後の黄金期を自分らしく、あるがままの自然体で自由に生き生きと過ごす感謝と幸せな日々。

拙著「みのおの森の小さな物語」初めての創作短編物語12遍
「箕面の森の小さなできごと」みのおの森の出来事53編
・販売　Amazon.com ・電子出版　各電子書店

My Blog.「頑爺の生きがい日記」（検索）
Mail. kirihara.minoh874@gmail.com

街道歩き４０００km
二〇二三年一月一四日発行
著　者　桐原　肇
発行者　松村信人
発行所　澪　標（みおつくし）
大阪市中央区内平野町二-三-十一-二〇二
ＴＥＬ　〇六-六九四四-〇八六九
ＦＡＸ　〇六-六九四四-〇六〇〇
振替　〇〇九七〇-三-七二五〇六
印刷製本　亜細亜印刷株式会社
ＤＴＰ　山響堂 pro.

東日本の街道　風景写真集

（奥州街道・松前道・盛岡道・仙台道、日光奥州道中、東海道京街道）

奥州街道・松前道の風景

（福岡・筑前山家宿―松崎宿―久留米・府中宿―羽犬塚宿―瀬高宿―山川宿―南関宿―山鹿宿―植木―熊本宿）

奥州街道・盛岡道の風景

（仙台宿—七北田宿—富谷宿—三本木宿—荒谷宿—高清水宿—築舘宿—金成宿—有壁宿—一関宿—花巻宿—石鳥谷宿—盛岡宿）

奥州街道・仙台道の風景

（白河—矢吹宿—笠石宿—須賀川宿—郡山宿—本宮宿—二本松宿—日本柳宿—福島宿—桑折宿—貝田宿—白石宿—船迫宿—仙台宿）

日光・奥州道中の風景

（日本橋―千住宿―草加宿―幸手宿―古河宿―小山宿―小金井宿―宇都宮宿―鉢石宿―日光東照宮―白沢宿―喜連川宿―白河宿）

東海道の風景③

（箱根宿―小田原宿―大磯宿―平塚宿―藤沢宿―戸塚宿―保土ヶ谷宿―神奈川宿―川崎宿―品川宿―日本橋―皇居・江戸城址）

東海道の風景②

（浜松宿―袋井宿―掛川宿―島田宿―藤枝宿―岡部宿―丸子宿―興津宿―由比宿―蒲原宿―沼津宿―三嶋宿―箱根峠―箱根宿）

東海道の風景①

（高麗橋—大坂城—枚方宿—京都三条—大津宿—草津宿—水口宿—鈴鹿峠—関宿—鳴海宿—知立宿—御油宿—浜松宿）

西日本の街道　風景写真集

（山陽・西国街道　長崎街道、豊前・薩摩街道）

山陽・西国街道の風景①

（京都・羅城門—山崎宿—芥川宿—郡山宿—瀬川宿—昆陽宿—西宮宿—芦屋—兵庫宿—二宮—明石宿—加古川宿—御着宿—姫路宿）

山陽・西国街道の風景②

（姫路宿―正条宿―有年宿―三石宿―岡山宿―矢掛宿―七日市宿―神辺宿―尾道宿―三原宿―本郷宿―西條宿―海田宿―広島宿）

長崎街道の風景①

（小倉常盤橋―黒崎―飯塚―山家―田代―神埼―佐賀）

長崎街道の風景②

（佐賀—牛津—塚崎—嬉野—彼杵—大村—日見—長崎・出島）

薩摩・豊前街道の風景①

（福岡・筑前山家宿―松崎宿―久留米・府中宿　羽犬塚宿―瀬高宿―山川宿―南関宿―山鹿宿―植木―熊本宿）

薩摩・豊前街道の風景②

（熊本宿―川尻宿―宇土宿―八代宿―日奈久宿―田浦宿―佐敷宿―水俣宿―出水宿―阿久根宿―川内宿―鹿児島宿―鶴丸城址）

出版本のご案内

著者 桐原 肇　　発行所 株式会社V2ソリューション

みのおの森の小さな物語

A5本 302P 1800¥

明治の森・箕面国定公園の散策日記からヒントを得て書いた
初めての創作短編物語12編

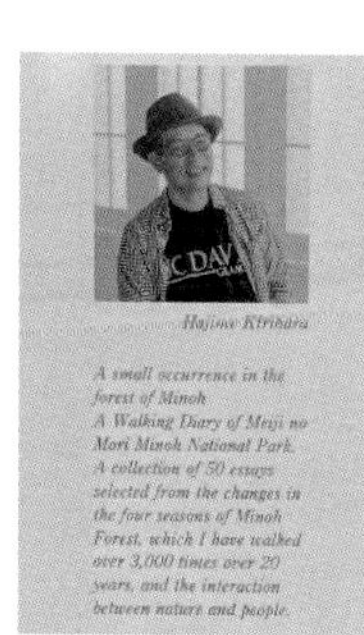

箕面の森の小さなできごと

A5本 266P 1500¥

みのおの森の散策日記から　20余年3千回と歩いた森の四季と
自然と人との交わりから選んだ53編のエッセイ集

書籍の販売はAmazon com.にて既に完売済みですが、
電子出版は各電子出版社にて引き続き販売中です。